한미동맹 70년을 돌아보다
불가능했던 동맹 성공한 동행

일러두기

이 책은 2012년 출간된 『아메리카 트라우마』(위즈덤하우스)의 개정증보판이다.

한미동맹 70년을 돌아보다

불가능했던 동맹
성공한 동행

최형두 지음

21세기북스

미국의 수도 워싱턴DC 구도심의 미국 정부 지정 역사지구에는
1889년 개설된 대한제국 공사관 건물이 있습니다. 1905년 11월 을
사늑약으로 일제가 대한제국의 외교권을 강탈하기 전까지 16년간
이 건물은 활발한 외교 활동의 중심 무대였습니다.

  그로부터 134년 뒤, 2023년 한미동맹 70주년을 맞아 12년 만에
이뤄진 대한민국 대통령의 미국 국빈방문. 한미정상회담, 백악관
국빈만찬, 상하원 합동연설에 대한 화제로 모처럼 '한미관계가 이
보다 더 이상 좋을 수 없다'는 미국 조야의 찬사가 쏟아졌습니다.

  미국의 조 바이든 대통령 취임 후 두 번째로 초청한 국빈이 프랑
스에 이어서 대한민국 대통령이었으니 그 관심 또한 지대했습니다.
같은 시간에 백악관으로부터 1시 방향으로 1킬로미터 정도 떨어진
로간 서클 옆 대한제국 공사관에는 134년 전의 기억을 되살리려는

듯 태극기만 외롭게 펄럭이고 있었습니다.

　당시 고종황제는 중국의 압력과 방해를 무릅쓰고 가뜩이나 부족한 왕실 내탕금을 내어 공관을 구입하고 박정양을 초대 주미공사로 파견합니다. 제국주의 전쟁의 시대를 앞두고 강대국들이 약소국들을 침략하고 식민지로 삼던 시대, 19세기 말 20세기 초 대한제국은 중국·러시아·일본, 그리고 심지어 구미 열강의 위협으로부터 나라의 독립을 지키기 위해 미국과의 수교, 굳건한 관계를 간절히 원했습니다. 아마도 몇 년 전 국민의 사랑을 받았던 드라마 주인공 '미스터 션샤인'을 찾는 심정이었을 것입니다.

　다시 국제정세가 급변하고 있습니다. 20세기 전반을 지배했던 약육강식의 살벌한 국제 현실, 기술 패권을 둘러싼 각축이 시작되며 이른바 '힘에 의한 일방적 현상 변경'이 세계 평화와 국제 공급망을 위협하고 있습니다. 러시아는 국제사회의 우려를 무시하고 우크라이나를 침공했으며, 대국으로 굴기한 이웃 강대국은 도광양회(韜光養晦)의 시대와 전혀 다른 군사외교정책, 심지어 '전랑외교(战狼外交)'로 국제사회의 우려를 낳고 있습니다.

　19세기 말 나라의 존망이 위태롭던 시대에, 그토록 간절했지만 이룰 수 없었던 꿈은 이제 글로벌 중추 국가(GPS: Global Pivot State), 글로벌 모범동맹 한미동맹으로 이어졌습니다. 세상이 급변하고 있습니다. 아차 하면 천 길 낭떠러지입니다. 지난 수십 년 동안 평화로웠던 시기가 끝나고 대국굴기, 미중 각축, 러시아의 우크라이나 침공이 전 세계 위기를 부르고 있습니다. 대만 사람들과 이웃 국가들의 걱정도 태산입니다.

세상은 급변하지만, 종종 사람들의 생각은 뒤처질 때가 많습니다. 국경을 넘어서면 정쟁을 멈추는 것이 외교안보정책의 금과옥조(金科玉條)이지만, 이제는 동서고금의 격언조차 통하지 않습니다. 정치권은 원인과 결과를 뒤집고 중대한 외교안보 사안을 당리당략으로만 이용하고 편을 가르고 있습니다. 러시아가 우크라이나를 침공해서 전 유럽 국가를 단합시키고 세계가 푸틴을 규탄할 때, 국내에서는 젤렌스키의 잘못으로 침략을 받은 것처럼 말했던 정치 지도자도 있습니다.

19세기 말 위안스카이(袁世凱)가 조선을 속국처럼 지배하던 상황을 방불케 하는 노골적 협박을 할 때조차 우리 정부에게 잘못이 있다며 상대 국가 편을 듭니다. 문재인 대통령을 비롯한 역대 우리 정부의 일관된 원칙인 '무력에 의한 현상 변경 반대' 원칙 천명도 공격의 대상이 됩니다. 만약 '무력에 의한 일방적 현상 변경'을 막지 못하면 세계는 침략적인 강대국의 뜻대로 짓밟힐 것입니다.

경제 상황도 급변했습니다. 중국 경제의 성장 발전으로 이미 한국과의 교역 구조가 바뀌었습니다. 이제는 중국에서 무역적자를 내고 대미 흑자로 메우고 있습니다. 우리 스스로의 경쟁력을 키우고 세계에서 꼭 필요한 나라, 누구도 배척하거나 짓밟을 수 없는 나라로 함께 실력을 키워나가야 합니다.

고(故) 노무현 대통령이 시작했던 한미자유무역협정(FTA)은 정작 민주당의 반대 속에서 당시 야당이던 한나라당, 뒤이어 집권했던 이명박 대통령 정부에 의해 완성되었습니다. 한미 FTA 당시 민주당 정치인들, 수많은 진보 작가와 학자들은 한미 FTA 결과 한국은 미국의 신식민지가 될 것처럼 걱정하고 반대했지만, 그로부터 10년 뒤 '정치를 장사로 생각하는' 도널드 트럼프 미국 대통령은 한미 FTA를 가장 불평등한 협정이라고 매번 목소리를 높였습니다. 실제로 파기하려는 움직임도 있었습니다.

지금은 미국의 인플레이션감축법(IRA), 반도체지원법(CHIPS and Science Act of 2022)이 논란 대상이지만, 한미 FTA 성공 경험을 가진 대한민국은 반드시 극복해낼 것입니다.

10년 전 언론인 시절을 마감하며 썼던 한미동맹 60주년 기념 졸저를 한미동맹 70주년을 맞아 재출간합니다.

특파원으로 인연을 맺었던 미국 지인들과는 이제 의원으로서 다시 만나게 되었습니다. 마이클 매콜 하원 외교위원장, 영 김 아태소위 위원장은 마침 같은 1962년생인데, 한미의원연맹 출범을 앞두고 더욱 친밀하게 교류하고 있습니다.

외교안보·경제안보 상황이 급변하고 있는 시대, 주요국과의 의원 외교도 더욱 중요해지고 있습니다. 저는 한미·한일·한중 의원연맹 모두 적극 참여하려고 합니다. 특히 의회의 힘이 우리보다 막강한 미국·일본 의회와의 지속적인 협력이 중요합니다.

역사는 흐릅니다. 과거, 현재, 미래는 서로 분리된 것이 아닙니다. 더 나은 미래를 위해서 과거의 오류와 잘못을 바로잡아야 하는데, 그 성패는 현재의 노력에 달려 있습니다. 가해·피해 관계의 나라 사이의 외교도 먼저 움직이지 않고서는 발전시킬 수 없습니다. 특히 민주주의 국가 사이의 외교에서는 상대방 국민의 마음을 더 크게 얻는 노력이 절실합니다. 선거를 통해 정치가 결정되는 나라에서는 유권자들의 인식이 외교정책에 크게 영향을 미치기 때문입니다.

고 김대중 대통령은 반일 정서가 지금보다 더 강했던 당시 우리나라에서 금지되었던 일본 만화, 일본 노래, 일본 드라마 유입을 과감하게 풀었습니다. 이는 일본에서 한류 붐을 불렀습니다. 덕분에 지난 정부 동안 한일관계가 얼어붙었을 때조차 일본 도쿄돔에서는 한국 K팝 그룹들의 공연 표가 연일 매진되기도 했습니다.

일본의 극우혐한파, 넷우익(인터넷 우익 세력)이 북한의 핵 위협 이후 안보 불안 등을 계기로 득세하고 한국 정부의 입장을 폄훼하며 역사·영토 현안에 대해 도발적 언행을 일삼고 있습니다.

일본 내 우익강경파의 퇴행적 인식과 언행에 대해서는 분명한 비판과 쐐기를 박아야 하지만, 그 사람들의 발언권이 일본 내에서 힘을 얻지 못하게 하려면 일본 내의 합리적인 중도파·친한파·한류 팬들이 한일관계 여론을 주도할 수 있도록 하는 외교적 노력도 필요합니다.

미래는 불확실하고, 더욱 힘든 도전이 우리 앞을 가로막을 수 있지만, 과거를 제대로 공부하지 않고 선입관·편견·흑백논리로 접근하면 미래를 직시할 기회조차 잃게 됩니다. 한미동맹의 탄생, 6·25전쟁의 내막, 지난 70년간 한미관계의 진실을 제대로 공부한다면 미래를 개척할 수 있는 용기와 지혜를 얻게 될 것입니다.

저자는 대학에 입학한 이후 전두환 군부독재 정권의 폭압을 경험했습니다. 당시 대학가 필독서였던 『해방전후사의 인식』은 대한민국의 불완전한 탄생에 대한 의구심을 높였고, 이후 6·25전쟁과 대한민국 산업화에 대해서는 알려고 하지도 않았습니다.

요즘 대한민국 제헌헌법과 세계인권선언을 대조해 읽어보면서 온몸에 전율을 느낍니다. 그 둘은 같은 시대에 태어난 쌍둥이 형제 같았습니다. 1948년 12월 10일 제3차 UN총회에서 세계인권선언이 채택되고, 바로 이틀 후 12월 12일 UN총회가 대한민국 정부를 승인하였습니다. 대한민국은 바로 그런 시대, 그런 때에 태어났습니다.

모든 조항 하나하나가 놀랍지만 제16조에서는 균등하게 교육받을 권리를 보장하고, 특히 '초등교육은 의무적이며 무상으로 한다'고 규정하고 있습니다. 바로 이 헌법 정신에 따라 우리나라는 건국하면서 바로 초등 의무교육을 실시하여 해방 당시 78%에 달하던 문맹률이 1950년대 말에 이미 22%로 떨어졌습니다.

대한민국은 제2차 세계대전 이후 탄생한 기적의 나라였습니다. 대한민국이 한 세기, 1백 년의 4분의 3을 지나고 이제 100주년까지 25년 남았습니다. 대한민국이 건국되던 시기, 1948년은 세계에서 인구가 가장 많은 나라 중국이 통째로 공산화되어 중화인민공화국이 성립되던 때입니다.

갓 태어난 대한민국은 미군만 철수하고 나면 바로 무너질 수도 있었던 상황이었습니다. 여기에 소련, 중국이 지원하고 김일성이 감행한 6·25전쟁은 대한민국을 잿더미로 만들었습니다. 하지만 75년이 지난 지금은 분위기가 완전히 달라졌습니다.

과연 어떤 이유로 대한민국은 제2차 세계대전 이후에 독립한 나라 중에 유일하게 선진국이 되었을까요? 대한민국은 어떤 가치, 어떤 이상에 따라 만들어진 나라일까요? 어떤 사람들이 이 나라를 만드는 데 중요한 역할을 하였을까요?

요즘 제가 제헌국회 속기록을 다시 읽고 한미동맹의 역사를 다시 정리하는 이유입니다. 세상에 꼭 필요한 나라, 누구에게도 핍박당하지 않고 배척당하지 않는 나라, 누구에게라도 환영받는 나라, 대한민국을 위해 함께 공부하길 바랍니다.

한미동맹 70주년을 맞은 2023년 5월,
국회에서 최형두

한미관계,
그 뒤편의 진실을 찾는 여정

추억의 영화 「러브스토리」의 무대였던 미국 하버드대학교 교정 한 편에는 교회당이 있다. 하버드의 기함(旗艦, flagship)이라고 불리는 중앙도서관 '와이드너'와 마주 보고 있는 이 교회당 내벽에는 제2차 세계대전 등에서 목숨을 잃은 동문들의 이름이 가득 새겨져 있다. 왼쪽 벽에는 "한국전쟁에서 목숨을 잃은 하버드 사람들을 영원히 기억하기 위해"라는 명패 아래 모두 열여덟 명의 학부 졸업생 전사자 명단이 있다.

더글러스 브래들리, 케네스 머피는 1950년 졸업생이었다. 미국의 대학 졸업식이 6월에 열리는 점을 생각하면 이들은 졸업을 하자마자 머나먼 극동의 전쟁터로 달려간 셈이다. 프랭클린 던바우, 머스 허바드, 조지 리 2세 등 네 명은 1951년 졸업생이고, 데이브 플라이트는 1953년 졸업생이었다. 이들 역시 교회당 앞 '야드'에서 열린 졸업식을 마치고 고향의 부모와 친지들 품에 머물 겨를도 없이 떠났다. 그리고 다시는 돌아오지 못했다.

프린스턴대학교 본관의 추모홀에도 6·25전쟁에서 죽은 동문 스물아홉 명의 이름이 새겨져 있다. 1950년 졸업생 스튜어트 블레이저와 토머스 킬비 3세, 1951년 졸업생 시어도어 쿨드 3세, 1952년 졸업생 샘 클레이와 에드윈 뢰플러 등의 이름이 눈에 띄었다. 미국 최고의 명문대학을 졸업한 아들의 전도를 축하하던 부모와 친지를 뒤로하고 떠난 젊은이들이었다. 가족과 미국 사회에 봉사할 틈도 없이 한국으로 떠난 이들은 영원히 돌아오지 못했다.

6·25전쟁에서 죽거나 다친 미국 군인이 약 13만 명 정도인지라 미국 어디를 가도 6·25전쟁 참전비와 희생자 이름을 볼 수 있다. 3년간의 전쟁은 결국 38선을 휴전선으로 바꾸는 정도에서 끝이 났다. 1953년 초부터는 휴전협정 소문이 공공연했다. 국군·미군·유엔군과 북한군·중공군은 한 치의 땅을 더 확보하기 위해 피를 흘렸다. 미군에서는 "비기기 위해 죽는다(die for a tie)"라는 절망적인 얘기도 나왔다.

미국이 당초 '애치슨 라인'처럼 한국을 방어선에서 제외했더라면 죽을 필요가 없었던 사람들이었다. 그러나 미국은 군대를 보냈다. 왜 미국은 이렇게 꽃다운 청춘들을, 집안과 동네의 자랑이었던 수재들까지 모집해 한국으로 보냈을까. 6·25전쟁에 참전했던 군인 중 상당수는 불과 5년 전 유럽 전선과 태평양 전선에서 돌아왔던 사람들이었다. 전쟁터에 다시 간다는 것은 끔찍한 일이다.

한국에서는 6·25전쟁 때 왜 미군이 참전했는지를 둘러싸고 상반된 시각들이 있었다. 더 나아가서 6·25전쟁이 왜 일어났는지에 대한 논란까지도 존재하고 있다. 김일성의 남침이냐, 미군의 남침 유도냐. 모든 역사적 비밀이 구소련과 중국, 미국의 극비문서 해제로 베일을 벗은 지 오래지만, 의구심은 가시지 않는다. 도대체 한반도에 왜 그렇게 많은 군인을 보냈으며 2차대전 당시 사용된 전체 폭탄과 맞먹는 화력을 쏟아부었을까. 처음부터 치밀한 미국의 한반도 전략 때문이었을까.

혹시 6·25전쟁은 미국의 주도면밀한 계산에 의한 것은 아니었을까. 저자는 워싱턴 특파원 기간 중 이 문제에 대한 의문을 파고들었다. 냉전 시대의 비밀기록에는 무엇이 남아 있는지, 당시 미국과 중국·북한·소련의 권력자들은 무슨 생각을 했던 것인지 우선 당시 미국 대통령 트루먼의 대통령 기록물 도서관을 찾아보았다. 우리나라에서 6·25전쟁에 대한 새로운 관점과 논란을 불러일으켰던 미국의 진보적 역사학자 브루스 커밍스 시카고대학교 교수도 몇 차례나 만나 직접 인터뷰했다.

한미관계에 대한 논란은 우리가 느끼는 것보다 훨씬 깊고 광범하다. 분단의 배경부터 최근 발생한 천안함 사건까지 한미관계 문제는 한국 사회의 모든 고비마다 등장한다. 저자가 대학에 입학하던 1981년 초에 부닥쳤던 문제는 1979년 10월 박정희 대통령 시해 사건, 12·12 신군부 쿠데타, 5·18 계엄령과 광주에서의 살상진압과 시민들의 무장항쟁의 순간마다 미국은 무엇을 하고 있었는가 하는 것이었다.

미국은 독재자의 편인가. 왜 미국은 민주화를 거스르는 신군부 권력을 견제하지 않았는가. 광주에서 수백 명의 시민이 살상당하는 동안 왜 미국은 개입하지 않았는가. 미국이 오히려 신군부의 쿠데타 배후였을까. 왜 미국은 대한민국 대다수 국민의 여망을 지켜주지 않았을까. 왜 미국이 절대적 영향력을 미치던 수십 년 동안 한국에서는 독재와 군부 쿠데타, 유신과 인권 탄압이 벌어졌는가. 한국의 역대 정권은 미국과 어떤 관계였는가. 미국은 과연 어느 정도나 한국 정부를 통제할 수 있었는가.

2010년 발생한 천안함 피격 사건을 둘러싸고는 공공연하게 미국 음모론까지 제기됐다. 한국과 미국이 공식적으로 북한 잠수정의 어뢰 공격에 의한 폭침이라는 조사 결과를 발표했지만, 이를 불신하거나 아예 미군이 천안함을 침몰시켰다고 확신하는 사람들도 적지 않았다. 1950년 10월 충청북도 영동군 노근리에서 피난민 200~300명이 미군의 기총소사와 총격에 사상당한 사건이 6·25전쟁 60년 기념 영화로 만들어질 만큼 6·25전쟁과 미군에 대한 부정적 인식의 골 또한 깊다.

6·25전쟁 당시 미 극동공군의 사령관 조지 스트레이트마이어 장군의 『한국전쟁 일기』(플래닛미디어, 2011)에 따르면, 1950년 9월 대구 서쪽 전선에서 미 공군의 오폭으로 영국군 스무 명이 숨지고 스물한 명이 다치는 사고가 일어난 것을 비롯해 6·25전쟁에서는 수많은 오폭과 오인사격이 있었지만, 한미관계를 어떻게 보느냐에 따라서 전쟁 기간 중 일어난 민간인 살상행위의 의미는 크게 달라진다.

이 책은 해방 이후 지금까지 우리 사회 최대의 화두이자 논란거리인 한미관계를 풀어보려는 시도이다. 한미관계를 둘러싼 상반된 시각은 한국 내에서 진보와 보수를 가늠하는 커다란 단층선이다. 같은 규모의 자유무역협정도 한국과 유럽연합이 맺는 것보다 한국과 미국이 맺을 때 훨씬 찬반 논란이 크다.

단순하게 옮기자면, 보수 진영은 '미국은 한국의 절대적 수호자이자 자유민주주의를 지켜준 혈맹이며 그들과의 동맹 속에서만 한국이 발전할 수 있다'라는 수혜적 관점으로 대미 관계를 바라본다. 진보 진영은 '미국은 분단을 고착시키고 자신의 이익을 위해 한국을 철저히 이용하고 짓밟은 제국주의 국가로서 한국 사회의 모든 불행의 근원 중 하나'라는 피해자 관점에서 미국을 규정한다. 양극단의 이 두 관점은 그러나 공통점을 갖고 있다. '미국은 해방 이후 나름 계획적이고 일관된 정책으로써 한국을 지배 혹은 관리하고 있다'라는 계획적 동맹론 혹은 음모적 지배론에 바탕을 두고 있다는 점이다.

이른바 '386세대'의 첫 학번이었던 저자는 대학 입학 이후 가졌던 여러 의문을 미국에서 찾아보았다. 20여 년의 기자 생활과 특히 4년 반의 미국 특파원과 미국 하버드 케네디스쿨 수학 기간 중 집중적으로 한미관계의 역사적 진실을 좇아보았다. 다행히 미국 행정부의 주요 정책 결정권자들과 워싱턴의 한반도 정책 결정 과정을 연구한 주요 학자 및 전문가들을 두루 만나볼 수 있었다. 6·25전쟁에 참전했던 노병들과 한국에 평화봉사단으로 왔던 미국인들도 두루 만났다.

저자의 결론은 당초 시각과 사뭇 달랐다. 뜻밖에도 미국의 정책

16

에서 일관된 계획성은 찾아보기 힘들었으며, 놀랄 정도로 우연적이었고 임기응변이 난무했다. 그나마도 일본과 중국의 종속변수로 치부되어 이루어져 온 것이 사실이었다.

한미관계를 재발견하고 지난 60여 년 한미관계 뒤편의 진실을 찾는 과정은 미국 콤플렉스(열등감) 혹은 트라우마(정신적 외상)에서 벗어나는 도정(道程)이 될 것이다. 과연 우리는 앞으로 미국과 어떤 관계를 맺을 것인가. 미국을 정확히 알수록 한국인들의 선택은 보다 분명해질 것이다. 이제부터 한미관계의 진실을 찾는 여정을 시작해보자.

CONTENTS

第1장 | 준비 안 된 만남, 뜻밖의 동맹

제2장 | 한국은 버림받을 것을 걱정했고, 미국은 잘못 엮일 것을 염려했다

제1장

준비 안 된 만남,
뜻밖의 동맹

• • •

왜 미국은 6·25전쟁 기간 연인원 150만 명의 병력을 투입하고, 3만 6516명의 전사자를 비롯한 12만 8650명의 사상자(4,759명 실종 별도)를 내면서 한국을 지키려고 했을까. 미국은 정녕 한국을 신식민지로 생각했던 것일까. 만약 그렇다면 그 이유는 한국이 중국과 러시아로 발진하기 위한 군사기지였기 때문이었을까, 아니면 '시장경제와 자유민주주의'라는 미국의 쇼윈도 모델을 구축하기 위함이었을까.

"도대체 한국이 어디에 위치해 있는지 가르쳐달라." 1945년 에드워드 스테티니어스 주니어(Edward Reilly Stettinius Jr.) 미 국무장관이 부하에게 이런 질문을 했다. 국무부 출신의 루이스 할레(Louis J. Halle)가 저술한 『역사로서의 냉전(The Cold War as History)』(1967, 202쪽)에 나오는 이야기다. 그만큼 미국은 일본의 식민지인 한국에 대해서 어두웠다.

일본이 2차대전에서 항복을 선언하기 직전 소련이 재빨리 일본에 선전포고를 하고 '붉은 군대'가 한반도 북부로 밀고 들어오자 비로소 미국은 한반도의 지정학적 위치를 고민하기 시작했다. 소련의 한반도 점령이 ―동유럽에서 그러했던 것처럼― 동아시아와 태평양의 미래에 군사적으로 중대한 영향을 미칠 것이라는 사실을 깨달았기 때문이었다. 예일대학교 출신 역사학자 리처드 웰런(Richard Whelan)에 따르면, 이 시기 미국 정부는 "차라리 한반도가 존재하지 않았다면 고민이 없었을 텐데"라고 푸념할 정도였다.

미국은 모욕을 참는 나라가 아니다. 진주만 기습은 협상을 기대한 일본의 의도나 희망과 달리 총력전을 강요했다. 미드웨이해전이 아니었더라도 미국의 승리는 기정사실이었다. 하지만 미국은 일본 점령 이후 군정 계획을 구상하면서도 한반도에 대해서는 눈을 돌리지 않았다. 그도 그럴 것이, 미국이 일본 점령을 위해 실행할 '몰락작전(Operation Downfall)'의 첫 번째 단계인 '올림픽작전(Operation Olympic)'은 1945년 11월 1일 개시될 예정이었다.

1945년 8월 10일 저녁 일본이 패전 협상을 요청해오고 소련이 한반도에 진주하기 시작해서야 워싱턴에서는 심야 회의가 열렸다. 자정쯤 두 명의 젊은 장교가 소련이 한반도 전체를 점령하고 곧장 일본까지 진주하는 것을 저지하기 위해 미군의 한반도 점령지역을 구획하도록 했다. 딘 러스크(Dean Rusk, 케네디·존슨 행정부의 국무장관) 중령, 찰스 본스틸(Charles Bonesteel, 주한미군 사령관 1966~1969) 중령은 전혀 준비가 없는 상태에서 시간에 쫓기면서 「내셔널 지오그래픽」 지도를 참고로 한반도의 허리를 가로지르는 북위 38도선을 소련과 미국의 분리·점령안으로 제시했다.[1]

1882년 조미수호통상조약을 체결한 이후 고종은 미국의 중재와 간섭으로 대한제국이 청나라·러시아·일본에서 벗어나기를 바랐지만, 미국의 조선에 대한 관심은 점차 시들해졌다. 청일전쟁은 청나라가 썩었다는 사실을 세상에 확인시켰고, 러일전쟁은 러시아가 굼뜨다는 약점을 열강에 주지시켰다. 미국은 영토 확장에 국운을 거는 나라가 아니다. 청나라와 러시아로 대표되는 대륙 세력이 태평양 안보에 걸림돌이 되지 않으리란 게 자명해진 이상 미국의 관심은 일본에 국한됐고, '가츠라-태프트(Katsura-Taft Agreement) 밀약'은 냉혹한 외교무대에서는 예정된 결말이었다.

주지하다시피 3·1운동의 배경 가운데 하나인 윌슨 독트린, 즉 '민족자결주의'는 대서양 패권 교체가 목적이었다. 조선이나 인도차이나는 제1차 세계대전을 결산하는 파리강화회의 의제에도 오르지 못했다. 1943년 11월 카이로에서 프랭클린 루스벨트(Franklin Delano Roosevelt) 대통령은 "한국을 적당한 시기에 자유롭고 독립적인 국가로 만들 것을 굳게 다짐한다."라고 선언했지만, 이는 장제스(蔣介石)의 촉구에 따른 것일 뿐 구체적인 실행 계획을 입안하는 데까지는 나아가지 못했다. 미국은 한국을 몰랐다. 그 때문에 일본의 패전으로 찾아온 한국의 독립은 어처구니없이 분단으로 이어졌다.

미국이 한국에 직접적인 영향력을 행사하게 된 것은 1945년 8월 15일 이후였다. 1945년에는 일본의 패전, 미국의 승전과 함께 한반도에 새로운 역사가 시작되었다. 스스로 힘보다는 미국을 비롯한 2차대전 전승 국가들의 결정으로 가능해진 식민지 조선의 해방, 이후 분단과 6·25전쟁으로 한국과 미국은 얽히고설킨다. 한국 현대사는 이후 독재와 산업화·민주화로 이어지는 영욕의 역사를 거치지만, 대한민국은 2차대전 이후 식민지라는 사슬에서 벗어난 후진국 중 민주주의와 시장경제라는 측면에서 모두 성공한 유일한 나라가 되었다.

그럼에도 고교 한국사 교과서 등을 둘러싸고 보수와 진보 간에 논란이 벌어지는 것은 1945년 이후 대한민국의 건국과 분단 체제의 고착, 남북 간의 냉전 체제 경쟁에 대한 상반된 시각이 여전히 존재하기 때문이다. 진보 진영은 대한민국사를 식민지 잔재 청산이 제대로 이뤄지지 않은 '반쪽짜리' 역사로 파악한다. 대한민국의 정통성을 사시로 보는 이 '자학사관'을 극복하려면 우리 현대사에서 미국을 어떻게 자리매김해야 하는가.

6·25전쟁의 진실, 누가 어떻게 시작했나
: 스탈린, 김일성, 마오쩌둥 vs 트루먼, 애치슨, 맥아더

한국 현대사의 결정적인 대목이자 한미관계의 근원을 보여줄 소재는 역시 6·25전쟁이다. 미국에서는 한국전쟁 기념비를 쉽게 발견할 수 있다. 아마 미국을 여행해본 한국인이라면 미국 전역 곳곳에 그토록 많은 한국전쟁 기념비가 있다는 점에 놀랄 것이다.

6·25전쟁의 전모를 풀기 위해 저자가 미국에서 가장 만나고 싶었던 사람은 시카고대학교 역사학과의 브루스 커밍스(Bruce Cumings) 교수였다. 『한국전쟁의 기원』이라는 책으로 한국 안팎에

서 큰 논란을 불러일으켰던 커밍스 교수는 한국 내 진보 진영은 물론이고 북한조차 외면할 수 없는 권위를 갖고 있다. 저자는 특파원으로 워싱턴에 도착한 해였던 2006년 여름, 미시간주 앤 아버에 위치한 교수의 자택을 찾아갔다. 당시 서울에서는 커밍스 교수의 저서 『한국전쟁의 기원』이 6·25전쟁에서 김일성의 책임을 정당화한 책으로 인용되곤 했다. 당시 한 신문 칼럼에서는 "고등학생이 브루스 커밍스 교수의 이름을 들며 한국전쟁은 미국과 남한이 일으켰다고 배웠다"라고 한다는 사례까지 소개하기도 했다.

미국의 진보적 역사학자인 커밍스 교수는 1981년 『한국전쟁의 기원 1』을 통해 해방 직후 미군정 시대 남북한 내, 그리고 남북한 간 정치·사회적 갈등의 연장선이라는 관점에서 6·25전쟁을 분석하는 수정주의적 관점을 제시했다. 미국 정부의 방대한 미공개 자료를 근거로 한 그의 연구는 1980년대 국내 소장학자들의 한국 현대사 연구에 동인을 제공했다. 1980년대 초 발간된 『해방전후사의 인식』이라는 책이 대표적이다. 그가 미국의 명문대학교 교수라는 사실 때문에 한국의 진보좌파 사이에서 소련 학자나 중국 학자와 사뭇 다른 권위를 가질 수 있었다.

저자는 커밍스 교수에게 자신의 저서에 대한 국내의 논란에 대해 물었다. 그는 "내 책에 남침 유도라는 대목은 없다."라고 잘라 말했다. 이 인터뷰는 2006년 8월 14일자 《문화일보》에 실렸다.

"역사가로서, 학자로서 자신의 주장과 다른 오해를 받는 일은 종종 있는 일이다. 내 책을 읽어보면 알겠지만 나는 남한이나 미국이 전쟁을 시작했다고 한마디도 말한 적이 없다. 아마도 이런 오해가 생긴 것은 1980년대 초 내 책이 한국에 소개될 당시 상황 때문일 것이다. 당시 나는 전두환 정권과 한국 내 인권 문제에 대해 매우 비판적이었다. 그 때문인지 나를 못마땅해하는 사람들이 내 책의 내용을 왜곡하며 나를 비난했던 것 같다. 나는 남한 편도, 북한 편도, 미국 편도 아니다. 미국에서는 한국전쟁과 관련해 김일성의 남침이라는 단 한 가지 사실만 알려져 있었을 뿐 미국이 1945년부터 1948년까지 한국에서 군정을 실시했던 사실은 잊혀가고 있었다. 나는 미국인에게 알려지지 않은 장면을 밝히려고 했었다."

저자가 이 인터뷰를 진행할 무렵 마침 한국에서는 지난 1980년대 한국의 젊은 세대에게 큰 영향을 미쳤던 『해방전후사의 인식』이 지나치게 한쪽으로 치우쳐 있다며 중도보수 성향의 학자들이 『해방전후사의 재인식』이라는 책을 발간했다. 한국 내에서 해방 전후 역사에 대한 새로운 논란이 일고 있다는 점에 대해서 그는 뜻밖의 말을 했다.

"좋은 현상이다. 역사가는 항상 사실을 직시해야 한다. 북한은 소련의 괴뢰였고 남한은 친일부역자의 정권이라는 단순한 양분법은 사실이 아니다. 예컨대 남한은 부분적으로 민주주의 정권인 동시에 친일부역 문제를 가지고 있었다. 그사이에 새로운 자료와 연구 성과가 많이 나왔다."

커밍스 교수는 한국 사회가 흔히 빠지는 적대적 이분법 논리를 경계했다.

"역사적 사실은 매우 복잡한 것이다. 1980년대 초 내 연구가 한국에서 관심을 불러일으킨 것은 그전까지만 해도 한국 학자들이 한국전쟁 같은 사안을 연구하다가는 잘못하면 감옥에 갈 수 있는 제한적 상황이었기 때문이었다. 그런 의미에서 나 같은 외국인 학자의 역할은 점점 줄어들고 있다. 한국전쟁에 대한 연구가 더욱 깊어지면 남북한이 화해할 수 있는 기초도 그만큼 나아질 것이다."

옳은 것과 틀린 것, 좋은 것과 나쁜 것, 흑과 백의 양분법 논리는 북과 대치했던 한국 사회를 무겁게 짓눌렀다. 분단의 특수성과 적대적 이분법은 한미관계에 대한 극단적인 시각 차이를 낳았다. 6·25전쟁에 대한 그의 시각도 뜻밖이었다. 그는 당초 전쟁의 원인을 한국 내 좌우 대립이라는 내인에서 찾는 쪽이었지만, 1990년에 출간한 저서 『한국전쟁의 기원 2』의 내용은 1권과 많이 달랐다.

"1권을 쓴 뒤에 구소련이 붕괴하고 난 뒤 비밀 해제된 자료를 보면서 나는 매우 놀랐다. 김일성과 스탈린이 교환한 서신이나 김일성의 모스크바 방문 기록을 보니까 당초 내가 예상했던 것보다 훨씬 더 깊이 소련의 스탈린이 개입해 있었다. 1950년 1월 김일성은 모스크바를 방문해서 스탈린으로부터 개전 승인을 얻는다. 그러나 이런 사실도 한국전쟁을 여러 원인에서 찾고자 했던 나의 기본 논지에서 벗어나지 않는다."

김일성의 '무력통일 전쟁 의지'가 스탈린의 부추김보다 더 강했다는 해석이다. 커밍스 교수는 6·25전쟁 직전 딘 애치슨(Dean Gooderham Acheson) 국무장관이 한국을 미국의 방어선에서 제외한다고 밝혀 북한의 남침을 초래했다는 주장에 대해서도 잘라 말했다.

"애치슨 국무장관의 정책은 미국의 대아시아 정책을 재확인한 내용이었다. 애치슨 라인 때문에 김일성의 남침에 청신호를 주었다는 주장은 난센스이다. 한국을 제외한다는 명시적 표현도 없었다. 나중에 공화당이 이를 정략적으로 공격했지만 정작 애치슨의 발언 당시에는 누구도 주목하지 않았다. 애치슨 장관이 이 말을 한 곳은 미 내셔널프레스클럽 연설 때였다. 당시에는 《뉴욕타임스(The New York Times)》가 연설 내용을 소개하면서 한국이 방어선에 포함된다고 잘못 보도했다. 당시 북한의 《노동신문(로동신문)》도 이를 번역해 '한국이 미국의 방어선에 포함된다'고 전했다."

그는 전쟁을 직접 일으킨 쪽은 김일성과 스탈린이라고 말했다.

"스탈린이 김일성에게 '미국은 개입하지 않을 것'이라고 부추긴 측면이 있는 것 같다. 스탈린은 2차대전 이후 미국의 공세적인 반공 정책을 잘 알고 있었다. 그래서 냉전의 핵심 전선인 독일을 건드렸다가는 3차대전이 일어날 수도 있다고 생각한 것 같다. 한반도는 냉전의 핵심 전선이라기보다는 정치적인 전선의 성격이 짙었다."

스탈린의 역할과 김일성의 개전 승인 요청 과정은 미국 워싱턴에 위치한 우드로윌슨센터에서 보관하고 있는 '냉전 역사 발굴 자료(wilsoncenter.org/NKIDP)'에서도 뒷받침된다. 윌슨센터가 구소련 등에서 해제된 비밀문서 기록을 발굴한 결과, 1950년 1월 스탈린 총서기가 김일성의 남침 계획을 승인하는 장면, 그리고 그해 4월 10일에서 25일까지 김일성의 모스크바 방문과 5월 13일 김일성의 베이징(北京) 극비방문을 통해 스탈린과 마오쩌둥(毛澤東)으로부터 남침 지원을 약속받는 대목들이 생생하게 드러났다. 마오는 김일성에게 거점 위주의 신속 진격을 조언하고, 심지어 7월 2일에는 저우언라이(周恩來) 당시 외상이 북한에 '미군의 인천상륙작전 가능성'을 조심하라는 경고까지 보낼 정도였다.

누가 6·25전쟁을 시작했는가는 이제 더 이상 역사적 논란거리가 아니다. 6·25전쟁이 미국의 교활한 음모론이라는 것도 역사적 자료를 찾아보면 허구일 뿐이다. 커밍스 교수조차 부인하는 내용이다. 한반도를 제2차 세계대전 이후 최악의 전쟁터로 만들고 수백만 동족을 살상케 한 6·25전쟁은 소련의 승인 아래 김일성이 시작했다. 미국은 이렇게 시작한 전쟁이 '얼마나 많은 미국 병사들의 목숨을 요구할지' 짐작하지도 못한 채 갓 태어난 자유독립국을 구하기 위해 전장에 뛰어든다. 중국은 미국이 압록강까지 접근해 국경지대를 위협하는 것을 용납할 수 없었고, 소련이 중국과 미국을 맞붙여 서로의 힘을 빼려 한다는 것을 눈치챘지만 30만의 군대를 한반도로 보냈다. 이 모든 과정은 2장 이후에서 하나하나 밝혀질 것이다.

미국은 무엇을 하고 있었나

미국은 6·25전쟁이 일어나기까지 전쟁에 어느 정도 대비하고 있었을까. 설마 아무 준비도 없이 전쟁에 뛰어들었을 리는 없었을 것이다. '남침 유도설'이 주장하듯 미국은 북한의 남침을 알고서도 묵인했던 것일까. 아니라면 북한이 일부러 남침하도록 만들기 위해 덫을 놓은 것은 아니었을까.

1960년대 말 처음 평화봉사단원으로 내한한 커밍스 교수는 진보적 연구 시각 때문에 한동안 한국 정부의 기피 인물로 입국이 거부되기도 했다. 1990년대에는 구소련 붕괴 이후 공개된 소련 측 비밀자료 등을 새로 감안한 『한국전쟁의 기원 2』를 출간했다. 그가 1997년에 펴낸 『브루스 커밍스의 한국현대사(Korea's Place in the Sun: A Modern History)』에서는

『한국전쟁의 기원』의 저자
브루스 커밍스 교수

6·25전쟁에 대한 김일성의 책임, 남한의 산업화 과정에 대한 의미 부여 등을 담았다. 2004년에는 『North Korea: Another Country』(한국 내 번역본 『김정일 코드: 브루스 커밍스의 북한』)에서 핵을 둘러싼 북미 간의 대치 상황을, 6·25전쟁 때 미국에 의해 철저히 파괴된 북한과 북한을 '악의 축'으로만 보는 미국 간의 반세기 이상의 강한 적대감으로 분석했다. 또 지난 10여 년간의 핵 문제로 인한 북미 갈등은 '궁지에 몰린 쥐가 고양이에게 덤벼드는 외교(cat-and-mouse diplomacy)'의 마지막 국면이라고 분석했다. 북한의 태도를 이해하려는 입장과 달리 북한 자체에 대해서는 '병영국가(garrison state)', 즉 '폭력 전문가들이 그 사회의 가장 강력한 권력을 장악하고 있는 국가'라는 개념에 가장 근접한 국가임을 명확히 하고 있다. 아울러 북한의 세습제를 비롯한 불투명한 정치적 전통과 무수한 인권 침해에 관해서도 비판했다.

커밍스는 미국 내 보수파로부터는 미국의 이익을 외면하는 좌파학자로 지목당하기도 했다. 미군정 및 6·25전쟁 당시의 미국 정책에 대한 비판적 연구 때문이었다. 한국과 미국의 이념 전선에서 시달려왔을 커밍스 교수이지만 직접 만나보니 매우 자상했다. 인터뷰를 마치고 그의 집에서 나오다가 운전 실수로 잔디밭 일부를 흉하게 망쳤는데도 껄껄 웃으며 괜찮다고 말했다.

경기도 파주 임진각 한쪽에는 해리 트루먼(Harry Shippe Tru-man) 미국 대통령의 동상이 서 있다. 이를 두고 초등학생을 위한 어느 현대사 논술 참고서는 "남의 나라 대통령 동상이 서 있는 이상한 나라"라고 소개했다. 남의 나라 대통령 동상이 수도 한복판도 아니고 전선 가까이 있는 한 지점에 있다고 해서 대한민국을 '이상한 나라'라고 규정할 수 있을지 의문이지만, 이런 묘사는 우리 사회 일각이 트루먼을 어떻게 생각하는지 엿볼 수 있게 한다. 과연 트루먼의 역할은 무엇이었을까. 고졸 출신의 미국 대통령 트루먼은 6·25전쟁 때문에 대공황 이후 20년 가까이 지켜온 민주당 행정부를 공화당에 넘겨줘야 했다. 저자가 미국에서 직접 가 보고 싶었던 곳은 미주리의 트루먼 대통령 기념관의 비밀문서 기록실이었지만, 놀랍게도 대부분의 자료는 온라인으로 쉽게 열람할 수 있었다.

김일성이 남침을 감행한 순간 해리 트루먼 미국 대통령은 백악관에 없었다. 1950년 6월 24일 미국 중서부 미주리주의 작은 마을 인디펜던스 노스 델라웨어 219번지에 위치한 트루먼 대통령의 집. 제33대 해리 트루먼 대통령은 주말 휴가를 보내기 위해 고향 집에 내려와 있었다. 볼티모어 공항 개항 행사를 마치고 오후 늦게 고향에 도착한 트루먼 대통령은 아내 베스, 외동딸 마거릿과 느지막이 저녁 식사를 마치고 잠자리에 들 준비를 하고 있었다.

트루먼 대통령이 애치슨 국무장관으로부터 북한군의 남침 보고를 받은 것은 1950년 6월 24일 토요일 오후 8시(한국 시간 25일 오전 9시)였다. 비슷한 시간에 존 무초(John Joseph Mucho) 주한 미국 대사의 전문도 전달됐다. 트루먼 대통령과 애치슨 장관은 전화 통화로 즉각 유엔 안전보장이사회(이하 유엔 안보리) 소집을 결정했다. 트루먼 대통령은 오후 10시 30분 애치슨과 다시 통화했다.[2]

당시 트루먼을 수행해 인디펜던스 시내 호텔에 기자들과 함께 있던 백악관 부대변인 에벤 아이어스(Eben Ayers)는 1950년 6월 25일자 일기에 이렇게 기록했다. 그는 전날 밤 북한군 남침 소식을 들었지만 대통령의 주말을 방해하지 않는 것이 좋겠다고 생각했다. 일요일 오전 그는 대통령의 사저로 향했다. "이미 대통령은 전날 밤 애치슨 장관과 통화했으며 오늘 오후에 유엔 안보리가 소집될 계획이라고 말했다. 그리고 만약 더 심각한 상황이 아니라면 주말 고향 방문 일정을 계속하고 싶어 했다. 만약 대통령이 일정을 중단한다면 국민을 놀라게 할 수 있을 것이라고 느끼고 있었다."

25일 오전 10시 30분. 워싱턴의 국무부에 도쿄로부터 존 포스터 덜레스(John Foster Dulles) 국무장관 보좌역과 존 앨리슨(John Alison) 동북아 국장의 전문이 도착했다. 그들은 만약 남한 군대가 북한군의 침략을 격퇴하지 못한다면 비록 소련군의 대응 위험이 있다고 하더라도 미군을 동원할 수밖에 없다고 국무장관에게 보고했다. 그들은 이것이야말로 자칫 세계대전으로 이어질 수 있는 재앙의 사슬을 차단할 수 있는 유일한 대안이라고 말했다.

25일 낮 12시. 애치슨 국무장관이 다시 미주리주의 트루먼 대통령에게 전화를 걸었다. "각하께서 워싱턴으로 돌아오시는 것이 좋을 것 같습니다." 대통령은 오후 6시쯤 도착하는 대로 블레어하우스(당시 대통령의 숙소)에서 회의를 하자고 말했다. 대통령은 참석자 범위를 얘기한 뒤 만약 그곳에 참석해야 할 사람들이 더 있다면 국무장관의 판단대로 하라고 말했다. 당시 트루먼 대통령의 구술 회고를 살펴보면 미국이 6·25전쟁 발발에 얼마나 당황했으며 당시 상황에 얼마나 무방비 상태였는지를 살필 수 있다.

 "우리는 아무런 사전 정보도 없었다. (북한군의 전면적인 남침이 시작됐다는) 소식은 나뿐 아니라 전 세계 거의 모든 사람이 깜짝 놀랄 만한 일이었다. 어떤 사람도 그런 일이 일어날 것이라고 생각하지 않았다. 나뿐 아니라 극동군 사령관 더글러스 맥아더(Douglas MacArthur)도 그랬다."(1961년 12월 15일)

 "(한국 상황을 보고 받고 워싱턴으로 돌아가는 기내에서) 내 머릿속으로는 1931년 일본군의 만주 침략, 무솔리니의 에티오피아 진주 등이 떠올랐다. 히틀러가 프랑스와 독일 국경의 자르(Saar)강 계곡으로 진군한 사실도 기억했다. 히틀러의 진군은 프랑스와 영국이 일사불란하게 움직였다면 막을 수 있는 일이었다. … 불현듯 러시아의 전체주의 국가가 히틀러와 무솔리니의 길을 따르고 있고 우리가 드디어 한국에서 마주쳤다는 생각이 들었다. 러시아는 유엔에 의해 건국된 대한민국을 전복시켜 한반도 전체에서 공산국가를 만들기 위해 북한군을 훈련시켰다는 확신이 들었다. 결론은 '힘'이야말로 러시아 독재자들이 이해할 수 있는 유일한 언어라는 것이었다."(1953년 8월 21일)

 당시 국무차관이었던 제임스 웹(James Webb)의 구술(1975년 4월 25일)에 따르면, 트루먼 대통령은 25일 워싱턴 공항에서 백악관으로 돌아오는 차내에서 존 루이스 국방장관과 제임스 웹 국무차관 일행에게 "어떻게 소련이 그 기나긴 시베리아 철도를 넘어서 북한을 무장시키고 훈련시켰지?"라며 물었다고 한다. 이어 "우리는 반드시 맞서야 해. 신의 이름을 걸고 그들을 응징하겠어."라고 말했다.

6·25전쟁 당시의 미국 대통령과 지도부의 상황을 알아보기 위해 해리 트루먼 도서관(trumanlibrary.org)에서 '한국전 결정적 한 주(6월 24일부터 7월 1일 사이)' 자료를 찾았다. 트루먼 도서관 웹 사이트에는 6·25전쟁 첫 일주일간 트루먼 대통령과 애치슨 장관, 더글러스 맥아더 극동사령관이 주고받은 통신 내용이 상세히 수록되어 있다.

기록을 낱낱이 읽어보면 환상이 깨진다. 미국은 아무 대처도 하지 않았다. 미국은 소련이 북한군의 남침 배경에 있다는 판단 때문에 오히려 3차대전의 가능성을 우려했고, 소련이 아시아에서 공산주의를 확장하려 하고 있다는 사실을 깨닫고 경악했다. 중국 국민당 정부가 공산당에게 패하고 대만으로 밀려난 뒤 1년도 안 되어 한반도에서 벌어진 전쟁은 미국에 새로운 경종을 울렸다. 트루먼 도서관 자료에서 찾아낸 증언들과 기록은 미국 지도자들의 당시 판단과 상황을 그대로 보여주고 있다. 트루먼 도서관에는 1945년부터 6·25전쟁 이후까지 관련된 주요 미국 문서가 잘 보관되어 있다. 해방 및 6·25전쟁과 관련된 기밀자료를 직접 볼 수 있는 곳이다(trumanlibrary.org/korea).

워싱턴 근교의 메릴랜드주 농장에서 한가로운 주말을 보내고 있던 애치슨도 한국 상황 때문에 토요일 밤을 설쳤다.

"일요일 아침에 나는 국무부 청사로 즉각 차를 몰고 달려갔다. 직원들이 국방부 직원들과 연락하며 밤을 지새워 일하고 있었다. 그들은 모든 정보를 모아서 과연 어떻게 대응해야 할지 결정할 자료들을 만들고 있었다. 무엇보다 분명한 첫 번째 사실은 김일성 정권의 공격은 통상적이거나 국지적인 국경 사건이 아니라 전 국경선에 걸친 매우 심각한 전면 남침이었다는 점이다. 이 판단은 일요일 아침(한국 시간 6월 25일 일요일 밤)에 내려졌다. 두 번째 결론은 매우 엄청난 (북한) 병력에 의한 공격이라는 점이었다. 남한 군대는 무너지고 있었다. 수도 서울이 머지않아 함락될 것이라는 것도 명백했다. 따라서 우리는 매우 심각한 군사적인 상황에 직면해 있었다."[3]

트루먼 대통령은 이날 저녁 워싱턴으로 돌아와 백악관 앞 영빈관인 블레어하우스에서 국방장관과 국무장관 등을 만났다. 합참의장도 참석했다. 당시 대통령 앞에는 국방·국무장관이 협의한 뒤 국무장관이 정리한 '대통령 결정사항'에 관한 메모가 놓여 있었다. 이날 트루먼 대통령이 결정해야 할 첫 번째 사항은 맥아더 사령관의 대(對)한국 무기 지원 재량권 부여 여부였다. 두 번째는 한국 내 미국인들의 소개(疏開) 문제였다. '결정사항' 중에는 김포공항의 고수 문제도 포함되어 있었다. 김포공항은 미 공군이 제공권을 장악하는 데 필수적이었다.

회의 자료는 북한의 남침 이후 하루 상황을 분석한 뒤 이미 '국지전이 아니라 전면전이고 국제공산주의의 계획 아래 이뤄진 것'이라는 판단을 내리고 있었다. 무초 대사는 "한국 시간으로 25일 아침뿐 아니라 종일 전선 상황을 파악하기 위해 노력했다. 저녁때가 되어서야 상황이 명백해졌다. 서울이 무너지는 것은 시간문제였다."라고 회고했다.

애치슨 장관도 "우리는 전혀 사전 정보가 없었다. 나뿐 아니라 세계 모든 사람에게 (북한의 남침은) 정말이지 깜짝 놀랄 일이었고, 극

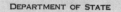

DEPARTMENT OF STATE

~~TOP SECRET~~   *Memorandum of Conversation*

LIMITED DISTRIBUTION

TOP SECRET
COPY NO. 1
OF 8 COPIES

156

DATE: June 25, 1950

SUBJECT: Korean Situation

PARTICIPANTS: The President

Secretary Acheson
Secretary Johnson
Secretary Matthews

COPIES XXX   Mr. Webb
Mr. Rusk
Mr. Hickerson) State
Mr. Jessup   ) Dept.

Secretary Pace
Secretary Finletter
General Bradley
Admiral Sherman
General Vandenberg
General Collins

The persons listed above met with the President for
dinner at Blair House at 7:45 PM. Before dinner General
Bradley read a memorandum prepared by General MacArthur
in which he emphasized his views about the importance of
denying Formosa to the Communists.

After dinner the discussion began around the table. The
President called on the Secretary of State to open the
discussion.

MR. ACHESON summarized the various problems which he
thought the President should consider. The first point was
the question of authorizing General MacArthur to supply
Korea with arms and other equipment over and above the
supplies of ammunition presently authorized under the MDAP
program. He recommended that this be done. He suggested
that our air cover should be used to aid in the evacuation
of the women and children from Seoul and that our air force
should be authorized to knock out northern Korean tanks
or airforce interfering with the evacuation. He then
mentioned the resolution adopted by the Security Council
and suggested that consideration should be given to what

further

DECLASSIFIED

TOP SECRET

▲ 6·25전쟁이 발발하자, 백악관 블레어하우스에서 트루먼 대통령과 애치슨 국무장관, 존슨 국방
장관 등 각료와 군 지휘부가 모여 북한의 남침 상황에 대처하는 방안을 논의한 자료.

동사령관인 맥아더 장군도 몰랐다."라면서 "이것(김일성의 공격)은
우발적인 것도 아니고 국지적인 사건도 아니었다. 이는 심각한 전면
전이라는 판단이 일요일 아침에 내려졌다."라고 말했다.[4] 애치슨 장

관은 퇴임 후 구술 회고에서 당시 북한군의 도발에 맞설 수 있는 미군은 전투 경험이 없는 신참들이 대부분이었다고 말했다.

"당시 우리는 매일같이 미군 현황을 보고 받았다. 한반도와 가장 근접한 미군은 일본에 있었다. 제1기갑사단과 제7·24·25보병사단이 그들이었지만, 2차대전 참전용사는 대부분 전역했고 적은 수의 병사들만이 전투 경험을 갖고 있었다."

25일 오후 워싱턴에서 북한군의 남침 전황에 촉각을 곤두세우며 대통령을 기다리고 있는 동안 뉴욕의 유엔본부에서는 유엔 안보리 개회를 준비 중이었다. 존 히커슨 국무부 유엔 담당 차관보의 1973년 6월 5일 구술에 따르면, 이미 미국의 유엔대표부는 밤새 전화통을 붙잡고 있었다.

"유엔 차석대사인 어네스트 그로스는 매우 유능한 법률가이자 정열적인 사람이었다. 우리는 밤새 전화통에 불이 나게 돌렸다. … 우리는 (내일 안보리가 열리면) 소련의 제이콥 말리크(Jacob A. Malik) 대표가 참석할 것인지 여부에 대해 얘기했다. 말리크는 (이미 중국 대륙에서 공산당에게 패배한) 중국의 국민당 대표와 나란히 앉아 있을 수 없다며 안보리를 보이콧했다. 안보리 소집공고는 당연히 말리크에게 전달되었겠지만 우리는 말리크가 회의장에 돌아오지 않을 가능성이 높다고 보았다. 그도 소련 본국에서 훈령을 받았겠지만, 만일 유엔 안보리가 진짜 군사행동을 취하려면 만장일치의 조건을 갖춰야 하기 때문에 필요할 경우 그가 돌아올 시간은 충분하다고 판단했을 것이다. 실제 그는 25일 안보리에 참석하지 않았다. 안보리는 북한이 즉각 퇴각하라는 결의안을 만장일치로 통과시

컸다."

애치슨 국무장관의 1961년 회고에 따르면, 애치슨 장관 역시 말리크 대사가 불참할 것으로 예상했다.

"그들은 국민당 정부가 중국을 대표한다는 이유로 유엔을 보이콧했다. 이 결정은 소련 공산당 정치국이 내렸을 것이다. 소련 체제는 의사결정에 많은 시간을 소요하곤 했다. 나는 말리크가 다음 날 유엔 안보리에 나오지 않을 확률을 75퍼센트로 내다봤다. 실제 그는 나타나지 않았다. 만약 말리크 대표가 나타나서 유엔 안보리의 결의에 비토권을 행사했다고 한다면 우리는 또 다른 방법을 택했을 것이다. 유엔총회든 아니면 우리 단독이든. 트루먼 대통령은 미국뿐 아니라 동맹국들, 그리고 자유세계가 한국에 대한 침략에 맞서는 데 기꺼이 나설 것이라고 믿었다."

당시 유엔사무총장 트뤼그베 리(Trygve Lie)의 역할도 컸다. 초대 유엔사무총장이었던 그는 노르웨이 노동당 출신이었다. 6·25전쟁이 발발하기 몇 달 전까지만 해도 마오쩌둥의 중국을 유엔 회원국으로 참여시켜야 한다고 주장해 미국의 불만을 샀던 그였다. 그조차도 북한의 남침 소식을 접하고 소련을 비난했다. 리 총장은 "이는 유엔헌장을 위배한 것"이라고 외쳤다. 그는 즉시 한국에 주재했던 유엔 한국위원회에 충분한 정보를 보내달라고 요청했다. 그는 유엔 한국위원회의 제출 자료를 근거로 북한이 유엔헌장을 위반했음을 확신한다고 위원회에 알렸다.[5]

블레어하우스 만찬 회의에 참석했던 오마르 브래들리(Omar Nelson Bradley) 합참의장은 당시 상황에 대해서 이처럼 회고했다.

"북한군의 규모나 공격의 수준으로 미뤄 소련제 장비가 뒷받침되고 있다는 것을 알 수 있었다. 사실은 상당 기간 실제 소련군이 전투에 참가하고 있는지 없는지조차 확실히 알지 못했다. 그리고 이 공격이 전면전으로 이어질 가능성을 염두에 둬야 했다. 우리 중 일부는 소련이 현시점에서 전면전으로 가기를 바라지는 않겠지만 조금씩 조금씩 공산주의를 확장하기 위해 작지만 공세적인 움직임을 계속할 것이라고 느꼈다."(1962년 1월 24일 구술 인터뷰)

유엔 안보리가 북한의 남침을 규탄했지만, 북한이 안보리 결의를 무시하는 것이 분명해지자 미국은 7함대를 대만 연안에 발진시켜 중공군의 대만 상륙 가능성을 차단키로 했다. 미국은 한반도 자체보다도 1949년 공산혁명에 성공한 중국 본토의 공산당 정권이 국민당의 대만을 침략할 가능성부터 우려했던 것이다.

26일 저녁 블레어하우스에서 열린 두 번째 회의에서 트루먼 대통령은 "한국이 궤멸당하지 않았다면 즉각적인 원조가 필요하다는 것은 의심의 여지가 없다."라고 밝혔다. 트루먼은 해군과 공군에 38선 이남의 한국군을 최대한 지원토록 지시를 하달했다. 회의 참석자들은 현재 상황은 미국의 단호한 저지가 주효했던 1947년 그리스 위기나 1948년 베를린 위기와 유사하다고 결론 내렸다. 국방장관 존슨은 "우리가 반대를 했다면 그때 했어야 했는데 아무도 반대하지 않았다. 약간의 문제점이 제기되었으나 대통령은 결정을 내렸다."라고 말했고, 브래들리 장군은 "우리가 그런 결정을 내렸고 따라서 더 이상 그런 결정은 없을 것이다. 우리는 전쟁이 불가피하다."라고 말했다.[6]

위 기록을 통해 살펴보면 워싱턴의 지도부에게도 6·25전쟁은 '바라지 않던' 전쟁이었다. 북한의 남침 나흘 후인 6월 29일, 트루먼 대통령은 기자들과 만났을 때에도 '전쟁'이라는 표현을 사용하지 않았다. "(미군의 급파는) 유엔의 경찰 활동 같은 것이냐?"라는 질문에 그는 "바로 그렇다."라고 답변했다. 트루먼은 소련과의 전면전을 경계했다. 워싱턴의 정치 지도자들은 북한군의 남침이 소련의 거대한 계획에 따른 것은 아닌지부터 걱정했다. 이 때문에 행정부와 의회는 곧바로 미군 파병을 결정하며 한국에 대한 공산주의자들의 침략에 명백한 선을 그으려고 했다. 트루먼 대통령은 생전 자신이 내린 결정 가운데 6·25전쟁 참전이 가장 어려운 결정이었다고 회고했다.

해리 트루먼 도서관에는 이런 문답이 있다.

어린이: 대통령 시절 한 일 중 가장 힘들었던 일은 무엇인가요?
트루먼 대통령: 오, 그것은 한국전쟁에 참전해서 남한을 구한 것입니다.

1950년 7월 19일, 트루먼은 미국인들에게 한국전쟁 참전 결정의 배경을 설명했다.
"남한은 미국에서 수천 마일 떨어진 곳에 있는 작은 나라지만, 그곳에서 일어나는 일은 모든 미국인에게 중요합니다. 6월 25일 공산주의자들이 남한을 공격했습니다. 이는 공산주의자들이 독립국가들을 정복하기 위해 군사력을 사용하려 한다는 것을 명확히 보여줍니다. 북한의 남침은 유엔헌장 위반이고 평화를 침해한 것입니다. 우리는 이 도전에 정면으로 대응해야 합니다."

트루먼 대통령의 결정으로 참전한 미군은 3년간 전사자와 부상자, 실종자 등을 포함해 모두 13만여 명이 희생됐다. 6·25전쟁 참전 결정으로 트루먼 대통령은 혹독한 정치적 대가를 치러야 했다. 대공황을 극복한 루스벨트 대통령의 민주당은 미국 시민들의 압도적 지지 속에서 민주당 불패 시대를 이어갈 것 같았다. 하지만 프랭클린 사후 그를 승계한 트루먼 대통령 시절, 미국은 원치 않는 전쟁에 빠져들었다. 전쟁 수행 과정에서 대통령의 명령을 거역하고 중국과의 전면전까지 불사하려고 했던 더글러스 맥아더 극동군 사령관과 빚은 마찰, 그리고 반전 여론 속에서 드세졌던 공화당의 집중 공격으로 미국 민주당은 공화당에 정권을 내줘야 했다. 6·25전쟁이 미국의 정권을 바꾼 셈이다.

오판의 전쟁: 고지전의 내막

한 달 내에 부산까지 점령하려고 했던 북한과 김일성의 군대를 얕잡아 보고 크리스마스 전에 도쿄로 돌아올 것을 기대하며 여름 군복만 입고 한반도로 급파됐던 미군, 국내 반대를 무릅쓰고 파병한 중국. 6·25전쟁은 미국의 트루먼, 소련의 스탈린, 중국의 마오쩌둥, 북한의 김일성에게 서로 다른 대차대조표를 남겼다.

미국은 대공황 이후 집권하던 민주당 시대에서 공화당으로 정권이 넘어갔다. 신생 중국은 미국과 맞서 싸우며 강국으로서의 자신감을 과시한 것은 물론, 마오쩌둥의 국내 지도력 또한 확고해졌다.

김일성은 거의 죽다가 살아났고 스탈린도 미국과 유엔의 반격으로 체면을 잃었다. 한국에서 중공군과 인민군을 이끌었던 전쟁영웅 펑더화이(彭德懷)는 국방장관까지 올랐지만, 1959년 대약진운동 실패를 다룬 편지를 마오에게 전달했다가 권좌에서 밀려났다. 이후 1966년 문화혁명이 일어나자 군중 앞에서 몰매를 맞아 죽었다. 맥아더 역시 전쟁 중에 트루먼과 맞서다 전역 조치당한 뒤 역사의 무대에서 사라졌다.

6·25전쟁사를 다시 읽어보면 인간이 어느 정도까지 오판에 빠질 수 있는지 놀라게 된다. 불과 며칠 뒤면 드러날 상황을 맥아더의 극동군 사령부는 까맣게 몰랐다. 그는 북한과 공산 진영을 턱없이 과소평가했다.

극동군 사령부는 당시 중앙정보국(CIA) 서울지부의 북한 동태 보고서를 깡그리 무시했다. 1950년 봄, 미군 정보장교 존 싱글러브(John Singlaub)는 CIA 서울지부 책임자로 38선 이북의 심상찮은 동태를 포착했다. 싱글러브는 도쿄(東京)의 더글러스 맥아더 사령부에 잇달아 보고서를 올렸지만, 정보참모 찰스 윌로비(Charles Willoughby)는 모조리 F-6등급을 매겨 돌려보냈다. 당시 미국 정보기관은 정보원 수준에 따라 A~F 6등급, 내용에 따라 1~6단계로 보고서를 평가했는데 'F-6등급'이란 정보원도 신뢰할 수 없고 정보 자체도 신빙성이 없다는 뜻이었다.[7]

이승만 정권조차 북진통일의 착각에 빠져 있었다. 인민군이 파죽지세로 남진하면서 존 무초 주한 대사가 서울을 탈출했다는 전문을 받고서야 맥아더 사령부는 심각성을 깨달았다. 훗날 싱글러브가 주한 유엔군사령부 참모장이 되어 1977년 당시 지미 카터(Jimmy Carter) 대통령의 주한미군 철수 정책에 항명하며 옷을 벗었던 것도 6·25전쟁 같은 미국의 총체적 오판의 재발을 우려했기 때문이었을 것이다.

6·25전쟁 당시 육군본부 정보국 장교로서 김일성 군대가 전격 남침하면서 빚어진 1950년 6월 25일부터 28일까지의 지도부 상황과 전황을 가장 가까이에서 지켜본 김종필 전 총리도 1949년 연말에 '종합 적정 판단서'를 작성해 올렸지만 외면당했다고 회고했다.

"우리가 적의 침공 시기와 공격로 등을 정확하게 예측한 보고서를 다 올렸어요. 신성모 국방장관이나 채병덕 육군 총참모장에게 말이에요. 그래도 그 사람들 말이지, 입만 벌리면 '일주일이면 우리가 평양 점령한다', '점심은 평양에서, 저녁은 신의주에서 먹을 수 있다'고 그러는 거야. 군을 이끌고 있는 사람들이 그런 말을 자주 하고 다녔어요. … 신성모 장관이 자리에 올라왔을 때 '우리가 참별 장관 다 모신다'고 했어요. 당시에 우리 해군에 뭐가 있었어? 그런데도 신 장관은 대통령에게 '동해안과 서해안으로 언제든지 작전을 펼쳐 평양을 공격할 수 있다'고 하거든. 허황했지…. 배 타던 선장 출신 신성모 씨를 국방부 장관으로 기용하고, 50년 들어서는 북한의 남침설이 난무하는데도 작전 경험이 전혀 없던 채병덕 소장을 육군 총참모장에 앉힌 게 다 그래요."(《중앙일보》, 2011년 6월 28일)

6·25전쟁의 발발 배경에 대해서는 헨리 키신저(Henry Alfred Kissinger) 전 국무장관이 2011년 5월 출간한 책 『중국에 관하여(On China)』에서도 흥미로운 분석들을 볼 수 있다. 이 책은 미중 수

교 과정 및 소련과 중국의 외교 관계, 한국전쟁 전후 정세 등 다양한 내용을 담고 있다. 특히 한국전쟁과 관련해서는 스탈린이 미국의 극비문서를 입수하면서 당초 입장을 바꿔 김일성의 남침 계획을 승인한 것으로 분석했다. 모두 열여덟 장(章) 중에서 한국전쟁은 다섯 번째 장에서 다뤄졌고 분량은 35페이지였다. 우선 한국전쟁 발발 배경에는 스탈린의 오판이 있었다고 지적했다. 다음은 키신저의 분석이다.

"1950년 4월 김일성의 모스크바 방문 때 스탈린은 당초 입장을 바꿔 '미국이 개입하지 않을 것'이라는 전망 아래 북한의 남침을 승인했다. 스탈린이 당시 스파이망을 통해 NSC-48/2 문서를 입수해 볼 수 있었던 것이 부분적으로 영향을 미쳤다. 이 문서는 국가안전보장회의(NSC) 참모들이 입안해서 1949년 12월 30일 당시 트루먼 대통령이 승인한 국가안보정책에 관한 극비 보고서였다. 여기에는 '한국을 미국의 극동 방어선 외곽에 둔다'는 대목이 있었다. 이 점은 얼마 후 1950년 1월 국무장관인 딘 애치슨이 공개적으로 밝히면서 재차 확인됐다."

6·25전쟁 발발 원인에 대해서는 그동안 네 가지 해석이 있었다. 첫 번째는 서방세계에 대한 스탈린의 탐색 행동이라는 설명이다. 1949년 북대서양조약기구(NATO) 결성과 더불어 소련의 서유럽 진출은 강력한 저항을 받기 시작했고, 1948년 체코슬로바키아 합병은 유럽에서의 마지막 승리로 보였다. 소련의 관심은 아시아로 넘어갔고 때마침 1950년 1월 21일 딘 애치슨 미국 국무장관이 한반도를 군사방위선에서 제외하는 아시아 방위정책을 발표한다.

두 번째는 스탈린이 미국보다는 중국의 기세를 꺾기 위해 일부러 한반도에서 미국과 중국의 대결을 조성했다는 해석이다. 마오쩌둥은 스탈린의 도움 없이 권력을 장악했고 유럽에서 유고슬라비아의 요시프 브로즈 티토(Josip Broz Tito)처럼 독자노선을 취할 가능성을 우려했다. 마오쩌둥의 국공내전 승리는 소련의 지도자들에게 불편한 상황이었고, 실제 1950년 2월 마오의 소련 방문 때 냉대하는 기색이 역력했다. 둘 사이의 조약도 형식적인 것이었다. 스탈린이 미국과 중국을 한반도에서 격돌시킴으로써 둘 사이를 분열시키고 약화시키려는 마키아벨리적 계획을 세웠다는 해석이다.

세 번째는 중국이 북한에 대한 주도권을 장악하기 위해 6·25전쟁을 발발했다는 설명이지만, 가능성이 가장 낮은 해석이다. 마지막으로 김일성의 야심, 즉 마오쩌둥처럼 자신도 한반도를 자신의 힘으로 통일시켜서 티토, 마오 같은 공산주의 혁명 지도자로 발돋움하고자 하려고 했다는 해석이다. 스탈린이 남침 승인을 할 때까지 지속적으로 요청하는 김일성의 행동을 보면 이 같은 설명 역시 어느 정도 설득력이 있다.[8]

키신저는 한국전쟁의 모든 주역이 상대방의 전략을 잘못 판단했다고 지적했다. 대표적으로 스탈린과 김일성은 "미국이 한국전쟁에 개입하지 않을 것"이라고 오판했다. 미국은 "중국의 한국전쟁 참전은 중국의 역량을 넘어선 것"이라고 잘못 예측했다.

키신저에 따르면, 한국전쟁에서 미국과 중국은 얻은 것과 잃은 것이 모두 있지만 최대의 패배자는 스탈린이었다. 미국은 북한의 침공을 격퇴하고 신생 동맹국을 지켜내는 성과를 거뒀지만, 중국으로 하여금 강대국 미국과 싸워 버텨낼 수 있다는 자신감을 줬다. 중국의 경우는 신생 공산주의 중국의 위상과 군사력, 존재감을 과시하는 계기가 됐고, 아시아 공산주의 운동에 중국의 리더십을 확보하는 성과를 얻었다.

반면 김일성의 남침 요구를 승인하고 마오쩌둥의 개입을 재촉했던 스탈린이 아이러니하게도 6·25전쟁 최대의 패자가 됐다. 스탈린은 한반도 적화통일에도 실패했고, 참전을 통해 중국의 소련 의존도를 높이고 장악력을 높이려는 의도도 제대로 이루지 못했다. 마오는 스탈린의 속셈과는 달리 6·25전쟁을 계기로 미국과 소련 두 강대국에 맞설 수 있다는 자신감을 얻었다. 6·25전쟁 종전과 더불어 중소관계는 더욱 악화됐고 중국은 소련과는 다른 독자적 사회주의 노선을 걷게 됐다. 실제 이후 10년이 지나지 않아 소련은 중국의 주요한 적수가 되었고, 그로부터 다시 10년이 채 지나지 않아 동맹의 변화가 발생했다.

1949년 12월 16일 마오와 스탈린의 첫 모스크바 정상회담에서 이미 '두 공산주의 독재자는 쉽게 협력할 수 없는 운명'이었음을 보여주었고, 김일성의 남침을 승인하는 과정에서 스탈린이 중국에 그 책임과 부담을 떠넘기며 궁극적으로 중국의 대(對)소련 의존도를 높이려 했다고 키신저는 분석했다.

6·25전쟁의 발발 배경, 특히 김일성의 남침 결심과 러시아·중국의 승인 과정에 대해서는 미국과 중국, 러시아의 학자들이 공동으로 집필해 1995년에 출판한 『불확실한 파트너: 스탈린, 마오와 한국전쟁(Uncertain Partners: Stalin, Mao and the Korean War)』이 더

욱 확실한 그림을 보여주고 있다. 러시아 외무부 출신의 역사학자 세르게이 곤차로프(Sergein Goncharov), 스탠퍼드대학교 존 루이스 (John Lewis) 교수, 중국 출신의 쉐리타이(薛理泰)의 공저로서 각국의 외교 비밀문서를 바탕으로 집필되었기 때문이다. 특히 러시아의 곤차로프는 구소련의 외교 비밀문서에 체계적으로 접근할 수 있었다.

이 책에 따르면, 1949년 말과 1950년 초에 김일성은 병력을 키우면서 모스크바를 여러 차례 방문해서 전쟁을 허가해달라고 스탈린에게 요청했다. 소련은 몇 달 동안 김일성의 남침이 불러올 주요 문제들을 냉철하게 분석했고 미군은 개입하지 않을 것이라고 판단했다.

여기에는 키신저가 말한 사실 외에도 몇 가지 추가적인 역사적 근거가 있었다. 미국이 커다란 관심을 가졌던 중국에서 장제스가 마오의 공산당에 넘어갈 때도 어떤 군사개입 시도나 움직임을 보이지 않았기 때문이었다. 애치슨 국무장관이 한반도를 방어선에서 제외한 것은 사실 중국의 공산화에 개입하지 않겠다는 뜻을 강조하는 맥락이었다. 여기에다가 김일성과 박헌영은 모스크바에서 '남한에는 수십만 명의 남로당원과 지지자들이 있어 북한군을 환영할 것'이라는 주장까지 했다. 마치 마오쩌둥이 농민들의 지지로 공산혁명에 성공했듯이 남한 사람들도 지지해줄 것이라는 생각까지 갖게 된 것이다.

중공군의 6·25전쟁 참전 과정 등을 담은 기밀문서를 공개한 혐의로 11년 동안 옥살이를 하다 2011년 6월 석방된 홍콩 출신 역사학자 쉬쩌룽(徐澤榮, 홍콩명 데이비드 추이) 박사의 주장도 흥미롭다. 쉬쩌룽 박사는 인민해방군 측으로부터 입수한 내부 기밀문서를 바탕으로 중국의 참전 배경을 분석한 「조선전쟁에서의 중국의 역할: 6·25전쟁의 진실」이라는 제목의 논문을 2000년 초 책으로 엮었다.•

쉬쩌룽 박사는 책에서 마오쩌둥이 참전 결정을 하게 된 과정을 서술했다. 우선, 소련으로부터 군사·경제원조를 받은 뒤, 둘째, 현대화된 군사 장비로 인민해방군을 무장하고, 셋째, 한국의 일정 영토를 점령해 대만과 맞교환 카드로 활용하는 등의 복합적인 계산이 깔려 있었다고 주장했다. 이를 위해 1949년에서 1950년 사이 마오와 스탈린이 사전 접촉해 역할 분담을 결정했다고 지적했다. 이는 중국공산당의 공식 입장인 '항미원조(抗美援朝) 전쟁관'에 배치돼 파문을 일으켰다. 항미원조 전쟁관은 내전 성격인 6·25전쟁에 미국이 개입해 이를 저지하기 위해 중국이 참전을 결정하게 된 것이라는 주장에 따른 것이다. 특히 쉬쩌룽 박사의 논문은 인민해방군 측으로부터 입수한 내부 자료들을 인용했다.

《현대중국연구》 3호(2000)에 실린 논문 요약본에 따르면, 1949년과 1950년 두 차례 소련의 모스크바를 방문한 마오는 김일성의

• 쉬쩌룽 박사는 중국 인민해방군의 기밀문서를 사용했다는 이유 때문에 징역형을 살았다. 1980년대 중반 홍콩으로 건너와 관영 신화통신에서 재직했다. 홍콩 중문대학교에서 정치행정학 석사를 마친 뒤 영국 옥스퍼드대학교에서 6·25전쟁 관련 논문으로 정치학 박사학위를 받았다. 논문의 근거는 중국 인민해방군 기록이었다. 중국 법원은 불법으로 국가 정보를 해외로 유출하고 출판, 간행한 혐의를 인정해 그에게 징역 13년형을 선고했다. 11년 동안 중국에서 옥고를 치르다 지난달에야 석방됐다. 이 논문은 1999년 영국 옥스퍼드대학교에서 박사학위를 받을 때 제출된 것이다. (《사우스 차이나 모닝 포스트(South China Morning Post)》, 2011년 7월 27일)

6·25전쟁 계획에 대한 의견을 교환했다. 당시 마오는 '전쟁이 발발하면 미국은 약 7만 명 수준의 일본 지상군을 파병할 것이며 절대 본국에서 미군을 차출하지 않을 것'으로 오판했다고 쉬쩌룽 박사는 주장했다. 일본 지상군과 한국군 정도는 중국이 인해전술로 제압할 수 있을 것이란 자신감이 전쟁 준비 과정을 돌이켜볼 때 적잖은 순풍으로 작용했다는 것이다(《중앙일보》, 2011년 7월 30일).

키신저는 미국의 경우 한국전쟁이 발발했을 때 한반도의 군사적 전략이 부재했다고 설명했다. 그의 책 『중국에 관하여』에 따르면, 미국은 한국전쟁에서 북한군을 38선 이북으로 물리치는 것까지가 목표인지, 재침략을 못 하도록 북한군을 궤멸시키는 게 목표인지, 한반도를 통일하는 게 목표인지 좌표가 없었다. 미군의 한국전쟁 개입 초기 이런 문제가 논의된 흔적이 없으며 단지 군사적 작전의 결과가 정치적 판단을 결정하도록 하는 양상으로 진행됐다. 결국 맥아더 사령관의 인천상륙작전이 성공한 이후 트루먼 행정부는 한반도가 통일될 때까지 군사작전을 계속한다는 입장을 택했다.

여기에 미국의 오산이 있었다. 미국은 북중 국경지대를 따라 미군이 주둔하는 것이 가능할 것이라고 생각했지만, 중국은 일본의 만주 침략이라는 역사를 바탕으로 국경지대의 미군 진주를 결코 수용할 수 없었다. 미국 내에서도 중국, 소련과의 전면전을 우려해 국경지대까지 미군과 유엔군이 북진하는 것에 대해 조심스러운 입장을 자주 보였다.

유엔군의 38선 돌파 북진에 대해서는 1950년 9월 30일 유엔총회에서 다뤄졌다. 당시 유엔 주재 미국 대사인 워렌 오스틴(Warren

Austin) 대사는 강력한 어조로 "남북한을 분할했던 인위적인 장벽은 이제 법적으로나 이성적으로 존재할 근거가 없다. 유엔 및 유엔 한국위원회, 그리고 한국도 그런 선을 인정하지 않는다. 북한이 한국을 공격함으로써 북한도 그런 선의 실체를 이미 부인했다."라고 밝혔다. 미국은 한국 전역에서 안전을 보장하고 한국에 통일되고 독립적인 민주 정부를 수립하는 데 필요한 조치를 취하자는 8개국 결의안을 끌어냈다. 소련권 국가를 제외하고 반대가 거의 없이 10월 7일 마지막 투표에서 찬성 47표, 반대 5표, 기권 7표로 채택됐다.

이제 유엔총회는 미국의 두 가지 목표, 북한군 격멸과 유엔군의 깃발 아래 한국 전 지역을 통일하는 것에 동의했다. 10월 8일 맥아더 장군은 유엔군 사령관으로서 북한에 대해 "즉시 항복하고 한국에 통일되고 독립된 민주주의 정부를 세우기 위해 유엔에 충분히 협조하라."라고 요구했다. 호의적인 응답이 즉시 나오지 않을 경우 "곧장 유엔의 결정을 실행에 옮기기 위해 필요한 군사적 조치를 취하겠다."라고 북한 당국에 통보했다.[9]

미군과 유엔군이 38선 이북까지 올라가는 것은 이처럼 유엔 결의라는 근거를 마련했지만, 6·25전쟁은 이때부터 중공군의 참전으로 '비기기 위해 죽어야 하는' 3년간의 참혹한 전쟁으로 치닫는다.

2011년 개봉한 영화 「고지전」을 보면서 많은 관객이 6·25전쟁의 양상과 관련해 품는 의문이 있다. '왜 고지 하나를 두고 저렇게 끝없는 공방전을 벌이며 숱하게 죽고 죽여야 했을까.' 더러 비현실적인 구성이 있지만, 「고지전」은 김일성의 6·25 남침 이후 1년여 만인

국군 3사단 23연대 장병들이 38선을 넘은 기념으로 '당신은 지금 38선을 넘고 있습니다'라고 영문으로 쓰인 표지판을 들고 미군과 함께 촬영한 사진. 1950년 10월 1일, 23연대 3대대는 38선에서 12킬로미터 북방에 위치한 양양읍까지 진격했다. 국군의 날의 유래다.

1951년 7월 10일 휴전협상이 시작되었음에도 불구하고 전쟁은 2년을 더 끌었다는 사실을 모티브로 포착했다. 1953년 7월 27일까지의 지루하고 참혹한 '고지전'의 배경에는 중국과 소련 간의 복잡한 계산이 있었다.

1950년 10월 압록강을 건넌 중공군은 1951년 봄 공세까지 30만명 이상의 병력으로 서울 이남까지 남진했지만, 곧 현재의 휴전선 부근으로 밀려났다. 그러나 미군도 38선을 다시 돌파해 북진하려는 엄두를 내지 못했다. 장진호전투 참패와 끔찍했던 한반도 북쪽의 추위, 중공군의 인해전술이라는 악몽 때문이었다. 미국 내에서는 1952년 대통령 선거를 앞두고 6·25전쟁을 매듭짓자는 여론이 커져만 갔다. 미군들 사이에서는 '비기기 위해 죽는다'는 기막힌 탄식이 나왔다.

상황이 이런데도 휴전이 금방 이뤄지지 않은 배경에는 서로를 국가로 승인하지 않은 상태였던 미중 간의 협상 능력 결여 탓도 있었지만, 스탈린의 계략도 숨어 있었다. 스탈린이 죽은 뒤 4개월 만에 휴전협정이 조인된 데는 이유가 있었다. 스탈린은 6·25전쟁 직후 유엔 안보리에 소련 대표를 불참시킴으로써 북한을 '침략자'로 규탄한 유엔 결의안이 통과되도록 비켜섰다.[10] 소련이 직접 개입하지 않은 채 중국과 미국만 맞붙도록 한 것이었다.

스탈린은 북한과 국경을 맞댄 중국이 한반도 전선에 뛰어들 수밖에 없다는 사정을 훤히 꿰뚫고 있었다. 소련으로서는 잠재적 경쟁국인 중국과 적국인 미국 사이의 전쟁이 길어지면 길어질수록 이익이었다. 마오도 이를 알고 있었지만, 전쟁을 피하는 대신 소련으로부터 최대한의 군사원조를 얻어내려고 했다. 김일성의 남침, 스탈린의 계략, 마오쩌둥의 심모(深謀) 때문에 남북한과 미국·유엔 참전국 그리고 중국의 젊은이들 수십만 명이 애꿎게 죽어야 했다.

미국은 책임을 회피하지 않았다: 마산방어전투

1951년 4월 중공군의 춘계 대공세가 국군과 UN군의 사투로 꺾이고 나서 전선은 얄궂게도 남침 이전의 분계선인 북위 38도 언저리에서 교착 상태에 빠진다. 소련이 휴전을 제의하고 나선 게 바로 이 시점인데, 앞에서 살펴보았듯이 미국과 중국에 무제한 출혈을 강요할 원모(遠謀)를 세웠던 스탈린은 휴전 협상의 신속한 타결을 주선할 생각이 없었다. 소련이 핵실험에 성공한 게 1949년 8월이고, 핵폭탄을 실어 나를 전략폭격기 Tu-25가 시험비행에 성공한 건 1952년 11월이었다.

이제 막 공산혁명에 성공한 마오쩌둥으로서는 자유 진영과 국경을 맞댄다는 것은 꿈에도 생각하기 싫은 사태의 전개였다. 이를 간파한 스탈린의 계략을 모를 리 없었겠지만, 마오쩌둥은 산업화와 무기 현대화에 소련의 지원이 절실했던 만큼 크렘린의 시나리오를 능동적으로 활용한다. 전쟁을 끝낼 힘도 갖추지 않은 채 남침을 도발했던 김일성은 자칫하면 모든 걸 놓칠 위태로운 처지에 놓였고, 통일을 목전에 두었던 대한민국과 이승만은 중공군의 개입으로 분루를 삼켜야 했다.

이에 비해 미국의 입장은 복잡했다. 한반도의 지정학 중요성에 겨우 눈을 떴고, 냉전이 시작된 이상 자유 진영의 수호자인 미국이 먼저 발을 빼는 듯한 인상을 줄 수는 없는 노릇이지만, 국내 여론이 문제였다. 트루먼 행정부는 전쟁 당사국 가운데 의회의 견제를 받는 유일한 정부였던 데다가, 곧 대통령 선거였다.

국내 여론의 벽에 부딪힌 미군, 제공권을 빼앗겨 보급의 벽에 막힌 중공군, 그 어느 쪽도 단숨에 전선을 돌파할 파상공세로 나아가지 못했다. 결국 산지가 70%를 넘는 한반도의 지형적 특성상 전쟁의 양상은 소모적 고지전으로 흘러갔다. 불모고지(철원), 화살머리고지(철원), 저격능선(김화), 피의 능선(양구), 단장의 능선(양구) 등 이름만 들어도 살벌한, 휴전협정 체결까지 2년 동안 한반도 허리에서 벌어진 이 고지전들은 제1차 세계대전 당시 끔찍했던 참호전을 연상케 한다.● 그러나 결정적으로 다른 게 있었다.

제1차 세계대전은 '이권전쟁'이었다. 후발 제국주의 독일과 선발 제국주의 영국·프랑스가 무역 패권을 놓고 벌인 건곤일척의 승부가 제1차 세계대전이었다. 하지만 6·25전쟁은 시종일관 '이념전쟁'이었다. 이는 포로 송환을 둘러싼 갈등에서 확연히 드러난다. 포화가 멈추면 포로는 본국으로 '일괄송환'하는 게 근대 이후 전쟁의 상례다. 그러나 6·25전쟁은 달랐다. UN군은 포로가 자신의 자유의사에 따라서 가고 싶은 나라를 선택할 수 있도록 '자유송환'을 주장했고, 중공군과 북한은 한사코 반대했다. 6·25전쟁의 본질이 전체주의의 침략에 맞선 자유의 연대였다는 사실을 이보다 더 확실하게 알려주는 상징이 있을까.

전황이 고지전으로 교착되기 1년 전인 1950년 9월 15일 인천상륙작전 때까지, 미군의 작전 목표는 오로지 대한민국의 생존이었다. 동맹을 맺은 사이도 아닌 터에, 1만 킬로미터나 떨어진 다른 나라를 지켜내겠다고 망망대해를 건너온 사례는 이전 역사에는 없었다. 제2차 세계대전 직전 폴란드와 상호방위조약을 체결한 영국과 프랑스는 나치의 침공에 아무런 손도 쓰지 않았고, 폴란드는 나치와 소련에 분할 점령당했다. 반면 미국은 대한민국의 생존이라는

● 솜전투가 마무리되었을 때, 연합군이 고작 6마일(9.66킬로미터)을 전진하기 위해 지불한 대가는 62만 명의 사상자였고, 독일군이 6마일 밀려나는 동안 낸 사상자는 대략 43만~53만 명으로 추산된다. 단 10킬로미터 남짓한 거리를 전진하는 데 양국이 낸 사상자는 무려 1킬로미터당 10만 명이 넘었다(위키백과).

목표를 완수했다.

그 압권이 우리가 '낙동강 방어선'이라고 부르는 '워커 라인 (Walker Line)'이다. 미8군 사령관 월튼 워커(Walton Walker) 중장의 이름을 딴 이 최후의 방어선은 밀리고 쫓기다가 궁여지책으로 나온 발상이 아니었다. 개전 초기 미군이 구상한 전술의 요체는 지연전이었으며, 압도적인 공군·해군·포병 전력으로 인민군을 두들겨 적을 공세종말점•에 다다르게 만든다는 것이었다. 이 구상을 가능하게 한 지형적 이점이 바로 낙동강이라는 천혜의 방어선이었고,•• 이렇게 번 시간으로 UN군 전력을 보강해 공세로 전환한다는 계획이었다.

이리하여 낙동강을 끼고 동쪽에서 서쪽으로 형산강—안강·기계—영천·신녕—다부동·왜관—현풍·창녕·영산—함안·마산을 잇는 워커라인 곳곳에서 피를 말리는 사투가 8월 초부터 9월 초까지 이어졌다. 대한민국의 명운을 가른 한 달이었다. 워커 라인을 그은 최초의 시점에서 미군 1기병사단과 25보병사단은 국군 1사단과 함께 대구 북쪽 왜관과 달성, 상주 방면을 맡았다. 인민군 주공이 몰려오고 있다는 판단 때문이었다. 실제로 인민군은 김천에 전선사령부를

• 군이 더 이상 공세를 유지할 힘이 바닥나는 시점을 말한다. 작전한계점이라고도 한다.
•• "이튿날(7월 18일) 아침 일찍 나는 워커 중장과 만났다. 격전이 한창 벌어지고 있는 대전 전선을 시찰하기 위해서였다. 우리는 비버라는 경비행기에 동승했다. 왜관 상공을 지날 때였다. 워커 중장이 창밖으로 아래쪽을 가리키며 무언가 말했다. 비행기의 엔진 소음이 요란스러워 잘 알아들을 수가 없었다. 밑을 보라는 말인 것 같아 아래쪽을 내다봤다. 낙동강이 띠 모양으로 흐르고 있었다. 나는 그의 뜻을 곧 알아차렸다. 그리고 엄지손가락을 세워 보였다. 워커 중장은 씩 웃었다. 그도 엄지손가락을 세웠다." (정일권, 『전쟁과 휴전』, 동아일보사, 1985, pp.78-79)

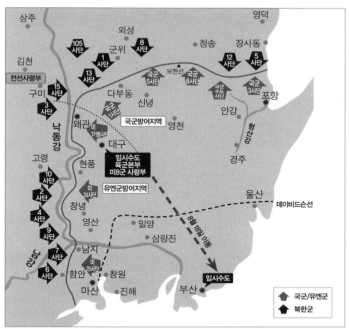

낙동강 방어선을 사이에 두고 국군 및 유엔군은 인민군과 대한민국의 운명을 건 혈투를 벌였다 (국방부 군사편찬연구소 『6·25전쟁사』 참고).

차리고 주력 5개 사단을 이 방면에 투입했다.

하지만 미군이 놓친 게 있었다. 팔로군 출신 방호산이 지휘하는 인민군 6사단•이었다. 6사단은 호남으로 우회기동 목포·여수를 점령하고•• 진주를 거쳐 마산을 노렸다. 이에 더해 인민군 5개 사단이

• 이 부대의 전신은 중국 공산당 팔로군 제166사단으로, 1949년 7월 북한에 들어와 인민군 6사단으로 편입됐다. 부대원 전원이 국공내전에 참전해 인민군에서 전투 경험을 가장 많이 쌓은 최정예 사단이었다.

•• "이들은 한강 도하 후 통상적인 부대 이동이 아닌 주간은 산길을 행군하고 야간은 불을 끄고 차량 등을 이용하는 '왕복 수송—피스톤 수송' 등의 방법으로 미군의 정찰 감시망을 피해 목포까지 도달했다."(배대균 편역, 『마산방어전투』, 청미디어, 2020, p.21. 이 책은 배대균 마

현풍-창녕-영산-남지 방면에 집결했다. 마산은 대한민국과 UN군의 생명선인 부산항과 거리가 불과 50여 킬로미터이고, 김해평야를 거쳐 낙동강 하류까지는 아군이 의지할 변변한 방어거점도 없다. 마산이 뚫리면 낙동강 서부전선은 순식간에 무너지고, 전선 전체에 걸친 붕괴는 예정된 것이나 다름없다.

"마산을 점령하면 적의 숨통을 조르는 것"이라는 방호산의 독려 아래 6사단은 마산으로 향했다. 하지만 미군 사령부가 적군의 기도를 파악한 건 7월 31일 6사단이 진주를 점령하고 나서였다. 이때 마산을 방어할 UN군 병력은 진주에서 후퇴한 미 25보병사단 27연대, 김성은 중령•의 해병 1개 대대, 민기식 대령••의 육군 1개 대대, 그리고 1,000여 명의 전투경찰대가 전부였다.[11] 절체절명의 순간이었다.

워커 사령관은 결단을 내렸다. 미 25보병사단 본대를 상주에서 빼내 마산으로 이동시키고 제5전투연대와 제1해병여단을 추가로 보내 25보병사단장 윌리엄 B. 킨(William B. Kean) 장군의 이름을 딴 '킨 특수임무부대(Task Force Kean)'를 편성, 마산 방어를 맡도록 한 것이다. 미 25보병사단은 8월 3일 밤에 부대 이동을 완료, 마산 방어선에 포진했다. 중무장한 사단 병력이 꼬불꼬불 비포장도로 일색인 240킬로미터가 넘는 거리를 이틀 만에 주파한 것이다. 미

산방어전투기념사업회 상임대표가 미 25보병사단 전투기록관 소령 잭 팬케이크(Jack Pancake)가 기록하고 사단장 윌리엄 킨 소장이 서명한 미 25사단 전투일지를 발굴·번역한, 마산방어전투의 1차 사료다.)
•   해병대사령관, 국방장관 역임.
••   육군참모총장, 국회의원 역임.

25보병사단 전투일지는 "마산으로 기적의 대이동을 완료하였으며, 바야흐로 '마산방어전투'의 막이 올랐다."라고 쓰고 있다.[12]

워커 장군이 "유사 이래 가장 극적인 기동으로 부산을 구했다." 라며 기뻐했던 것처럼 8월 7일 7시 30분 킨 특수임무부대는 공격을 개시해 적의 예봉을 꺾었으나, 전투는 이제부터 시작이었다.

"적군은 한밤에 진전면 봉암리 북쪽 근처의 포병대대를 맹렬하게 공격하고 전투가 격렬해졌다. … 적들은 자동화기, 박격포, 자주포, 소화기, 수류탄, 대전차포를 동원하여 총공격해왔다. 몇 문의 야포 진지가 넘어가고, 도로는 차륜과 장비들로 방해받았으며 정체가 격심했다. 또다시 한순간에 각각 6문의 105밀리미터와 155밀리미터 곡사포를 잃었다. 이곳은 훗날 '포병의 무덤'으로 이름 붙였다."[13]•

미 공군과 해군항공대의 근접항공지원, 진동만으로 들어온 미 해군 구축함의 함포 사격 지원에 힘입어 킨 특수임무부대는 인민군 6사단을 효과적으로 막아냈지만, 적군의 기도를 분쇄하기에는 아직 일렀다. 승패는 진동리 북쪽 서북산 고지를 누가 장악하느냐에 달릴 터였다. 서북산 능선은 마산 시내를 한눈에 내려다보는 무학산과 연결돼 있으며, 남쪽으로는 진주와 마산을 잇는 국도 2호선, 고성과 마산을 잇는 국도 14호선이 진전면에서 합쳐지는 요충이었다.

한편 대구 북쪽의 전황이 심상치 않게 돌아가면서 킨 특수임무

• 미 555포병대대와 90포병대대는 이곳에서 8월 12일 하루에만 350명 이상의 사상자를 냈다.

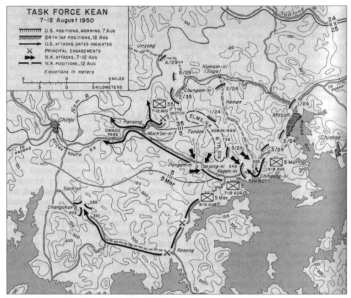

킨 특수임무부대의 병력 배치 및 전투의 전개

부대에 배속됐던 미 제1해병여단, 제5전투연대, 민기식 대령의 국군 1개 대대(통칭 '민부대')가 배속 해제돼 마산을 떠났다. 8월 16일 킨 특수임무부대는 해체됐고, 미 25사단과 김성은 중령의 국군 해병 1개 대대(통칭 '김부대'), 전투경찰대가 마산 방어를 전적으로 책임지게 됐다.

해병대의 활약은 실로 눈부셨다. 김성은 중령이 이끄는 해병 대대는 서남지구전투사령관 이응준 소장의 명령에 따라 8월 1일 22시경 봉암리 계곡에 도착, 3일 새벽에 인민군 6사단 선봉대를 섬멸했다. 사살 87명, 포로 3명, 전차 및 장갑차 등 8대 파괴에 아군 부상자 6명으로, 국군 해병대의 첫 승리이자 마산방어전투의 첫 승전보였다. 8월 6일 '김부대'는 미 제27연대에 배속되었고, 야반산

김성은 중령이 이끈 국군 해병대

을 공격해 장악한 전과로 부대 전원이 1계급 특진했다.

이어서 '김부대'는 8월 17일 통영에 국군 최초의 단독 상륙작전을 감행, 우회기동을 노리던 적의 기도를 분쇄했다. 당시 국제적으로 명성을 날리던《뉴욕 헤럴드 트리뷴》의 여성 종군기자 마가렛 히긴스(Marguerite Higgins)는 '귀신도 잡을 수 있는 부대'라고 격찬한 기사를 타전했고, 이것이 '귀신 잡는 해병대'의 유래가 되었다.

국군 해병대가 야반산을 점령해 서북산 일대에 가해진 인민군 6사단의 공세를 격퇴함으로써 진동–마산 간 보급로를 지켜준 덕분에, 킨 특수임무부대는 안심하고 인민군 주력에 대한 역공세를 펼칠 수 있었다. 악에 받친 인민군 6사단은 전력을 다해 공격해왔다.

"적군 1개 대대가 서북산의 24연대 1대대를 마구 두드리기 시작했다. 공격은 2대대 진영까지 확산되고 C중대는 진지를 빼앗겼다. 병사들은 우르르 몰려나오고, D중대 진지로 피신했다. 포병과 박격포, 네이팜탄, 로켓, 파쇄성 폭탄 등 항공지원으로 적군은 물러났다. … 이곳 서북산의 전투장은 그날부터 '전투산'으로 불리게 되었다. 숱한 비참한 전투장의 한 의미이다. … 포탄 자국과 숱한 참호들로 얼룩지고 며칠 사이 산 높이가 몇 미터 낮아졌다. 병사들은 '늙은 중 머리'로 비유했다."[14]

미 25사단은 인민군 6사단, 7사단, 83모터찌클(모터사이클의 러시아어)연대, 105장갑차부대, 4사단 일부 병력의 공세를 고스란히 받아냈다. 8월 말까지 서북산 정상에서는 열아홉 차례나 주인이 바뀌는 치열한 고지전이 벌어졌다. 오죽했으면 전투가 끝나고 진동면, 진전면 일대 주민들이 서북산을 '각대미산'으로 부르게 되었을까. 미군 병사들이 진저리 치며 '갓 댐(god damn)'이라고 뇌까렸던 게 '각대미'로 들려 그대로 뇌리에 박힌 것이다.

"전투산은 성마르고 피를 흘리는 가운데 또다시 적군 수중으로 넘어갔다. 오늘의 전투는 지금까지의 전투 중 최악의 하루였다. 공군들의 수없는 네이팜탄으로 불탄 시신들은 쌓여만 갔다. 병사들은 '네이팜탄 언덕'으로 이름 불렀다. 명령에 의해 기지에서 먼 높은 산 정상 서북산에서 승리를 위한 쓰디쓴 전투를 치르면서 다짐을 크게 되풀이했다. '그것들은 한국의 진정한 유산을 위하여 한 발의 총알은 값비싼 생명을 담보로 한다.'"[15]

8월 31일, 인민군은 병력을 총동원해 다시 공세에 나섰다. 그러나 그들은 이미 공세종말점에 부딪혀 있었다. 9월 초, 인민군은 마산 공략을 포기하고 수세로 전환했다. 미 25보병사단과 국군 해병대는 달포 동안 계속된 인민군의 공격을 막아내 부산으로 가

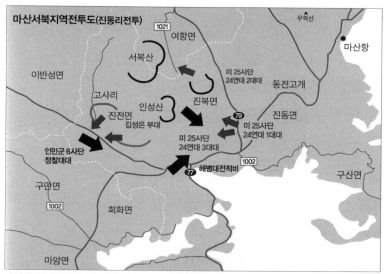

마산서북지역전투도(진동리전투)

해병대가 눈부신 활약을 펼친 진동리전투 작전상황도

는 관문인 마산을 지켜냈다. 그 대가로 미군이 치른 희생은 전사 1,000여 명, 전상 3,000여 명, 실종 20명이라는 엄청난 숫자였다.

『마산방어전투』를 펴낸 배대균 마산방어전투기념사업회 상임대표는 미 25보병사단 전투일지를 발굴해 번역한 이유를 이렇게 말했다.

"6·25전쟁 어느 전투 하나 처절하지 않은 곳은 없지만, 마산전투는 가장 길고 가장 많은 희생자를 낸 전투였다. 60일간 하루도 쉬지 않고 싸움이 이어졌다. 지금도 서북산, 여항산 일대에 가서 금속탐지기를 들이대면 신호음이 들리는 곳이 적지 않다. 그런데 지역 주민들에게조차도 마산전투에 대한 기억들이 잊혀지고 있어서 백방으로 수소문한 끝에 미연방 문서보관소에서 25사단의 전투일지를 찾아내게 됐다. 이순신 장군의 『난중일기』에 버금갈 만큼 소

중한 자료란 생각이 들어 번역을 하게 되었다."[16]

마산방어전투에서 전사한 미군 가운데에는 대한민국과 소중하고 특별한 인연을 맺은 이가 있다. 그의 이름은 로버트 티몬스(Robert Lee Timmons, 1919.5.14 ~1950.8.23). 국가보훈처는 그를 '2020년 11월의 6·25 전쟁영웅'으로 선정했다.

마산방어전투에서 전사한 고 티몬스 대위를 기려 '2020년 11월의 6·25전쟁 영웅'으로 선정한 국가보훈처의 포스터

"로버트 티몬스 대위는 1950년 8월 23일 서북산에서 중대원과 함께 전사했다. 당시 그의 일곱 살 난 아들 로버트가 훗날 아버지의 뒤를 이어 군인이 되었는데, 그가 바로 1994년부터 3년간 주한 미8군 사령관으로 근무한 리처드 티몬스 중장이다. 그는 부친이 전사한 서북산을 방문해 전적비를 세웠다. 그의 아들, 즉 로버트의 손자도 군인의 길을 걸었는데 역시 대위 시절에 한국 근무를 자원하여 2사단 최전방에 근무하였다."[17]

미군은 자신의 책임을 회피하지 않았다. 과감하게 결단하고 신속하게 이동해 엄청난 희생을 무릅쓰고 부산으로 가는 최단 길목을 지켜낸 마산방어전투는 미군이 대한민국의 생존을 참전의 최우선 가치로 여기지 않았던들 결코 이루어내지 못했을 승전보였다. 이역

만리 낯선 산꼭대기에서 자유 수호를 위해 푸른 눈의 젊은이들이 흘린 고귀한 피가 한미동맹 70년의 초석이 되고, 3대에 걸쳐 우정을 나누는 밑거름이 된 것이다.

가장 추웠던 겨울: 미군 최악의 전사

우리는 데이비를 한국전쟁에서 잃었다오.
나는 여전히 그 애가 무엇 때문에 그곳에서 죽어야 했는지 모릅니다.
그리고 (아들의 죽음에 대해서는) 누구도 더 이상 관심을 갖지 않아요.

1971년 미국 포크송의 신성으로 떠올랐던 존 프라인(John Prine)의 노래 「안에 누가 있나요(Hello In There)」의 가사 중 일부이다. 아들 데이비(데이비드의 애칭)가 '누구도 기억해주지 않은 전쟁'에서 숨진 사실을 안타깝게 여기는 노부부 '나와 로레타'는 언제라도 불쑥 나타날 것 같은 아들에 대한 회상에 잠겨 있다. 뜻밖에도 많은 미국인이 엄청난 인명 손실을 입은 6·25전쟁에 대해 자세히 기억하지 못한다.

2차대전이나 베트남전쟁과 달리 그 중간의 6·25전쟁은 미국에서 오래전부터 '잊힌 전쟁(forgotten war)'이었다. 미국의 작은 소도시에서조차 한국전쟁 기념비를 볼 수 있고 수도 워싱턴 D.C.의 한가운데 에이브러햄 링컨(Abraham Lincoln) 대통령 기념관 바로 오른쪽에도 대규모 한국전쟁 기념 조형물과 공원이 있지만, 6·25전쟁에 대한 미국인들의 기억은 어두웠다.

미국의 전설적인 프로농구 스타 제리 웨스트(Jerry Alan West)에게 한국은 고통이자 절망의 나라일 뿐이다. 미국 프로농구 NBA의 로고인 파란색과 빨간색 바탕 사이에서 역동적인 드리블을 하고 있는 모습의 주인공인 웨스트는 NBA 사상 최장인 33연승을 이끈 슈퍼스타이다. 선수와 감독, 단장으로서 LA 레이커스 한 구단에만 40년 동안 몸담으며 여덟 개의 우승 반지를 낀 신화의 주인공이자 NBA의 살아 있는 전설이지만, 그는 《중앙일보》와 인터뷰(2011년 7월 16일자)에서 지금도 6·25전쟁에서 전사한 형 때문에 깊은 슬픔에 빠지곤 한다고 전했다.

"한국은 내가 형 데이비드를 잃었던 곳이다. 당시 형의 나이는 불과 스물두 살이었고, 난 열두 살이었다. 지금도 밤이 되면 형 생각에 잠 못 이루고 식은땀을 흘릴 때가 많다. … 1950년 겨울이었다. 우리 집은 당시 차가 없었다. 그래서 어디든 걸어 다녀야 했다. 우체국에 들른 뒤 집으로 가는데 누군가 나를 멈춰 서게 하더니 '너희 형 한국에서 죽었대.'라고 말했다. 순간 온 세상이 멈춘 듯했다. 집으로 정신없이 막 뛰어갔다. 거짓말이나 농담이기를 빌었다. 집에서 한 200야드(약 183미터) 거리 앞이었을 거다. 거기서부터 어머니가 손으로 벽을 탕탕 치며 대성통곡하는 소리가 들렸다. 어머니가 받은 충격이 나를 더욱 심한 충격으로 몰아넣었던 것 같다. 난 당시 삶의 의욕을 잃어버렸다. 어쩌면 그런 의미에서 한국이란 나라가 내 인생을 송두리째 바꿨다고 할 수 있다. 전에는 나름대로 명랑했는데, 그 일 뒤론 고독한 사람이 됐다. 어머니도 너무나 많

66

이 변해 더 슬펐다. 6남매 중 내가 다섯째이고 데이비드가 둘째였는데, 어머니가 자식들 가운데 가장 애지중지했던 게 형이었다. 그해 12월 형의 장례식을 치렀다. 엄청 추운 날이었다. 「탭스(Taps)」라는 음악이 흘러나왔는데, 지금도 그 노래가 나오면 절로 형 장례식이 떠오른다. 그 뒤 3개월가량 형과 관련된 편지가 계속 집으로 날아왔다. 장례식보다 편지 받을 때가 더 견디기 힘들었다. … 그때의 상처는 극복 못 한다. 그런 상처는 시간도 해결해주지 못한다."

그에게 한국은 형이 죽은 나라였다. 그래서 가고 싶지 않은 나라였다. 그의 6남매는 가난한 탄광 기술자 가정에서 태어났다. 그렇게 고생스럽게 자라난 형제 중 한 명이 6·25전쟁에서 숨진 고통은 이처럼 컸다. 실제 미국에서 6·25전쟁 참전용사들을 만나보면 자신들이 지킨 한국이 이룬 발전을 자랑스러워하는 이도 있지만, 적지 않은 수는 한국을 떠올리기도 싫어한다. 6·25전쟁 참전용사들의 웹 사이트를 찾아보면 "아버지는 한국전쟁에서 겪은 고통과 악몽 때문에 잠을 못 이루고 침대에 손을 얹고 기도하곤 했다."라는 가족들의 애타는 얘기가 실려 있다.

퓰리처상 수상 작가인 데이비드 핼버스탬(David Halberstam)의 책 『콜디스트 윈터(The Coldest Winter)』는 참전용사들에 대한 이야기부터 시작한다(이 책은 2007년 《뉴욕타임스》 하드커버 논픽션 분야 베스트셀러이다). 참전용사들을 인터뷰했던 핼버스탬에 따르면, 6·25전쟁에 동원됐던 미군 병사들 가운데에는 이미 2차대전에 참전한 경우도 적지 않았다. 이들은 생업으로 돌아갔다가 또다시 '이름조차 생소한' 머나먼 전장으로 가야 했다. 게다가 한국은 탱크로 싸울 수 있는 지형이 아니었다. 유럽의 스페인이나 스위스만 하더라도 높은 산악지대를 지나면 다시 넓은 평원이 나왔지만, 한국은 첩첩산중이었다. 더군다나 한반도 북부의 추위는 이들을 꽁꽁 얼어붙게 만들었다.

어떤 거대한 흉계도 구체적인 현장에서는 마각을 드러내게 마련이다. 미국이 6·25전쟁 당시 어떤 계획과 준비를 갖고 있었는지는 6·25전쟁 참전용사들의 육성에서 잘 드러난다.

"(북한군이 파죽지세로 남진하던) 7월 초 더글러스 맥아더 사령관은 육군참모회의에서 굉장히 다급한 어조로 적군을 저지하는 데에만 11개 대대 병력이 필요하다고 말했다. … 제2차 세계대전이 끝나고 민간인의 생활로 돌아가서 행복을 누리던 해병대원들은 강한 불만을 터뜨렸다. 이미 민간인으로 돌아왔다고 생각했는데 예전에 맺은 복무계약 때문에 또다시 전쟁터로 끌려 나간 것이다. … 자원하는 젊은이들이 많지 않아 정부에서는 육군 신병 모집에 혈안이 되었다. 이미 복무 중인 군인들은 무조건 전투부대에 편입되어 충분한 훈련을 받지 못한 채 한국에 파견됐다. … 처음에는 한국 가는 배에 태우기 전에 6주간 훈련을 했지만 얼마 지나지 않아 훈련 기간은 10일로, 나중에는 3일간의 특수훈련으로 대체되었다. 인민군이 거침없이 밀고 내려오자 결국 3일간의 훈련을 할 시간도 부족할 지경이었다. 부산항에 도착한 신병들은 무기를 지급받자마자 소총을 손질해볼 틈도 없이 전투 지역으로 내몰렸다."[18]

이렇게 투입된 미군들은 낙동강 전투에서 유엔군과 미군이 더 도착할 때까지 인민군들을 막아내기 위해 사투를 벌였다. 인천상륙작전 이후 북진했을 때는 더 참혹한 상황이었다. 매년 12월 13일은 미국 사람들에게 '가장 추웠던 겨울', '미군 전사(戰史)에서 최악의 전투'로 기억되는 장진호전투가 끝난 날이었다.

20세기를 대표하는 거장 가운데 한 명인 더글러스 덩컨이 장진호전투에 직접 종군해 촬영한 사진. 추위와 공포로 망연자실에 빠진 병사의 모습을 담은 이 사진은 미국 월간잡지《LIFE》에 실려 국제적 반향을 일으켰다.

1950년 10월 평양 진입 이후 파죽지세로 압록강까지 올라갔던 미군이 11월 말 중공군에 의해 장진호 주변의 협곡에서 포위돼 최악의 사상자를 냈다. 미 해병 1사단, 육군 7사단 등은 함경남도 장진호에서 중공군 7개 사단 병력(12만 명)에 포위되어 전멸 위기에 몰렸다가 간신히 흥남으로 후퇴했다. 이 후퇴 작전은 흥남철수와 1·4후퇴로 이어진다. 당시 미군 전사자는 2,500여 명, 실종자는 219명, 부상자는 5,000명이 넘었다. 중공군은 10배가 넘는 인명 피해를 보면서도 인해전술로 미군을 몰아붙였다.

지금도 장진호에서 살아남은 미군 참전용사들은 '초신 퓨(Chosin Few, 장진호에서 살아남은 소수)'로 불린다. '영하 수십 도의 협곡에서 죽음을 넘어 살아남은 형제들'은 6·25전쟁의 가장 참혹했던 현장의 증인들이다. 이들 생존 용사 가운데 4,000여 명은 47년 만인

1997년에야 비로소 미 원호청의 동상 후유증 보상을 받았다. 얼마나 참혹했던지 한국 사람들도 잘 모르는 장진호전투에 대한 미국 내 단행본만 세 권이 넘는다. 미 하원에서 가장 힘 있는 세입위원장을 거친 찰스 랭글(Charles Rangel) 의원도 이때 살아남은 생존자 중 한 명이다. 그는 당시 철수 과정에서 죽을 고비를 넘기며 마흔 명의 병사들을 이끌고 나와 퍼플하트(Purple Heart) 무공훈장을 받았다.

미국 수도 워싱턴 중심부의 한국전쟁기념관. 작은 공원처럼 꾸며진 이 기념관에는 적진을 향해 나아가는 미군 병사 열아홉 명의 모습을 형상화한 조형물이 방문객들의 발길을 멈추게 한다. 크기가 각각 220센티미터가 넘는 열아홉 명의 완전무장 병사들은 암석과 나무 덤불로 가득한 험한 길을 금방이라도 쓰러질 듯 힘겹게 걷고 있다. 조형물 앞으로 고요히 흐르는 '기억의 연못(Pool of Remembrance)' 앞에는 6·25전쟁에서 전사한 미군과 유엔 병사들의 수가 검은 화강암에 새겨져 있다. 당시 사망한 미군의 숫자는 3만 6492명, 부상한 미군은 10만 3284명, 포로로 잡히거나 실종된

워싱턴 한국전쟁기념관에 세워진, 장진호전투를 형상화한 조형물

6·25전쟁 전사자 명단을 기록해놓은 워싱턴 한국전쟁기념관의 표석

미군은 1만 5317명이었다. '기억의 연못' 오른쪽 화강암 벽에는 '자유는 저절로 얻어지는 것이 아니다(Freedom is not free)'라는 문구가 새겨져 있다. 이 문구 옆에는 참전용사들의 모습을 사진으로 담은 듯한 벽화가 대리석에 음각되어 있다.

한국전쟁기념관은 휴전협정 체결 42주년이었던 지난 1995년 7월 27일, 빌 클린턴(Bill Clinton) 당시 미국 대통령과 한국의 김영삼 대통령이 함께 참석한 기념식에서 제막됐다. 미국 국가 사적으로 등록된 이곳에는 미국 전역과 세계 곳곳에서 매년 평균 300만 명의 방문객들이 찾아온다.

한국전쟁에서는 미국 지도자들의 아들도 숱하게 희생되었다. 냉전 이후 최초의 이념전쟁이자 가치전쟁에 미국의 지도층들은 목숨을 걸었다. 6·25전쟁 중 미국 대통령에 당선된 드와이트 아이젠하워(Dwight David Eisenhower) 원수의 아들 존 셸던 도드 아이젠하워 중령을 비롯한 정치 및 군 지도층 자제 142명이 참전했고, 미8군 사령관 워커 중장의 아들 샘 워커 대위를 비롯한 서른다섯 명이 전사 또는 부상을 당했다. 제8군 사령관 제임스 밴플리트 장군의 아들인 공군 중위 지미는 B-26 폭격기 조종사로 야간폭격 임무 수행 중 실종됐다. 미국 중앙정보국 국장 알렌 덜레스의 외아들 알렌 메시 덜레스 2세는 6·25전쟁 당시 프린스턴대학교에서 역사와 정치를 공부하던 학생이었는데, 휴학하고 자원하여 참전했다가 머리에 총상을 입고 영구 정신장애자가 되었다고 한다. 프린스턴대학교는 1997년에 '알렌 메시 덜레스 51년상'을 제정하여 국가를 위해 봉사한 학생들에게 상을 수여하고 있다.

맥아더는 영웅이었나

인천 월미도 앞바다를 바라보는 자유공원에는 더글러스 맥아더 장군의 동상이 서 있다. 건립문에는 이렇게 쓰여 있다.

"정의에는 국경이 없고 투쟁에는 산도 불도 거침이 없다. 이러한 정의로써 이러한 투쟁을 감행하여 자유세계의 노선 위에 승리를 가져오고 그리하여 만인의 감격과 탄앙을 한 몸에 두른 이가 있었으니, 그가 바로 여기 이 동상의 주인공 더글러스 맥아더 장군이다. … 그의 호매한 식견으로 안출된 거의 기적적인 상륙작전을 1950년 9월 15일에 장군의 진두지휘 하에 결행하여 그 결과로 전세가 일전하여 자유의 승리와 대한민국의 구원을 가져왔었으니 이것은 영원히 기념할 일이며 이것은 영원히 기념할 사람인 것이다. … 건립일 1957년 9월 15일."

한국의 맥아더 동상 건립문 같은 문장은 당시 미국에서도 흔히 발견된다. 확실히 맥아더는 미국에서도 웨스트포인트의 신동으로 시작해 군신(軍神)의 영역까지 넘봤던 거물이었다.

"운명의 여신도 이 사람보다 더 전적인 신뢰를 받을 수 있는 미국 국민을 골라내지 못했을 것이다. 그는 훌륭한 전략가이며 영감을 가진 지도자이다. 불리한 압력 하에서도 무한한 인내심과 과묵한 안정감을 소유한 사람이며, 대담하고 단호한 행동을 훌륭하게 취할 수 있는 사람이다."

6·25전쟁 발발 사흘 뒤인 28일 맥아더 장군이 도쿄 사령부에서 기자들의 박수를 받으며 군사 상황을 시찰하기 위해 한국으로 출

발할 때 《뉴욕타임스》의 사설(1950년 6월 29일)이 '미국의 전쟁영웅'을 치켜세우며 쓴 문장이다.

1951년 4월 11일 맥아더는 트루먼 대통령과의 갈등 속에서 '군 최고통수권자에 대한 항명'이라는 오명을 쓰고 물러났다. 하지만 당시 《아사히신문(朝日新聞)》의 보도(1951년 4월 16일자)에 따르면, 그가 도쿄 사령부를 떠날 당시 25만 명의 일본인들은 길가에 도열해 일장기와 성조기를 흔들며 눈물을 흘릴 정도로 그를 존경했다. 보수주의자인 그는 공교롭게도 일본 점령군 사령관으로서는 구 일본의 제국주의적 요소들을 해체하면서 일본에 민주주의 토양을 심었다는 평가를 받았다. 맥아더가 귀국 이후 뉴욕에서 퍼레이드를 벌였을 때는 엄청난 인파가 거리로 쏟아져 나왔다.

맥아더의 인천상륙작전은 모든 미군 참모들이 불가능하다고 생각했던 작전이었다. 1950년 당시 70세였던 미국의 전쟁영웅 맥아더는 6·25전쟁 기간 중 최고의 기습 역전극이었던 상륙작전을 성공시켜 2차대전의 영웅담을 이어갔다. 하지만 『콜디스트 윈터』의 평가는 냉혹하다.

"맥아더는 북한군의 남침 가능성을 무시했다. 공화당 성향의 보수파 맥아더는 점령국가 일본에서 마치 황제처럼 행동하며 구 일본 체제의 개혁에만 몰두했다. 한국에서는 하룻밤도 잔 적이 없었다."

그가 6·25전쟁에서 세운 유일한 업적이라면 인천상륙작전이었다. 모두가 위험하고 무모하다고 반대한 작전이었지만 멋지게 성공시켜 전세를 일거에 역전시켰다. 하지만 거기까지였다. 맥아더는 당시 중국이 6·25전쟁에 참전할 가능성을 무시한 채, 오히려 신생 공산정권인 중국의 북동부를 박살 낼 수 있다는 오만으로 군대를 두 갈래로 북진시켰다. 긴 병참선과 가혹한 한반도 북부의 겨울 날씨는 중공군에게는 최고의 공격 기회를 안겨주었지만, 미군에게는 최악의 장애물로 작용했다. 그런데도 맥아더 사령부는 하복을 입고 한반도로 파병된 미군들에게 크리스마스 전에는 도쿄로 돌아와 시가행진을 할 수 있을 것이라는 기대를 심어줬다. 결과는 장진호의 대참패였다.

맥아더와 트루먼 대통령의 갈등은 유명한 얘기이지만 2차대전의 또 다른 영웅이었던 아이젠하워, 그리고 당시 미군의 신성이었던 매튜 리지웨이(Matthew Bunker Ridgway) 중장도 맥아더에 대해 부정적이었다. 아이젠하워는 워싱턴과 마닐라에서 맥아더의 보좌관을 지낸 적이 있어서 그가 어떻게 재빨리 정보를 차단하고 자기가 원하는 대로 워싱턴에 보고하는지 잘 알고 있었다.

아이젠하워는 리지웨이에게 "(한국전쟁에서는) 예기치 못한 행동을 서슴지 않고 워싱턴에 알려야 할 정보를 마음대로 재단하는 불가항력적인 인물보다는 참신한 지휘관이 필요하다."라고 말했다.[19] 또한 아이젠하워는 그의 저서[20]에서 모든 고급장교는 군사적 사안과 정치적 사안을 구분하는 명확한 기준이 있기 때문에 이를 면밀하게 검토하기 마련이지만 "맥아더 장군은 이런 기준을 인지하고도 대체로 무시했다."라고 평가했다.

또한 맥아더는 중공군의 개입으로 한반도 북부에서 대패한 뒤, 새로 투입된 리지웨이 장군이 같은 수준의 병력으로 지평리전투를 비롯한 몇몇 전투에서 단기간에 승리를 거두자 언론의 관심이 리지

6·25전쟁 당시 전선 시찰 중인 맥아더 원수. 지프 뒷좌석에 앉은 이는 매튜 리지웨이 장군이다.

웨이로 옮아가는 것을 참지 못했다. 리지웨이가 세운 주요 공격작
전이 시작될 무렵이면 맥아더는 갑자기 측근들을 이끌고 도쿄 본
부에서 한반도로 날아와 긴급 기자회견을 열었다. 리지웨이는 "원
래 알고 있었지만 거의 잊을 뻔했던 맥아더에 대한 좋지 않은 기억
을 되살렸다."라며 "그는 자신의 공식적인 이미지를 항상 최고로 유
지하는 데만 급급한 속물"이라고 말했다.[21]

무엇보다 맥아더는 38선 이북 돌파 이후 상황을 너무 안이하게
판단했다. 커밍스 교수는 2006년 저자와 인터뷰에서 "맥아더는 전
술적으로도 매우 큰 실수를 했다. 군대를 둘로 나누어 북동쪽과
북서쪽으로 각각 진군하게 했는데 이후 군사 전문가들에게 어리석
은 전술이었다는 비판을 받았다."라고 말했다.

물론 이 같은 비판에도 불구하고 인천상륙작전은 맥아더의 전술

적 감각이 빛났던 6·25전쟁 사상 유엔군의 가장 중요한 승리였다. 맥아더가 인천상륙작전을 구상한 것은 1950년 7월 중순이었다. 북한은 승리를 눈앞에 두고 있었다. 전쟁 발발 한 달여 만에 남한 영토의 90퍼센트를 점령했고, 연합군은 부산을 중심으로 최후의 방어선을 쳤다. 두 달 동안 낙동강 전선에서 인민군과 국군, 미군이 맞붙어 있었다. 이런 와중에 6·25전쟁의 전황을 한 번에 바꿔놓은 것이 인천상륙작전이다. 맥아더 사령관은 인천에서 미 육군과 해군·해병대 등을 투입해 과감한 상륙작전을 성공시켰고, 13일 만에 서울까지 탈환한다.

하지만 맥아더 사령관의 계획은 미군 내에서조차 반대에 부딪혔다. 워싱턴의 합동참모본부는 그의 계획이 무모하다고 판단했고, 수정을 요구했지만 맥아더는 뜻을 굽히지 않았다. 2010년 6월 23일 방송된 미국의소리(VOA) 6·25전쟁 60주년 특집 프로그램에서, 미 해군 7함대 5순양함대를 지휘하며 백선엽 장군의 1군단 작전을 지원하고 훗날 미 해군 참모총장을 역임한 알레이 버크(Arleigh A. Burke) 제독은 당시 미군 지휘부의 분위기를 이렇게 전했다.

"합동참모본부가 당초 맥아더의 인천상륙작전을 반대한 데는 여러 이유가 있었다. 우선 지형적으로 상륙작전에 적합하지 않다는 것이다. 평소에는 수심이 낮기 때문에 상륙함을 운영하는 것이 불가능했고, 3~4시간 정도의 밀물 때만 겨우 상륙이 가능한 극히 제한적인 환경이었다. 또 한 가지 우려는 상륙작전에 적합한 병력이 절대적으로 부족하다는 점이었다. 당시 극동군 사령부에서 동원할 수 있는 병력은 상륙작전에 필요한 훈련이나 경험이 거의 없었다."

같은 방송에서 미 태평양 해병사령관으로 인천상륙작전에 참전했던 르무엘 셰퍼드(Lemuel Shepherd) 장군은 합동참모본부가 맥아더 사령관의 고집을 꺾지 못했다고 말했다.

"합동참모본부는 인천이 아닌 군산을 검토하도록 했다. 하지만 맥아더 사령관은 전략적인 차원에서 서울과 가까운 인천을 공격해야 한다고 꾸준히 설득했고, 결국 합동참모본부의 동의와 트루먼 대통령의 최종 승인을 받아냈다."

맥아더 사령관은 상륙군의 부족한 경험을 보완하기 위해 최대한 많은 수의 해병대를 동원했다. 디데이(D-day)는 밀물 때가 가장 긴 9월 15일로 잡았다. 이날을 놓치면 11월 중순까지 기다려야 할 판이었다. 하지만 맥아더 사령관의 승리도 계속되지는 않았다. 38선을 넘어 북한군을 완전히 격퇴하고, 한반도를 통일시키겠다는 계획이 좌절된 것이다.

맥아더 장군이 38선을 넘을 때, 트루먼 대통령은 중국의 참전을 우려했다. 자칫 세계대전으로 확대될 수 있기 때문이었다. 하지만 맥아더는 중국이 전쟁에 개입하기 어렵고, 개입한다고 해도 막강한 공군력으로 파괴할 것이라고 장담했다. 이런 예상은 빗나갔고, 중국의 개입으로 연합군은 심각한 타격을 입고 후퇴한다. 결국 맥아더 사령관은 트루먼 대통령의 지시에 의해 불명예스럽게 교체됐고, 오명을 씻지 못한 채 50여 년의 긴 군 생활을 마감한다. 맥아더 사령관에게 있어서 6·25전쟁은 최고의 성공과 최악의 실패를 모두 안겨준 전쟁이었다.

미국 버지니아주 노퍽에 있는 맥아더 기념관의 짐 조벨 씨는 VOA와의 인터뷰(2010년 6월 23일)에서 "인천상륙작전은 맥아더 사령관의 일생에서 가장 빛나는 순간이었고, 가장 성공적인 작전이었다. 하지만 한국전쟁은 맥아더 사령관에게 추락의 시작이었고, 결국 그의 명성을 거의 완전히 망가뜨리고 말았다."라고 전했다. 맥아더 사령관에 대한 평가는 미국에서 지금도 논쟁의 대상이 되고 있다. 하지만 그가 거둔 인천상륙작전의 승리는, 연합군의 절대적 열세였던 6·25전쟁의 전황을 일거에 바꿔놓은 역사적 사건인 것만은 분명했다.

트루먼 대통령이 맥아더 장군을 해임한 것에 대해서는 미국 내에서도 논란이 벌어졌다. 맥아더는 공화당과 보수파의 아이콘이었다. 트루먼과 맥아더의 갈등은 공화당에게는 최고의 공격거리였다. 실제 맥아더는 군 통수권자로서의 대통령의 권위를 무시하는 행동을 한 경우가 많았다. 같은 맥락에서 트루먼은 북한의 남침을 격퇴하면서 전쟁의 범위도 한반도 내로 국한하려 했지만, 맥아더는 압록강 너머 중국공산당 정부까지 목표에 넣으려고 했다.

미국의 합동참모본부에서 1978년에 발간한 합동참모본부사 3권 『한국전쟁』을 보면 맥아더가 미국의 군 통수권자와 군 지휘계통의 명령을 무시하는 사례가 잘 나와 있다. 맥아더가 인천상륙작전의 실시를 취소하지 못하도록 구체적인 계획을 너무 늦게 본국에 보낸 것이 "군의 명령계통을 무시한 첫 번째 선례"[22]였다. 워싱턴의 결정을 무시하고 유엔군이 국경선까지 진격하도록 명령을 내린 것 역시 "맥아더가 합동참모본부 훈령의 범위를 벗어나 왜곡하여 내린 명령의 첫 번째이며 마지막이 아니었다."[23] 또한 맥아더는 워싱턴에서 결정한 정책들을 벗어나는 성명들을 '제멋대로' 발표했다.

트루먼은 이러한 행동들을 "대통령으로서, 군 통수권자로서의 나의 명령에 대한 공개적인 도전"[24]으로 간주했고, 합동참모본부도 군은 항상 문민정부에 의해 통제되어야 하며 맥아더의 행위는 이 원칙을 무시한 것이라는 내용의 성명을 발표했다. 미국의 합동참모본부사의 지적 중 결정적인 대목은 중공군의 참전 가능성에 대한 맥아더의 오판이었다. 미국의 합동참모본부사는 중공군이 참전한 이후의 오판에 더 주목했다. 중공군이 참전한 사실이 알려진 것이 1950년 10월 중순이었고, 11월 초 미국은 새로운 상황에 대처하기 위한 새로운 전략이 필요했다.

그때 맥아더는 중공군이 대규모로 참전하지 않을 것이라고 판단했다. 그는 중공군이 대규모로 참전한다고 하더라도 승리할 수 있다고 판단했던 것 같다. 여기에는 미국이 보유하고 있던 원자탄의 사용과 중공군의 후방 지역인 동북 지역(만주)에 대한 폭격을 염두에 두고 있었을 가능성도 있다. 그리고 그는 유엔군에 총공세 명령을 내렸고, 크리스마스 때까지는 전쟁을 끝내겠다고 공언했다. 유엔군의 길어진 보급선은 그의 오판을 막는 데 고려 사항이 되지 못했다.[25]

맥아더는 6·25전쟁 기간 중 유일하게 인천상륙작전에서 기적 같은 승리를 거두었지만, 개전 이후 해임될 때까지 전세 판단과 작전에서 군 통수권자를 무시한 지휘관으로 기록됐다. 그는 사령관에서 물러난 뒤 미 의회에서 "노병은 죽지 않는다. 다만 사라질 뿐이다."라는 연설로 박수를 받았고, 퇴임 이후 뉴욕의 월도프 아스토리아 호텔에 머물며 미국인들의 주목을 받았다. 하지만 6·25전쟁에서 트루먼 대통령과의 갈등 등을 다룬 1951년 5월 3일 미 의회 청문회에서 '공화당조차 실망시키는' 답변을 내놓으면서 서서히 역사의 장에서 퇴장했다. 한때 맥아더가 트루먼의 권위를 무너뜨리기는 했지만, 갈등의 내막과 맥아더의 문제점이 서서히 밝혀지면서 퇴임 이후 트루먼의 인기는 회복되었다.

맥아더가 퇴장한 자리에 미국 20세기의 새로운 군사적 영웅 아이젠하워가 대신했다. 그는 '제왕'이라는 표현이 어울렸던 맥아더와 달리 평등주의자였고 주변 사람들의 말에 귀를 잘 기울였을 뿐 아니라 협상 기술도 뛰어났다. 새로운 시대의 리더십을 보여준 그는 1952년 미국 대통령에 공화당 후보로 당선됐다.[26]

맥아더 동상을 둘러싸고 한국에서는 커다란 논란이 있었지만, 인천상륙작전 자체로만 보자면 맥아더 사령관은 불가능을 가능케 한 인물이다. 확실히 인천상륙작전은 한반도의 90퍼센트를 장악했던 북한군의 기세를 한꺼번에 꺾어놓은 역사적 기록이었다. 한국전쟁사를 다시 쓴 데이비드 핼버스탬은 그의 저서 『콜디스트 윈터』를 통해 맥아더 사령관의 잘못을 낱낱이 밝혔지만, 인천상륙작전에 대해서는 극찬을 아끼지 않았다.

"인천상륙작전은 더글러스 맥아더의 마지막 성공 작전이었다. 성공의 영광은 그의 몫이었다. 기지가 돋보이는 전략인 동시에 위험한 도박이었지만 다행히 성공을 거둬 수천 명이 넘는 미군의 목숨을 구했다. 해군 작전참모들의 반대가 심했는데도 끝까지 고집을 꺾지 않고 밀어붙인 결과였다. 대범하고 독창적인 데다 예상 밖의 행동을 서슴지 않고 일반적인 사고의 틀을 과감히 거부하는 맥아더의 장점에 행운이 따른 결과이기도 했다. 사실 맥아더의 이런 장점 때문에 사적으로나 공적으로 그를 좋아하지 않았던 루스벨트 대통령과 트루먼 대통령마저 그에게 매달렸던 것이다. 맥아더의 일대기를 집필한 제프리 페렛은 이렇게 썼다. '맥아더의 인생에서 군인으로서 천재성을 인정받은 날은 1950년 9월 15일 하루였다. 위대한 사령관이라면 누구나 한 번쯤은 큰 업적을 이루는 때가 있기 마련이다. 맥아더에게는 인천상륙작전이 바로 그런 기회였다.'[27]

하지만 그는 6·25전쟁 발발 이전과 전개 과정 중에 미군 역사에서도 용납하기 힘든 독선과 편견, 그리고 무엇보다 문민정부에 대한 항명으로 점철된 행동을 보였다. 그 때문에 그는 퇴역 직후 미국과 일본에서 엄청난 인파의 환영과 환송을 받았으나 시간이 지나자 조용히 역사에서 퇴장당해야 했다.

6·25전쟁, 냉전 시대를 열고 전범국가 일본에 면죄부를 주다

역사적 가정은 부질없는 일이지만, 만약 김일성이 6·25 남침을 선택하지 않고 북한 사회주의를 먼저 완성했다면 어떻게 되었을까. 서울 시내 대형 서점의 초등 학습 매대 한가운데 진열된 한 역사 논술 참고서에는 이런 내용이 있다.

"1948년 대한민국 정부가 수립되자 신탁통치를 핑계로 주둔하던 미군은 할 일이 없어졌으니 철수할 수밖에 없었다. 그러나 한국전쟁이 일어나자 한국을 보호해야 한다는 핑계가 다시 생겼다. 지금도…."

어린이들을 위해 쉽게 쓴 게 아니라 공동 집필자들이 역사적 사실보다 어떤 감정을 심어주려 기술한 의도가 엿보였다. 여기에는 6·25전쟁은 '미국이 원했던 전쟁'이라는 편견이 깔려 있다. 미국의 당시 객관적 상황과 비밀문서를 엄밀하게 분석해보면 오히려 김일성의 6·25 남침은 1949년 철수했던 미군을 다시 한반도에 개입시켰고 지금까지 주둔하도록 만들었다. 김일성의 남침은 본격적으로 미소 간의 냉전 시대를 열었다.

우선 1950년 1월 애치슨 국무장관이 한반도를 미국의 아시아 방어선에서 제외할 때 관심은 오로지 유럽과 일본에 있었다. 2차대전 당시 최고 연 909억 달러에 달했던 미 국방예산은 1947년에 103억 달러, 1950년에는 142억 달러로 감소했다. 재정 부담을 덜기 위한 급속한 감군과 예산 삭감 때문에 조지 마셜(George Marshall) 장군의 표현처럼 "한때 최강의 군대는 연기처럼 사라졌다."[28] 6·25 남침 1년 전에는 국방장관 제임스 포레스탈(James Forrestal)이 국방예산 삭감 압력 등에 못 이겨 해군병원 16층에서 투신자살하는 사건이 발생하기도 했다. 아이젠하워 대통령이 1952년 6·25전쟁 중지를 공약으로 당선된 뒤 휴전협정을 서두르는 과정에서 이승만 대통령의 한미군사동맹 요구에 주저했던 것도 결국은 또다시 원치 않는 전쟁에 얽혀들지 모른다는 부담 때문이었다.

이 대통령은 북진통일을 주장했지만 6·25전쟁 때까지 한국군에는 탱크 1대, 전투기 1대 없었다. 이 대통령의 허황한 북진통일을 비판하던 조봉암의 진보당이 선거에서 주요 정당이 되어 남쪽 정치 지형이 바뀌었을 수도 있다. 그러나 6·25 남침은 대한민국 내에서 진보운동을 어렵게 만들었다. 북한 경제 사정이 1970년대 초반까지 한국보다 좋았다는 점을 감안하면 '6·25 남침이 없었던' 한반도의 상황은 크게 달랐을 것이다. 김일성은 '기습남침으로 인한 동족 살상'이라는 원죄 없이 대한민국에 평화공존, 연방제를 주장할 수 있었을 것이다.

1975년에 비밀 해제된 미국 행정부의 극비문서, '국가안보회의 보고서 68(NSC−68)'은 트루먼 대통령 이후 역대 행정부의 냉전정책 지침이었다. 당시 애치슨 국무장관 등이 소련에 맞서기 위해 냉전 전략을 세운 것인데 문제는 예산이었다. 트루먼 대통령은 2차 대전 전비로 인한 재정 후유증과 부담 때문에 연간 125억 달러라는 국방예산 한도를 고집했다. 소련이 핵무기를 보유하게 된 뒤에도 트루먼은 국방예산 삭감 방안에만 집중했다. 외국에 주둔한 군대들도 빨리 귀국시키려고 했다. 미국 내에서는 더 이상 다른 대륙의 일에 개입하지 말자는 고립주의 목소리도 높아지는 상황이었다. 1950년 4월에 'NSC−68' 초안이 올라왔을 때 트루먼은 소요 예산부터 물어봤다. 6월쯤 되자 문서는 아예 사장되는 상태였다. 그럴 즈음 김일성이 기습남침을 했다.

트루먼은 스탈린의 의도를 간파했고 소련에게 밀릴 수 없다는 결심을 하게 됐다. 김일성의 남침 때문에 의회와 미국 사회의 기류도 바뀌기 시작했다. 트루먼은 6·25 남침 3개월 뒤 'NSC-68'을 승인했다. 6·25전쟁은 미국이 예상하지도 바라지도 않은 전쟁이었지만 결과적으로 미국 냉전정책에 획을 그었다. 애치슨은 훗날 프린스턴대학교 연설에서 "한국전쟁이 'NSC-68'을 되살려냈다."라고 말했다.[29] 2차대전 직후 대소 봉쇄정책을 만든 조지 케넌 국무부 정책실장의 목적은 소련과의 군사적 대결이 아니었다. 오히려 유럽과 일본의 산업 발전을 통해 체제 우위를 유지하자는 생각이었다. 하지만 김일성의 남침은 미국 내의 여론을 바꿔 적극적 냉전정책을 탄생시켰고 미소 간의 군비경쟁을 불렀다. 김일성이 냉전의 기폭제였던 셈이다.

김일성이 6·25 기습남침을 했더라도 만약 남한 전체를 차지하려는 전면전으로 나아가지 않았다면 미국도 전면적으로 뛰어들지 않았을 것이라는 분석도 있다.

"트루먼 대통령의 초기 결심은 확고했으나 점차 변하고 있었다. 그의 최초 대응과 지상군 투입 결정에는 꼬박 일주일이 걸렸다. … 북한은 그들의 침략을 멈추어 미국과의 전면전을 피할 충분한 기회가 있었다. 그러나 그들은 공격을 늦추지 않고 확대했다. 트루먼 대통령은 결국 24시간 만에 유엔으로 문제를 넘겼지만 그는 진정으로 자신의 행동이 유엔헌장에 근거한 집단 안보의 원칙에 따라 취해졌다고 믿었다."[30]

당시 한반도에 투입된 미군의 숫자는 당시 국군보다 훨씬 많았다. 개전 초 지상군의 50.32퍼센트, 해군의 85.89퍼센트, 공군의 93.38퍼센트를 담당했다. 한국은 각각 40.10퍼센트, 7.45퍼센트,

5.65퍼센트였다.[31]

6·25전쟁은 또한 2차대전 이후 동북아 지역 질서를 바꿔놓았다. 무엇보다 2차대전 패전국으로, 한국과 중국을 침략했던 일본의 죄책을 물어야 했던 샌프란시스코 조약의 방향을 바꿨다. 연세대학교 박명림 교수는 6·25전쟁으로 인해 일본의 국제사회 복귀가 거의 무임승차로 이뤄졌다고 강조했다.

"한국전쟁 발발로 샌프란시스코 조약은 일본을 인류 최악의 전범국가로부터 합법적인 국제사회의 일원이 되게 해주었다. 게다가 조약에 바탕한 미-일 안보동맹은 일본을 동북아 지역에서 미국 안보 전략의 요충 국가가 되도록 해주었다. 역내 최악의 전쟁 대상이 최고의 동맹 대상으로 변전된 것이다. 중국과 한국을 포함한 핵심 피해국이 조약에 불참함으로 인해 전쟁 배상과 보상 문제 역시 철저히 왜곡되었다."

일본은 한반도의 병참기지 역할을 하면서 '한국전쟁 특수'를 누렸고 이는 급속한 경제 회복의 발판이 되었다. 북한의 남침은 일본이 전범국으로서의 멍에를 벗고 미국의 동맹으로서는 면죄부를 받도록 만들었다. 박명림 교수는 2011년 4월 18일자 《한겨레신문》 기고 「일본: 샌프란시스코 체제를 넘어」에서 이렇게 썼다. "북한의 남침으로 한국, 필리핀, 대만, 그리고 미국이 잠시 추구했던 역내 다자기구 구축 노력은 일본과 영국의 완강한 반대 속에 한국전쟁을 계기로 미-일 양자동맹으로 귀결되며 사산하였다." 언필칭 '항일 빨치산' 김일성이 6·25 남침으로 '민족의 원수' 일본의 신속한 재건을 도운 셈이었다.

한국은 미국의 계획 속에 없었다

미국은 제2차 세계대전의 피로가 채 가시지 않은 상황에서 북한의 남침으로부터 신생 대한민국을 지키기 위해 머나먼 극동의 전장으로 젊은이들을 보냈다. 그러나 이는 불과 50~60년 전의 상황과 비교해보면 상상도 할 수 없는 일이었다. 1882년 대한제국은 조미수호통상조약 체결 이후 공사를 미국에 파견하려고 했을 때부터 일본과 중국의 견제와 감시를 받았다. 그나마 미국 국무부가 개입하지 않았더라면 초대 공사를 파견하지 못했을 것이었다.

고종은 미국의 도움으로 청국과 일본, 러시아의 노골적인 개입과 강점 움직임에서 벗어나려고 했지만, 미국은 이를 외면했다. 일본은 러일전쟁 승리 이후 힘이 실린 외교력을 동원해 미국에 필리핀 지배권을 인정해주는 대신 한국에 대한 지배권을 인정받았다. 이른바 '카츠라-태프트 밀약'의 내용이었다.

한미수호통상조약이 맺어진 19세기 말 한국과 미국의 서글픈 관계는 여전히 흔적으로 남아 있다. 미국의 수도 워싱턴 D.C. 백악관 북동쪽, 1킬로미터 남짓한 로건 서클 15번지에는 빅토리아 양식으로 지어진 지하 1층, 지상 3층의 고풍스런 건물이 있다. 대한제국 초대 황제 고종 시절인 1891년 매입했던 '대조선 주차(駐箚) 미국 화성돈(華盛頓, 워싱턴) 공사관' 자리다. 고종은 청나라의 압박에서 벗어나기 위해 미국과의 관계를 강화하려고 했다. 미국은 조선 영토에 대한 욕심을 가지지 않았고 대한제국의 내정에 간섭하지 않을 것이라고 보았기 때문이었다. 무엇보다 한국이 미국과 좋은 관계를 맺으면 청나라를 견제해줄 것이라고 기대했다.

"고종은 내탕금(황실 자금)을 내어 당시엔 큰돈이었던 2만 5000달러를 주고 대사관 건물을 매입했다. 방 7개, 대지 226제곱미터, 건평 533제곱미터의 신축 건물이었다. 이로써 대한제국은 워싱턴 외교가의 중심에서 다른 30개국 대사관과 어깨를 나란히 하며 외교 활동을 시작했다. 그러나 '자주 외교'는 오래가지 못했다. 1905년 일제가 을사늑약으로 대한제국의 외교권을 앗아가면서 대사관은 폐쇄됐다. 경술국치(庚戌國恥) 3일 뒤 우치다 야스야(內田康哉) 주미 일본 공사는 5달러에 이 건물을 산 다음 바로 미국인 호레이스 K. 풀턴에게 팔았다. 워싱턴 문서보관소와 워싱턴 등기소엔 주미 대한제국 대사관 건물의 매매 계약서가 있다."[32]

19세기 말 제국주의 열강들의 침탈 위협 속에서 조선은 1882년 미국과 조미수호통상조약을 체결해 특히 청일 간의 틈바구니에서 살아남기 위한 방안을 모색했다. 수교 과정에서부터 청나라는 조선에 대한 종주권을 주장했으나 미국은 조선이 하나의 독립국가

주미 대한제국 공사관의 당시 모습

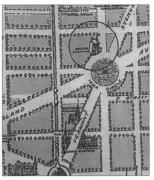

워싱턴에 주미 대한제국 공사관이 개설되었을 무렵 주변 거리 지도

라는 태도를 취했다.[33] 그해 5월 22일 조인되고 체결된 조약 1조에는 "양국 중 한 나라와 제3국 간에 분쟁이 발생하면 서로 알린 후에 선처하도록 주선한다."라고 명시했다. 미국 정부는 1883년 5월 19일 조약을 비준했으며, 조선 주재 미국 공사의 지위를 청국 및 일본 주재 미국 공사의 지위와 동격으로 격상했다. 미국의 이런 태도와 조약상 중재조항에 조선은 큰 기대를 하게 되었다.[34]

김수암의 논문 「한국의 근대외교제도 연구」에 따르면, 실제 조선은 1880년대 후반 청의 조선 속국화 정책이 심화하자 1887년 8월 청의 반대에도 불구하고 박정양 초대 주미 전권 공사를 임명해 워싱턴으로 보냈다. 공사 일행은 이완용, 서기관 이하영·이상재, 번역관 이채연, 미국인 참찬관 알렌 등 열한 명이었다. 청국은 출국부터 방해했고 미국에 도착해서도 청국 공사의 지시를 받도록 압력을 가했다. 즉 조선 공사가 임지에 도착하면 청국 공사관에 신고하고 청국 공사와 함께 국무부에 들어가도록 했다. 무엇보다 외교 사안에 대해 먼저 청국 공사와 협의한 뒤 지시에 따라야 했다. 이른바 영약삼단(另約三端)을 통해 청국은 조선의 전권 공사를 무력화시키려고 했다.

그러나 미 국무부는 청국의 이 같은 간섭을 배제했다. 1888년 1월 미 국무부는 박 공사에 대해 "미국과 조약 관계를 유지하는 다른 국가의 대표들과 외교적으로 동등하다."라고 밝혔다.[35] 박 공사 역시 영약삼단을 무시하고 독자적 행동을 하였고, 이러한 문제로 주미 청국 공사와 불화가 쌓여 1년 만에 귀국해야 했다.

청일전쟁 중에는 일본이 조선을 보호국으로 만들기 위한 일환으로 미국 주재 공사관의 폐쇄를 시도했다. 1895년 1월 9일 당시 조선 주재 존 실(John Mahlem Berry Sill) 미국 공사는 그레샴 국무장관에게 보내는 전보에서 "일본이 워싱턴 주재 조선 공사의 소환을 주장하고 있으며 고종은 불쾌한 상태로서 조선이 독립국가임을 상징적으로 나타내는 주미 공사관이 폐쇄될 것을 우려하고 있다."라고 보고했다.[36] 일본 대사관은 미국 측의 반발을 우려해 이 계획을 실행에 옮기지는 못했다.

이처럼 미국은 청국과 일본의 속국화 시도에 대해 일정 정도 견제를 했다. 그러나 1894년 청일전쟁을 전후해 조선이 미국 정부에 청일 양국 군대의 철병을 요청하는 데 주도적 역할을 해달라고 당부했지만, 그레샴 국무장관은 워싱턴 주재 이승수 공사와 주한 미국 실 공사에게 미국이 청일 간의 분쟁에 개입할 뜻이 없다고 밝혔다.[37]

청일전쟁 발발 이후 1894년 6월 5일 미국은 조선 내 자국민과 공관 보호를 목적으로 태평양함대 소속 최신식 순양함인 볼티모어를 제물포로 파견했다. 6월 13일 고종은 서울로 입성한 미 스커렛 제독 일행을 공식 접견하고, 미국 군함이 조선에 정박 중인 점에 대해 감사의 뜻을 표시했다. 이후 6월 15일 스커렛 제독은 실 공사에게 사태가 호전될 때까지 머무르겠다고 약속했지만, 약속은 지켜지지 않았다. 또한 청일전쟁 이후 몇 개월 뒤인 1895년 10월 을미사변의 발발 당시 실 공사가 일본에서 휴가 중이었을 때 알렌 대리공사가 조선의 내정에 간섭하지 말라는 본국의 경고에도 불구하고 일본을 견제하며 고종의 신변 보호를 위해 나섰으나 역부족이었다.[38]

청일전쟁에서의 승리로 중국의 영향력을 한반도에서 몰아낸 일본은 다시 러시아와 충돌하게 된다. 러시아는 일본과 1896년에 북위 38도선을 경계로 대한제국에 대한 영향력을 분할하자는 협약을 맺었다. 하지만 이 같은 협약은 1904년 2월 러일전쟁으로 물거품이 된다.

일본은 러시아 군대를 공격한 것이 조선을 러시아로부터 구하기 위해서였다는 명분을 내세웠다. 일본의 정치인 후지사와 리키타로(藤澤利喜太郎)는 "조선은 일본의 심장을 겨눈 단도처럼 누워 있는 형세"라고 말하면서 전쟁을 정당화했다. 후지사와는 "러시아 수중에서 언제든지 제물이 될 수 있는 허약하고 부패한 조선으로 인해 일본의 운명이 파렴치한 북방 거인의 손에 넘어갈 운명을 받아들일 수 없었다."라고 강변했다. 러일전쟁은 일본의 방어전쟁이고 너무나 명백한 사실이라 다른 설명이나 해명은 필요 없었다고 덧붙였다.[39]

1905년 여름 대한제국은 젊은 이승만을 시어도어 루스벨트(Theodore Roosevelt) 대통령에게 보낸다. 루스벨트는 당시 러일전쟁을 중재하고 포츠머스 협약을 마련하고 있었다. 러일전쟁 종전을 중재한 공로로 노벨 평화상까지 수상한 그였지만 한국에는 냉담했다. 루스벨트는 이승만에게 공손하지만 애매한 말만 늘어놓았다. 이미 자신이 윌리엄 하워드 태프트(William Howard Taft) 국무장관을 도쿄로 보내서 카츠라-태프트 밀약을 맺도록 하고 있다는 사실도 숨겼다. 일본 내각총리대신 겸 외상 카츠라 다로(桂太郎)와 맺은 밀약은 미국이 일본에게 만주와 조선의 통치권을 인정하는 대신 미국은 일본으로부터 필리핀에 대한 재량권을 인정받는다는 비밀 조약이었다.

루스벨트는 훗날 자신의 회고록에서 미국은 한국인 스스로 결코 할 수 없는 일을 대신해줄 수 없다고 적었다.[40] 사실 루스벨트는 오래전부터 일본에 호감을 갖고 있었다. 아시아인을 무지하다고 폄하하는 등 백인우월주의를 갖고 있던 그였지만 "일본인들이 내 관심을 끌었으며 나는 그들이 좋다."라고 말할 정도였다. 그는 일본인들이 앵글로색슨처럼 모험심 있고 근면하고 규율 있고 잘 조직되어 있다고 생각했다. 루스벨트는 "문명 세계의 국가들과 대등한 자격을 갖춘" 일본에 깊은 감명을 받았다.[41]

당시 이토 히로부미(伊藤博文)는 루스벨트 대통령의 하버드대학교 동창생인 귀족원 의원 가네코 겐타로(金子堅太郎)를 1904년 2월 특사로 보내 미국의 중재를 부탁했다. 한국과 일본은 이미 외교전에서 상대가 되지 않았다. 19세기 말 청나라와 일본이 대한제국을 속국으로 삼거나 아예 강제 병합하려던 시기에 조선은 미국의 힘을 빌려 위기에서 벗어나려고 했으나 미국은 너무 먼 곳에 있었다. 그러던 미국이 일본제국주의가 제2차 세계대전에서 패망하자 갑자기 한국과 인연을 맺게 되었다. 그때까지도 미국은 한국을 너무 몰랐다.

미국이 한반도를 본격적으로 생각한 것은 1945년 8월 10일 일본이 패전을 인정하고 강화조약을 청하면서부터였다. 일본의 패전 선언이 임박했을 때 이미 소련은 한반도 북부에 진출해 있었다. 미군과 소련이 38도선을 정하는 과정도 급작스럽게 이뤄졌다.

"38도선 설정은 합동참모본부의 자문을 기초로 해리 스팀슨 당시 국방장관(1945년 당시의 이름은 Department of War였으나 1947년에서야 현재의 Department of Defense로 바뀜)의 순수한 군사적 판단에 의해 결정되었다. 38도선은 우선 일본과의 전쟁이 끝남에 따라 한반도의 남과 북에서 각각 일본군의 항복을 받기 위한 목적뿐이었다. 1945년 8월 11일부터 15일까지의 상황을 말한다면 소련군은 이미 만주를 점령하고 있었고 한국과 소련의 국경에 진출한 상태였다. 일부는 이미 한국에 상륙해 있었다. 소련의 블라디보스토크항은 한국으로부터 80마일(약 128킬로미터) 떨어진 곳이었다. 반면 한반도와 가장 근접한 미군은 600마일(약 965킬로미터) 밖의 오키나와에 있었다(실제 오키나와와 부산의 거리는 625마일/1,005.63킬로미터). 오키나와 점령 미군은 대부분 일본 본토 진출을 위한 군대였고, 한반도로 갈 미군은 1,500~2,000마일(약 2,414~3,218킬로미터)이나 먼 필리핀에 있었다. 38도선은 외교 당국과 군 당국이 우리 군대가 현실적으로 미칠 수 있는 최북단을 설정한 것이었다. 38도선 이남은 한국의 수도인 서울과 인근 항구(인천 등을 의미)를 포함하고 있었다. 당시 상황으로서 미국은 그 이상으로 군대를 보낼 여력이 없었다."[42]

38도선 설정은 미국 내에서 정치적 논란이 되었다. 해리 트루먼 대통령의 민주당 행정부에 대해 야당인 공화당은 '민주당 행정부가 38도선 이북을 소련에게 줘버렸다'고 공격했다. 1952년 대통령 선거와 상하원 선거에서 민주당 지도부는 공화당 후보들의 공격에 대응하는 16페이지짜리 반박 자료를 내보였다(이 자료는 트루먼 대통령 기념 도서관 홈페이지 trumanlibrary.org에 보관되어 있다). 38선의 설정 배경은 1945년 8월 17일 패전 일본군에 대한 '일반명령 제1호

〈General Order No. 1: 포고령 1호로 번역되기도 한다〉'에 포함되었다.

미국의 38선 분단 책임은 이후 공화당 혹은 미국 내 일부 지식인들의 주장으로 이어졌다. 이에 대해 미국 민주당 선거지도부는 『한국에 관한 진실(The Truth About Korea)』(1951)에서 이같이 해명하고 있다.

"38도선은 한국의 남쪽 절반의 자유 시민들을 위해 설정된 것이지 절대로 소련에게 북쪽 절반을 양보하기 위해 설정한 것이 아니다. 38선 설정은 자칫하면 한국이 아예 붉은 군대의 수중으로 떨어지는 것을 막기 위한 조치였다."[43]

이 자료에는 또한 "한국의 분단은 미국의 의도가 절대로 아니었으며 미군의 진주도 장기간의 점령을 위한 것이 아니었음을 이해해야 한다."라고 강조했다.

"(한국의 분단은) 소련이 한반도에서 통일된 단일 독립국가를 수립하는 것에 대해 집요하게 거부한 결과였다. 자유와 독립을 위한 한국인들의 열망에 대한 정당한 응답으로 '독립된 통일 한국'이 수립되어야 했다. 1943년 카이로선언에서 미국, 영국, 중국 정상들은 이미 일본이 패망한 뒤 한국은 단일 공화국(a single republic)이 되어야 한다고 밝혔었다. 이는 1945년 7월 포츠담회의에서 재확인되었다. 당시 소련도 이 회의에 참석했었다. 일본의 항복 이후 미국은 소련과 이 약속을 이행하기 위한 합의를 만들기 위해 노력했었다. 소련은 이에 대해 한국 내 비공산주의 그룹과의 협의를 거부했고 합리적 제안들을 받아들이지 않았다. 소련은 오히려 반미 선전을 강화하며 북한에 공산당이 조종하는 군대를 만들기 시작했다. 미국은 한국 문제를 1947년 11월 유엔에 회부했다. 유엔총회에서 존 포스터 덜레스 미국 대표는 한국의 헌법을 제정할 의회 구성을 위한 총선을 통해 단일국가를 구성토록 하자고 제안했다. 이 제안은 소련과 위성국가들의 불참 속에 46:0으로 가결됐다. 선거는 유엔위원회의 감시 하에 치러지기로 했으나 북한 지역의 공산당 허수아비 관리들은 유엔위원회의 38도선 이북 통행을 금지했다. 남한에서는 95퍼센트의 유권자가 투표에 참여했으며 선거 과정 중 공산주의자들의 테러로 100명 가까운 한국인들이 숨졌다. 이렇게 선출된 남한 국회는 1948년 7월 12일 헌법을 제정했다. 제헌국회는 북한 주민들을 위해 100석의 의석을 비워두고 있었다. 이어 1948년 8월 15일 대한민국 정부가 수립됐다. 같은 기간 소련이 통제하는 북한에서도 조선민주주의인민공화국이 만들어졌다. 1948년 9월 유엔 총회는 대한민국만이 한국 내에서 유일하게 민주적으로 구성된 정부임을 인정했다. 미국과 모든 주요 자유국가들이 한국을 승인했다. 미국은 대한민국의 유엔 가입을 후원하고 지지했으나 소련의 거부로 이뤄지지 않았다."[44]

미국 민주당은 대한민국 정부 수립 이후 미군의 철수 과정에 대해서도 상세히 설명했다. 미군의 철수는 이후 한국을 미국의 방위선에서 제외한 애치슨 라인과 함께 북한의 남침을 유도하기 위한 속임수였다거나, 아니면 더 이상 한국에 주둔할 명분이 없었기 때문이라는 억측을 낳았다. 미국 공화당 내에서는 반대로 미군의 남한 철수가 무책임했다고 비판했다.

이에 대해 민주당은 『한국에 관한 진실』에서 "점령군 철수는 유

The 38th Parallel

Among the many oft-repeated false statements of partisan propagandists are those that the United States gave Korea north of the 38th parallel to Russia at Yalta, and that the Administration was at fault in not occupying all of Korea. As usual, the facts are quite different. There are three which are most important:

(1) Neither the division of Korea along the 38th parallel nor the joint occupation of Korea was decided upon or in fact considered in any way at the Yalta or Potsdam Conferences. It was not the subject of any agreement, secret or otherwise.

(2) The drawing of the line was entirely a military decision recommended by Secretary Stimson upon the advice of the Joint Chiefs of Staff.

The sole purpose of the line was to define the areas in which United States forces and Soviet forces would accept the surrender of Japanese troops in Korea at the end of the war against Japan. When the question was being considered on August 11-15, 1945, Soviet forces already were well into Manchuria. Other Soviet forces were on the border between Korea and the Soviet Maritime Provinces. Some had already entered Korea. The great Soviet base of Vladivostok is only some eighty miles from the northeast border of Korea. On the other hand, the nearest American forces were on Okinawa, some 600 miles south of Korea, and were needed to occupy Japan while most of the forces available for movement into Korea were as far distant as the Philippines, some 1500 to 2000 miles away.

It was recognized by the military and foreign policy authorities that the line should be drawn as far north as it was practicable for our troops to reach. The military authorities with the advice of the Joint Chiefs of Staff recommended the 38th parallel because it included the Korean capital of Seoul with its port and communication area and because under the circumstances at the time the United States could not send to Korea the forces necessary to receive the Japanese surrender further north.

Secretary Stimson submitted this recommendation to the State-War-Navy Coordinating Committee and it was included in General Order No. 1.

This was issued by General MacArthur as Supreme Commander for the Allied Powers to the Japanese Government for all of the Japanese armed forces.

(3) Far from permitting the Soviet Union to take over a part of Korea from which it could have been excluded, the establishment of the 38th parallel line actually held for the free people of Korea the southern half of the country, which otherwise would easily have been overrun by the Red Army.

▲ 1952년 미국 민주당 상원 선거운동본부가 6·25전쟁을 둘러싼 미국 공화당의 비판 공세에 반박하기 위해 만들었던 자료. 한국의 분단 상황과 미군 철수, 그리고 북한군의 남침과 미국의 대응, 유엔 안보리 결의 과정이 조목조목 잘 정리되어 있다.

엔의 요청이었을 뿐 아니라 미 극동군의 더글러스 맥아더 사령관과의 협의를 통해 이뤄졌다."라고 밝혔다. 맥아더 사령관은 공화당에서 인기 있는 장군이었기 때문에 맥아더와의 협의 사실은 중요한 반박 근거였다. 당시 맥아더는 미 점령군이 한국에 자체 방어를 위한 충분한 준비를 갖추게 한 뒤 철수했다고 강조했다.

이 자료에서 눈길을 끄는 대목은 당시 미군 철수의 또 다른 배경이다.

"남한에서 미군이 철수한 것은 일차적으로 당시 미군이 급격한 속도로 감축되고 있었기 때문이었다. 2차대전의 종결과 함께 군 소집해제가 급속도로 진행됐고 당시 공화당이 제안한 크너트손(Knutson) 세제안에 따라 군사 예산이 급격하게 감축됐다. 이에 따라 미군 수가 절대적으로 제한을 받기 시작했다. 세계 각국에 파견된 미군은 물론이고 본토의 미군을 줄이는 것은 불가피했다. ⋯ 한국에 대한 전략적 판단도 물론 있었다. 당시 합참의장 드와이트 아이젠하워 장군(1952년 당시 미 공화당 대통령 후보)을 포함한 육해공군 사령관이 내린 결론은 '한국은 미국에게 전략적 가치가 없다'는 것이었다. ⋯ 미군 철수는 1947년 11월 14일 유엔총회가 한국에서 독립적인 정부가 수립되면 미군과 소련군 모두가 한반도에서 철수해야 한다고 결의한 데 따른 것이다."[45]

『한국에 관한 진실』은 또한 북한의 6·25 남침 이후 미국의 대응, 유엔 결의안 과정을 설명하고, 특히 1950년 6월 27일 유엔 결의안이 "자유국가에 대한 침략자는 모든 자유국가에 의해 응징당할 것이라는 점을 보여준 역사적 결정"이었다고 강조했다. 또한 유엔의 이 같은 신속한 대응은 민주당 행정부가 1945년 미군의 한반도 진주 이후 유엔과 협력해서 한국의 독립과 안보를 위해 노력해왔기 때문이라고 설명했다.[46]

한반도 분단 과정에 대한 미국 민주당의 설명은 커밍스 교수의 설명과 다르지 않다. 다만 커밍스 교수는 2010년 1월 1일 《한겨레 신문》과 인터뷰에서 미군이 한반도에 접근도 하지 못했는데 소련은 이미 한반도로 진주하고 있었던 상황에 대해서는 무시한 채 미국의 책임에 대해서만 묻는다.

　"한국의 분단은 아마 미국이 나가사키에 원자폭탄을 투여한 이후 24시간 만에 일어난 최악의 결정이었다. 가장 강경한 외교정책가였던 존 맥콜리는 (국무부의) 딘 러스크 등에게 한반도를 나눌 위치를 찾으라고 지시했다. 나는 러스크가 나중에 이와 관련한 증언을 하는 것을 들었다. 러스크는 미국이 서울을 차지하기를 원했다. 서울은 프랑스의 파리, 일본의 도쿄처럼 모든 것이 집중된 거대 도시이다. 1945년에도 그랬다. 미국 지역에 서울을 포함시킨다는 건 미국으로선 매우 중요한 정치적 결정이었다. 우리는 서울을 원했고, 그래서 38선을 선택했다. 지리학자를 제외하곤 한국인들이 이전에는 전혀 몰랐던 그 선이 영원하게 된 것이다. 미국과 소련 양쪽이 38선을 받아들였기 때문이다. 비록 소련은 어떤 공공문서로도 38선을 받아들였다는 것을 남기지 않았지만, 그들은 38선 이남으로 내려가지 않음으로 해서 묵시적으로 38선을 수락했다."

　소련이 이미 한반도에 진주하기 시작한 반면 미군은 오키나와와 필리핀에 머물고 있는 상황에서 자칫 소련이 남쪽까지 점령했을 경우 돌이킬 수 없었다는 역사적 가정은 커밍스에게 중요하지 않은 듯했다. 그래서 논리적으로 이렇게 주장한다.

　"그러나 소련이 한국을 분단하는 것을 직접 저지르진 않은 것이다. 그래서 38선은 미국의 결정이었다. 맥콜리와 러스크는 한국인 어느 누구와도 이를 상의하지 않았고 동맹국들, 영국, 프랑스, 소련과도 상의하지 않았다. 매우 사려 깊지 않은 결정이었다. 그 파급효과는 지금도 계속되고 있다."

브루스 커밍스의 주장대로라면 미국은 일찌감치 한반도로 군대를 진출시켰거나, 아니면 38선 같은 선을 설정하지 말았어야 했다. 그러나 당시 미국의 집권당이었던 민주당은 "그나마 38선을 긋지 않았으면 한반도 전역이 적군의 휘하에 들어갈 수도 있었다."라고 설명하고 있다. 공교롭게도 38선은 러일전쟁 이전 러시아가 일본에게 제안했던 경계선이기도 했다. 아무 준비 없이 소련군이 한반도를 모두 차지하지 못하게 하기 위해 한국에 들어온 미군들의 생각은 어처구니가 없었다.

"한국 주둔은 미군에게 인기가 없었다. 나중에 유명한 군사전략가가 되었던 해리 서머스 대령은 1945년 미 육군 일병으로 한국에 도착했을 당시에 존 하지(John R. Hodge) 주둔군 사령관으로부터 들었던 훈시를 기억하고 있다. '일본 주둔 미군이 두려워하는 세 가지가 있다. 설사, 성병, 그리고 한국이다.'"[47]

나중에 한국 대사를 역임했던 도널드 그레그(Donald Gregg) 역시 2010년 1월 1일 《한겨레신문》과의 인터뷰에서 비슷한 회고를 했다.

"내가 1951년 한국전쟁 당시 조지아주 공군기지에서 낙하산 훈련을 받을 때였다. 훈련소 부근의 맥줏집에서 코미디언이 만담을 하곤 했다. 당시 군인들을 상대로 코미디언은 '당신 앞에 세 가지

질환이 놓여 있고, 그중 하나를 택해야 한다. 어느 걸 택하겠느냐? 매독, 임질, 그리고 한국행'이라고 말했고, 우린 모두 웃었다. 한국은 당시 우리에게 그 정도로 인식됐다."

한국인으로서도 나쁜 기억이 없을 수 없었다. 통일운동가 안재구가 회고한 바에 따르면 다음과 같다.

"미군 비행기가 밀양 읍내의 하늘을 선회하면서 전단을 하얗게 뿌렸다. 거기에는 '미국 태평양 방면 육군총사령부(맥아더 사령부)'의 이름으로 포고령 제1호가 적혀 있었다. 태평양 방면 사령관의 권한으로 북위 38도선 이남의 조선과 조선 주민에 대하여 군정을 펴고 점령에 관한 포고를 선포한다는 것으로, 일제 통치기관에 종사하던 자는 그대로 업무를 계속하라는 것과 명령에 복종하지 않으면 용서 없이 엄벌에 처한다는 것이었다. … 미군은 인천에 상륙하기에 앞서 왜놈 엔도 조선총독부 정무총감을 만나 조선을 총독부 관할 아래에 그냥 두기로 하고 미군은 다만 감독만 한다는 의사를 전달했고, 점령군이 상륙할 때 일본군으로 하여금 경비 임무를 명령했다. 그 이튿날 환영 나간 조선 인사들을 따돌렸다. 이에 고무된 왜놈들은 그동안 숨죽여 그들의 둥지에 틀고 있던 놈들이 총칼을 들고 나와 인천 부두에 미군을 환영하러 나온 군중에게 마구 총질을 해서 10여 명이나 사상자를 내었다."(《통일뉴스》, 2011년 7월 6일)

한국을 잘 이해하고 일본을 곧바로 응징하며 친일 부역자까지 솎아낼 해방군을 기대했던 한국인들에게는 실망스러운 일이었다. 미군의 무지와 실수는 이후 미군정 기간 좌익운동과의 충돌로 이어진다. 핼버스탬은 『콜디스트 윈터』에서 1945년 이후 한미관계의 시작을 이렇게 썼다.

"남한과 미국의 동맹은 냉전의 산물이었다. 둘은 군사적인 관계에서 시작했기 때문에 그리 편한 사이는 아니었다. 남한으로서는 비참한 식민지 시대가 종결되자 또 다른 제국주의 세력인지도 모르는 새로운 강대국의 패권에 의해 분단된 현실이 불만스러웠다. … 남한 사람들이 우선 깨달은 것은 한반도의 반쪽을 광활한 태평양 너머 수천 킬로미터 떨어진 곳에서 온 사람들이 통제했다는 점이었다. 더구나 이들(미국)은 한국의 현실에 대해 관심도 지식도 거의 없었다. 결국 긴장과 오해로 얽힌 관계가 시작된 셈이다. 양국 관계의 상호 가치와 이해를 강화시키는 것은 냉전 체제뿐이었다. 희생을 무릅쓰고 막아야 할 세계 공산화의 위협이 없었다면 미국이 (특히 일본의 안보와 직결된) 한국에 신경 쓰는 일은 없었을 것이다."[48]

미국에 너무나 불편한 이승만
: '미국의 남자' 이승만이 미국을 이용하다

"통상 외국의 국가원수가 워싱턴에 도착하면 외교적인 어투로 사랑의 밀어를 말하는 것이 보통이다. 이승만 박사도 그런 선에서 도착 인사를 준비했었다. 그러나 리처드 닉슨(Richard Nixon) 부통령의 환영사에 이어 공항에 마련된 마이크 앞에 선 그는 준비된 이야기를 하지 않고 그의 마음속에 있는 말들을 쏟아냈다. 미국에 대해 '겁을 먹었다(a cold feet)'라는 표현까지 사용했다. 그는 6·25전쟁에 참전해준 미국에 대한 감사의 뜻을 전한 뒤 이같이 말했다. '만약에 우리가 조금 더 용기가 있었다면 압록강까지 차지할 수 있었습니다. 적어도 우리는 한반도의 통일에 대해서 걱정할 필요가 없었습니다. 그러나 일부 사람들이 조금 겁을 먹어 다 차려놓은 밥상을 차지할 수 없었습니다. 그때가 한국, 미국과 유엔, 그리고 모든 자유국가에 최상의 기회였는데 놓친 것입니다….'"[49]

1954년 7월 26일 미국을 공식 방문한 이승만 대통령의 워싱턴 도착 장면은 매우 인상적이다. 리처드 닉슨 부통령, 존 포스터 델레스 국무장관 부부, 아서 래드포드(Arthur Radford) 합참의장 부부, 리지웨이 육군 참모총장 부부 등 군 장성들이 도열했다. 미국 부통령이 외국 정상의 방문을 환영하기 위해 공항에 나가는 것은 이례적인 일이었다. 2011년 1월 후진타오(胡錦濤) 중국 주석의 방미 때 미중 간의 협력 강화를 위해 특별히 환대하는 모습을 보여주기 위해 조 바이든(Joe Biden) 부통령이 앤드루스 공군기지에 나간 것도 그러한 예이다.

미국 측이 이처럼 예우를 갖췄지만, 이승만은 공항에서부터 하고 싶은 말을 쏟아냈다. 이승만의 공항 발언에 대해 이 대통령의 외교 고문이었던 로버트 올리버(Robert T. Oliver) 박사는 "닉슨 부통령이 뜻하지 않은 비판적인 발언에 당황스러워했다."라고 기록했다.[50] 이미 아이젠하워 대통령이나 델레스 국무장관은 이 대통령이 휴전에 반대하며 한반도 통일을 밀어붙여야 한다고 고집하는 점에 지쳐 있었다. 7월 27일 백악관에서 열린 한미정상회담은 사상 최악의 정상회담이었다.

이 대통령은 미리 마련된 정상회담 공동성명서 초안에 미국 측이 작성한 '한국은 일본과의 관계에서 우호적이고…'라는 표현을 발견하고 극도로 화가 난 상태였다. 백악관 회담에서 의제가 한일관계로 넘어가자 이 대통령은 "내 임기 동안 일본과는 상종하지 않겠다."라고 못을 박았다. 아이젠하워 대통령은 화난 표정으로 일어나 회의장 옆방으로 가버렸다. 이 대통령은 그의 뒷모습을 보며 "저런 고얀 사람이 있나?" 하고 흥분했다. 아이젠하워가 다시 들어와 그럼 다른 의제로 넘어가자고 말했을 때 이 대통령은 "내일 외교클럽에서 중요한 오찬 연설이 있는데 준비를 위해 먼저 일어나야겠다."라며 자리에서 일어났다. 아이젠하워의 무례에 대한 반격이었다.[51]

이승만은 미국에는 골치 아픈 지도자였다. 이승만은 당시 미국의 도움에 의존해야 하는 대한민국의 처지라고 해서 결코 미국 지도자들에게 고개를 숙이지 않았다. 국빈 방문 기간 중 7월 28일(현지 시각) 상하원 합동연설에서는 북진통일은 물론이고 중국에서 마오쩌둥의 공산당 정부를 다시 몰아내고 장제스의 국민당 정부가 다시 본토를 회복할 수 있도록 돕자고 제안하기도 했다. 미국조차 감당하기 어려운 주장을 대담하게 미 의회에서 쏟아냈던 것이다. 당시 이 대통령의 연설 녹음을 들어보면 의원들의 기립박수를 비롯해 33차례의 박수가 터져 나왔다.

그는 미국의 도움으로 간신히 영토를 지킨 나라의 대통령이 아니라 마치 세계 공산주의와의 전쟁에서 선봉장으로 나선 지도자처럼 말했다.

이승만 대통령은 1954년 7월 28일 미국 상하원 합동연설에서 '자유의 연대'를 호소하며, 반공 전선의 첨병을 자임했다.

"나는 이런 내 주장이 강경책이라는 것을 잘 알고 있습니다. 그러나 공산주의자들은 우리가 유화적이 되면 세계를 노예로 만들어버립니다. … 친구들이여, 우리는 반쪽은 공산주의, 반쪽은 민주주의인 세계에서는 평화를 회복할 수 없음을 명심해야 합니다. 아시아의 자유를 위해 여러분의 중대한 결정이 필요합니다. 왜냐하면 여러분의 결정은 유럽, 아프리카, 그리고 아메리카에서의 세계 공산주의 문제를 자동으로 해결할 것이기 때문입니다."[52]

이처럼 이승만은 무모할 정도로 미국의 한반도 정책까지를 바꾸려 했다. 그 때문에 한때 미국은 그를 제거하는 계획을 세우기도 했다. 이승만은 한마디로 미국을 이용할 줄 알았다. 그의 노회함은 미국 지도자들에게 거부감을 주기도 했다. 하지만 그는 미국 조야의 지도층을 파고들 줄 알았다. 미국 지도자들은 그가 골치 아픈 존재라고 생각했다.

"한국전쟁이 일어나기 몇 년 전, 한 미국 외교관이 존 포스트 덜 레스 당시 유엔총회 미국 대표(아이젠하워 행정부의 국무장관 역임)에 게 이승만과 중국의 장제스를 비판했다. 그러자 덜레스는 이렇게 대답했다. '글쎄, 이걸 말해주고 싶네. 자네가 그들에 대해 어떤 말 을 하더라도 그 두 사람은 근대 교회의 창립자 같은 인물이네. 자 신의 신념 때문에 박해를 받은 기독교인이라네.'"[53]

실제 이승만은 장제스와 친했다. 2차대전 이후까지 미국은 장제 스의 중국 국민당과 각별한 관계를 유지했었다. 장제스의 미국 내 영향력도 상당했다. 이승만은 독립운동을 위해 중국 국민당과 오 랜 교류를 유지해온 덕분에 장제스의 도움을 얻을 수 있었다. 국공 내전에서 국민당을 지지한 미국에서 장제스는 영향력이 큰 인물이 었다. 중국에서 이미 미국의 중국 정책을 반공 쪽으로 이끌어나가 는 압력단체인 '차이나 로비' 파워가 상당하던 때였다.[54]

특히 1945년 이후 미군정 사령관 존 하지 장군의 인식은 아주 부 정적이었다. 전쟁역사가 클레이 블레어의 책에 따르면, 하지는 이승 만을 "솔직하지 않고 정서적으로 불안하며 야비하고 부패하고 예 측할 수 없는 인물"이라고 여겼다.[55] 미군정 사령관의 인식이 이처 럼 부정적인 상황에서 이승만이 대한민국 초대 대통령이 될 수 있 었던 것이 신기할 정도였다. 이승만에 대한 이 같은 부정적 평가는 이승만이 미군정과 끊임없이 갈등을 빚었다는 것을 의미한다.

커밍스 교수는 《한겨레신문》과 인터뷰(2010년 1월 1일자)에서 이 승만에 대한 견해를 다음과 같이 밝혔다.

"하지 장군은 매우 흥미로운 존재이다. 그는 반공주의자였다. 또 남부 일리노이주 출신이다. 그곳은 1940년대 당시 인종차별이 매우 심했던 주였다. 흑인과 백인 학교가 분리돼 있었고, 마치 미국 남부 같았다. 그리고 하지 중장은 매우 보수적인 배경을 갖고 있었다. 하지는 1945년 10월 이승만이 귀국했을 때 그를 환영했다. 2년 뒤 하지는 이승만을 미워했다. 그는 이승만의 (대통령) 취임 전에 한국을 떠났다. 그는 이승만이 하와이의 측근들을 데려오는 걸 원치 않았다. 그는 이승만을 낮게 평가했다. 심지어 하지는 부패 혐의로 몇 번이나 이승만을 체포하려 시도한 적도 있었다. 이런 상황은 미국-중국의 관계에서 조셉 스틸웰(Joseph Stilwell) 장군과 중국 국민당의 장제스 사이에서도 있었다. 스틸웰 장군은 장제스·이승만과 가까웠고, 이들을 지켜봤다. 미국은 잘못된 사람을 택했다는 걸 알아차렸다. 그러나 이승만은 미국을 알았다. 이승만은 미국에 35년간 살았고, 반공주의자였다. 이승만은 만일 미국이 이승만을 돕지 않고, 이승만을 한국의 넘버원 지도자로 만들지 않는다면 자신 이외에는 아무도 없다고 믿게 할 수 있었다. '김구? 아니. 그와 일할 수 없다. 여운형, 김규식? 아니. 그들과도 일할 수 없다. 그들은 나처럼 강하지 않다. (오직) 나만이 한국에서 미국의 이익을 지킬 수 있다.' 이승만은 이런 점에서 매우 효과적이었다."

미군정 사령관과 갈등 관계였던 이승만의 '워싱턴 커넥션'은 장제스의 도움만으로 이뤄진 것이 아니었다. 그는 프린스턴대학원에서 정치학 박사과정을 밟으면서 훗날 미국 대통령이 된 우드로 윌슨(Woodrow Wilson)과도 친분을 쌓았다. 프린스턴대학교 총장을 역임했던 윌슨은 이승만을 자택의 사교 모임에 자주 초청했다. 윌슨은 이따금 이승만을 '미래 한국의 독립을 위한 구세주'라고 소개하며 존경의 뜻을 표시하기도 했다.[56]

이승만의 이런 커넥션이 그를 친미주의자로 만든 것이라고는 보기 힘들다. 그는 윌슨 대통령과의 친분에도 불구하고 정작 1차대전 이후 파리평화회의 참석을 거절당했다. 윌슨 대통령은 이 회의에서 식민지 국가에도 민족자결권을 줘야 한다고 설파했고 이승만은 그의 스승의 고매한 주장에 고무되었지만, 정작 미국 국무부는 이승만이 파리 방문을 위해 필요한 여권을 발급해주지 않았다.

윌슨에게 민족자결권은 전승국 중심의 권리였으며 당시 일본은 1차대전 동안 교묘하게도 연합국에 참전했다. 이승만은 승전국 중심의 국제질서를 뼈저리게 깨달았다. 1905년 러일강화조약 당시 루스벨트 대통령을 만나러 갔다가 느꼈던 배신감을 비롯해 이승만은 미국의 실체에 대해서도 누구보다 잘 체득하고 있었다. 1945년 2차대전이 끝났을 때 미국에는 전후 한반도 문제를 잘 다룰 수 있는 사람이 아무도 없었다. 결국 미국 정치와 외교 정책, 그리고 로비에 능통한 이승만에게 기회가 열린 셈이었다.

전쟁이 끝난 뒤 그는 장제스와 더글러스 맥아더의 친분을 잘 이용했다. 즉 장제스의 추천을 받아 맥아더의 비행기를 타고 한국으로 돌아왔다. 하지만 귀국 직후 그를 환영했던 하지 중장은 한동안 구속까지 생각했을 정도로 이승만을 증오했다. 그가 권력을 얻는 과정에 대해 미국의 저명한 저널리스트 데이비드 핼버스탬은 『콜디스트 윈터』에서 "정확하게 말하자면 '미국의 남자'가 미국을 얻은

셈이었다."라고 묘사했다.[57]

반면 소련군이 들어왔던 북한의 사정은 달랐다. 소련군과 김일성 사이에는 어떤 갈등도 없었다. 김일성은 만주에서 동북항일연군 소속으로 빨치산 활동을 하다가 일본군 토벌을 피해 소련 영토로 넘어간 뒤, 소련군 사령부가 만주의 빨치산 출신 중국인·한국인 부대로 구성한 88독립여단의 장교가 되었다.

소련 군정과 모스크바의 기록을 분석한 안드레이 란코프(Andrei Nikolaevich Lankov) 전 레닌그라드국립대학교 동방학부 조교수(현 국민대학교 교수)의 책에 나오는 김일성의 등장 과정은 인상적이다.

소련군에 점령된 평양에서 88여단 출신 조선인 장교 중에서 가장 높은 지위에 오른 사람은 김일성이었다. … 김일성이 1945년 9월 말 블라디보스토크에서 원산을 거쳐 평양에 도착했을 때는 소련군 사령부도 그에 대해 어떤 계획도 갖고 있지 않았다. 9월 말 소련군 사령부는 조만식을 지도자로 하는 현지 민족주의 정치 세력을 중심으로 북한 정책을 펼치려는 생각이 실패하고 있다는 것을 알게 되었다. 민족주의자이자 반공주의자였던 조만식은 소련 군정의 지시를 전혀 들으려고 하지 않았다. 10월 초 소련의 군정 지도부는 새로운 인물을 물색하고 마침내 김일성을 선택했다. 김일성이 1937년 6월 4일 당시 《동아일보》에 보천보전투를 이끈 빨치산으로 소개되어 국내에 알려져 있었던 데다가 소련 군대의 젊은 장교였기 때문이었다. 10월 14일 소련 군정이 평양 경기장에서 개최한 소련해방군 환영 군중대회에서 소련 제25군 사령관 치스차코프 장군은 김일성을 '민족의 영웅', '유명한 빨치산 지도자'로 소개했다. 당시 김일성의 연설문은 25군 정치부에서 러시아어로 작성한 것을 한국계 러시아 소좌인 미하일 강이 번역한 것이었다. 평양식 표준어와 영 맞지 않은 어색한 연설문이었다. …
1945년 말 김일성을 자주 만났던 사람들에 의하면 그는 소련의 갑작스런 지시에 의해 북한의 지도자로서 최고위직의 길로 가고 있는 것에 열광하지도 않았다. 그는 오히려 소련군 장교로서의 승승장구를 바라고 있었다는 것이다. 당시 제25군 정치부 7과 책임자로 김일성과 자주 만났던 카뷔첸코(V. V. Kavyzhenko)는 다음과 같이 회상했다. "나는 김일성이 인민위원회 위원장이 되도록 권고를 받은 직후에 그의 방에 들어갔던 때를 잘 기억하고 있다. 그는 몹시 기분이 상해서 나에게 다음과 같이 말했다. '나는 (소련군) 연대를, 그리고 그다음에 사단을 지휘하기를 원합니다. 이것이 어떻게 된 일입니까? 나는 아무것도 이해할 수 없고 이 일을 하고 싶지도 않습니다.'"[58]

김일성의 경쟁자가 될 인물들은 일찌감치 배제됐다. 소련은 오랫동안 마오쩌둥의 군대와 함께 싸웠던 인물들은 꺼렸다. 해방 당시 북한 내 조선공산당의 거물이던 현준혁도 1945년 말 의문의 암살을 당했다. 현준혁이 암살될 당시 옆자리에는 북한에서 대중적 신망이 높았던 민족주의 지도자 조만식이 앉아 있었다. 현준혁이 암살된 시기는 공교롭게도 김일성이 소련군 적군 복장에 소령 계급장을 달고 처음 평양에 나타났을 때였다. 현준혁은 제거되었고 조만식도 생명의 위협을 느낀 셈이었다.
조만식이 북한 주민들의 지지를 많이 받고 있었지만, 소련군으로서는 부르주아 민족주의자였다. 조만식은 소련의 점령 상황에 능숙하게 대처하려고 했지만, 소련으로서는 부담스런 존재였다. 평양의 소련 점령군 사령관이자 이오시프 스탈린의 심복 테렌티 스티코프 장군은 조만식이 반소련, 반스탈린 성향의 인물이라고 과대 포장하여 모스크바에 보고함으로써 조만식을 배제했다.[59]

현준혁의 피살은 1949년 6년 26일 서울에서 김구 선생이 당시 육군 소위 안두희에게 암살되기 4년 가까이 이전에 발생했다. 좌우합작운동을 벌이던 여운형 선생이 서울에서 암살된 시기도 1947년 7월 19일이었다. 서울의 정치 상황이 좌우익 충돌, 이승만과 여타 세력의 질시와 각축으로 혼란스러웠지만, 소련이 통치하던 평양의 상황은 1945년 후반기에 모두 정리된다.

이승만의 행적을 돌이켜보면 그는 친미주의자라기보다는 용미(用美)주의자였다. 스스로가 미국에 속았고, 특히 루스벨트 대통령을 만나러 갔을 당시 미국의 본질을 깨달았던 탓이 컸다. 당시 루스벨트 대통령은 숨겼지만, 미국 정부는 가츠라―태프트 밀약을 추진 중이었다. 박명림 연세대학교 교수는 이승만에 대해 이렇게 정리한다.

"러일전쟁 강화조약을 주선한 미국이 일본에게 한국을 주고 대신 필리핀을 얻은 것에 이승만은 눈이 뒤집어졌다. 이승만은 늘 친미를 하더라도 공산주의자를 활용해서 하고 반공을 하더라도 '미국 놈'을 이용해서 해야 한다고 했다. … 미국과 상호방위조약을 맺는 것은 쉽지 않았다. 미국이 이미 미일안보조약을 맺었고 샌프란시스코 강화조약으로 일본을 잡았기 때문에 (상호방위조약 체결을)

안 해주려고 했다. 그러자 이승만이 미국을 협박했다. '1905년에도 팔아먹고 1945년에도 우리도 모르게 맘대로 38선을 긋지 않았느냐? 네가 왜 맘대로 조선의 반을 떼어주느냐!' 하면서 이승만은 미국을 비난했다. 결국 미국은 한국과 상호방위조약을 맺게 되었다. 한미상호방위조약에서 한국과 미국이 약속했던 두 가지는 주한미군 주둔과 상호방위조약이다. 이 덕분에 경제 발전도 할 수 있었다는 것을 부인할 수는 없다."[60]

제2장

한국은
버림받을 것을 걱정했고,
미국은
잘못 엮일 것을 염려했다

● ● ●

3년간의 6·25전쟁은 제2차 세계대전 이후 군비를 감축해오던 미국의 국방예산을 다시 세 배로 확장하도록 만들었다. 소련의 팽창주의는 새로운 도전으로 다가왔고, 중국은 6·25전쟁에서 미국에게 엄청난 타격을 가하면서 마오쩌둥 중심의 국내 체제를 더욱 굳힌다.

소련과 중국은 10년간 동맹 관계에 접어들고, 미국과 중국은 20년간 숙적이 되었다. 한반도에서 공산 세력 침략에 놀란 미국은 유럽에서 북대서양조약기구(NATO)를 주도해 유럽 주둔 미군 병력도 두 배로 늘렸다. 6·25전쟁은 냉전을 확고히 정착시켰으며, 2차대전에 이르기까지 아무도 거들떠보지 않았던 한반도를 세계적 관심의 중심지로 만들었다.

1970년대는 미중 간의 새로운 관계 진전으로 한미관계가 최악의 갈등으로 치닫던 시기였다. 1972년 박정희 대통령이 유신 체제를 구축하자 미국은 이를 한국 내 민주주의를 무너뜨리는 '친위 쿠데타'라고 판단했다. 하지만 당시는 리처드 닉슨 행정부가 치열한 미국 대통령 선거전의 한가운데 있던 시기였다. 이미 베트남전쟁 패색과 반전시위로 닉슨 행정부는 한국의 상황에 관심을 둘 겨를도 없었다.

미국은 또한 중국과의 관계 개선을 추구하며 박정희를 긴장시켰다. 1971년 7월 9일 헨리 키신저 백악관 안보 담당 보좌관이 극비리에 중국에 들어가 11일까지 머물며 저우언라이(周恩來) 중국 총리와 회담하고 닉슨 대통령의 중국 방문 계획에 합의했다. 7월 15일 밤에 이 사실이 공표되자 세계는 크게 놀랐지만, 미국과 중국의 접근은 양국으로서는 불가피한 역사적 흐름이었다.

헨리 키신저는 그의 저서 『중국에 관하여』에서 미중 수교가 수렁에 빠진 베트남전쟁에 대한 부정적 여론을 돌리기 위해 미국이 추진한 깜짝 카드였다는 기존 인식과는 달리 실제로는 중국이 더 적극적이었다고 지적했다. 1969년 소련과 국경 분쟁을 겪은 중국이 소련에 대한 견제로 미국에 손을 내밀게 됐다는 것이었다. 미국도 다급한 사정은 마찬가지였다. 베트남전쟁의 수렁에 빠진 미국 경제는 악화되고 있었다. 1971년 8월 대규모 달러 매도, 월스트리트 주가 폭락에 따른 미국의 달러방위정책 발표(닉슨 쇼크)는 2차대전 직후의 초강대국 미국의 전성시대가 퇴조하고 있다는 증거였다.

이에 앞서 4월 미국의 탁구팀이 중국에 들어갔고, 미국이 대중 무역규제를 완화하는 등의 이른바 '핑퐁외교'가 시작됐다. 닉슨이 중국을 방문한 것은 1972년 2월 21일부터 27일 사이였다. 1949년 마오쩌둥의 중국공산당이 국공내전에서 승리해 중국 본토에서 중화인민공화국을 수립한 직후 북한 김일성의 6·25 남침으로 미국과 맞붙게 되면서 32년간 적국으로 지내오던 미중관계도 이로써 해소되었다. 미중 간의 급격한 접근으로 1972년 10월 유엔총회에서 중화인민공화국(중국)의 유엔 대표권이 승인되고 중화민국(대만) 정부의 유엔 추방이 가결됐다. 닉슨은 '아시아의 방위는 아시아의 손으로'를 내건 아시아 정책을 공식 발표한다.

박정희 정권으로서는 충격적인 정세 변화였다. 1971년 4월 대통령 선거에서 야당의 김대중 후보를 상대로 어렵게 당선된 박정희는 8월에 남북 이산가족 상봉을 위한 적십자회담을 제안했고, 1972년 7월엔 '7·4 남북공동성명'까지 발표했다. 북한의 김일성도 중국이 돌연 미국에 접근하는 상황에 긴장하면서 남북 양측이 '민족 간의 협력'이라는 공동의 관심사를 잠깐 갖게 되었던 셈이다.

한미 간의 긴장은 1970년대 내내 지속된다. 미중 접근 속에서 한국은 미국의 돌변에 불안감을 느꼈고 마치 대만처럼 국제사회에서 버림받을 수 있다는 우려까지 했다. 미군이 베트남에서 철수한 뒤 남베트남이 북베트남에 의해 통일되는 것을 보면서 미국의 대한방위공약에 대한 신뢰도 허물어지기 시작했다. 북한의 김일성이 베트남 통일 정세에 고무되었던 상황에서 미국에서도 주한미군 철수 논의가 본격적으로 제기됐다. 1976년 대통령 선거에서 민주당 후보로 당선된 지미 카터 대통령은 주한미군 전면 철수를 외교정책의 최우선 순위로 올려놓게 된다. '닉슨 쇼크'에 이은 '카터 쇼크'가 박정희 정권을 뒤흔들자 한국은 자체 핵무기 개발까지 시도하며 미국을 긴장시켰다.

미국은 한미상호방위조약을 원치 않았다

한미동맹은 한국을 미국의 하수인으로 두기 위한 조약이었을까. 중국과 북한이 계속 문제 삼아온 한미군사동맹과 미군 주둔은 대한민국의 의사보다는 미국의 냉전 전략과 중국 압박, 북한 압살 전략으로 만들어진 것일까. 진실은 무엇인가.

1953년 맺어진 한미상호방위조약은 1948년 미국의 대한민국에 대한 전략적 평가, 1951년 매튜 리지웨이 신임 극동군 사령관의 비밀전문 판단과는 180도 다른 것이다. 어떻게 이런 일이 가능했을까.

먼저 6·25 남침 이전에 미군의 한국에 대한 평가는 한마디로 '전략적 가치가 없다'는 것이었다. 1948년 2월 24일 미 육해공군 통합위원회 비망록(SANACC 176/38: 1급 기밀)의 주요 내용은 아래와 같았다.

합참은 1947년 9월 29일 국무부 장관실에서 열렸던 회의 관련 보고서에 합참의 의견을 개진하며 아래 사항에 대해 동의했음. 정부는 악영향을 최소화하면서 가능한 한 빠른 시일 안에 한국에서 미군을 철수시킬 수 있도록 모든 적절한 수단을 동원해서 노력해야 함.

합참은 군사적 관점에서 이 견해에 전적으로 동의하는 바임.
a. 미국은 한국에서 현 병력과 기지를 유지하고 있지만 전략적 이익이 거의 없음.

b. 현재 한국에 배치되어 있는 병력은 다른 지역에서 더 필요함. 따라서 한국에서 병력을 철수시켜 당장 필요한 곳에 활용하는 것이 훨씬 더 바람직할 것임.[1]

6·25전쟁 발발 이틀 전인 1950년 6월 23일자 미 합동참모본부 합동전략기획위원회의 정책 메모(PM-1110)는 한국에 대한 추가 군사 지원 문제를 다뤘다. 이 문서 역시 6항에 한국에 대한 전략적 평가를 붙이고 있다.

… 1950년 6월 23일 합참은 한국이 미국에게 전략적 가치가 적다는 데 동의했음. 따라서 군사적 측면에서 이런 나라에게 추가 상호군사 지원계획 자금을 배당하는 것은 정당화하기 힘들 것임.

더욱이 맥아더 장군을 이어 1951년 극동군 사령관으로 부임한 매튜 리지웨이 장군의 한국군에 대한 평가는 혹독했다. 그해 7월 22일자 비밀전문 '육군부 긴급통지 96459'에서는 한국의 가치를 폄하했다. "… 한 번 더 본인의 강력한 의견을 제시하자면 대한민국과 공산주의 위성국 간의 전쟁을 매개로 미국이 러시아와 군비경쟁에 돌입하는 것은 용납될 수 없다고 봄. …"[2]

신생 대한민국의 전략적 가치에 대한 평가도 낮았지만, 신생 군대에 대한 평가 역시 최악이었다. 한마디로 한국은 당시 미국으로서는 직간접적으로 도울 가치가 없는 나라였다. 그런 상황에서 불과 몇 년 만에 한미상호방위조약이 체결되었다는 것은 상전벽해였다.

휴전협정 직전인 1953년 5월 백선엽 당시 육군참모총장이 아이젠하워 대통령을 백악관에서 만나 한미상호방위조약을 요청했을 때 대통령은 난감해했다. "미국은 유사시에 영국과 함께 행동을 한다. 상호방위조약은 유럽 국가들에는 선례가 있으나 아시아 국가에서는 매우 매우 드문(very very rare) 케이스"라고 말할 수밖에 없었다. 전략적 가치 면에서나 군대 수준을 신뢰할 수 없는 국가와 동맹을 맺어 상호방위조약의 부담을 진다는 것은 있을 수 없는 일이기 때문이다.

당시 백선엽 육군참모총장은 미국 육군참모총장의 초청을 받아 방미 중이었다. 로튼 콜린스 육군참모총장이 백 총장을 초청한 목적은 이승만 대통령이 반대한 휴전협정을 서두르기 위해서였다. 한국군 최고 지휘관을 초청해 휴전협정이 불가피한 미국 국내 정세와 현실을 설득하고, 경우에 따라서는 미국의 정책에 끝내 반대하며 '북진통일'을 주장하는 이승만을 교체하기 위한 미국의 극비계획 가능성도 타진하려는 목적이 있었다. 하지만 백선엽으로서는 자신을 신임하는 조국의 대통령 이승만을 배신할 수도 없는 상황이었다. 이 과정에서 백선엽에게 알레이 버크 제독이 '한미상호방위조약' 아이디어를 들었다. 버크 제독은 6·25전쟁 기간 백 총장과 절친해진 사이였다.[3]

한미상호방위조약에 대해서는 한국 현대사 연구로 명성이 높은 박명림 연세대학교 교수가 잘 평가하고 있다. 그는 《중앙일보》 기고(2011년 1월 19일자)에서 "한미상호방위조약의 체결은 구조적으로는 공산 침략의 결과였지만, 구체적으로는 이승만의 벼랑 끝 전술로 인한 첨예한 한미 갈등의 산물이었다. 공산 침략에 맞선 동맹 국가 사이의, '긴밀한 협력'이 아니라 '심각한 갈등'이 한미상호방위조약을 가능케 했던 것이다. 문제의 중심에는 이승만이 있었고, 최후의 조약 체결까지는 1953년 4월에서 5월과 6월에서 7월에 걸친 두 번의 격렬한 한미 갈등의 파고를 넘어야 했다."라고 전한다. 실제로 이승만은 1951년 7월 시작된 휴전회담 자체를 반대했다.

"나는 7월 8일 경비행기 편으로 부산에 날아가 부산 경무대를 찾아갔다. 나의 보고를 받은 이 대통령은 심기가 편치 않아 보였다. '미국 사람들은 휴전을 하려고 하는데 100만 중공군이 내려와 있는 마당에 휴전이 말이 되는가. 우리는 통일이 목표야. 지금 휴전하자는 것은 국토를 분단하는 것이야. 나는 절대 반대다.' 이 대통령은 강한 어조로 불만을 표시했다. 나는 적이 당황할 수밖에 없었다. 대통령이 분명히 반대하는 휴전회담에 한국 측 대표로 참석해야 하다니."[4]

당시 이승만이 휴전 협상에 반대한 이유는 세 가지로 추릴 수 있다. 첫 번째가 백선엽 장군에게 말한 그대로 공산군의 재침을 막을 방도가 없다는 것이었고, 두 번째는 분단이 영구화될 수 있다는 우려였다. 이승만은 1952년 11월 부임한 엘리스 브릭스(Ellis O. Briggs) 주한 미국 대사가 마크 클라크(Mark W. Clark) 유엔군 사령관과 함께 방문해 휴전 협상에 찬성할 의향이 있는지 묻자, 단호하게 대답했다.

"뭐니 뭐니 해도 꼭 한 가지 강조할 것은 중공군이 우리 영토에서 물러나야 한다는 것이지요. 그런 일 없이는 평화적 해결이란 있을 수 없어요. 당신들이 아무리 나에게 협박해도 아무 소용없어요. 우린 살고 싶지요. 우리는 생존해야 합니다. 우린 우리의 운명을 스스로 결정하겠어요."[5]•

브릭스 대사는 끈질기게 이승만을 설득하며 그의 마음을 돌리려 애썼다. 그 결과 이승만이 제시한 휴전협정 수락 조건은 세 가지였다. 첫째, 미국은 한국의 안보를 보장할 쌍무조약을 체결한다. 둘째, 미국은 폐허가 된 남한을 복구하는 데 필요한 대규모 경제원조를 제공한다. 셋째, 한반도의 재통일을 실현하기 위한 새로운 노력의 일환으로 미 해군과 공군을 계속 잔류시킨다.[6] 이승만은 초지일관 대한민국의 생존을 위해서는 한미동맹이 필수 전제라고 생각했다.

세 번째는 대통령 선거가 1년 앞으로 다가왔다는 점이었다. 전쟁이 이대로 끝난다면 국회가 대통령을 뽑는 간선제에서 이승만은 실각을 걱정하지 않을 수 없었다. 국회 의석 과반을 차지한 한민당과 좌익 출신 중도파가 주축인 반이승만 무소속 의원들은 이승만을 싫어했고, 아무런 성과 없이 막대한 희생만 치른 전쟁의 책임을 물을 게 당연했다.

이 대목에서 진보 진영 학자나 평론가들은 이승만의 권력욕을 비난하는데, 한반도를 둘러싼 국제정치 역학 관계는 단순하지도 동

• 중국공산당은 1955년까지도 15개 사단, 25만 명의 병력을 북한에 주둔시켰다. 재건과 농사를 돕는다는 명분이었는데, 최종 철수는 1958년 10월의 일이다.

정적이지도 않았다는 사실을 돌아봐야 한다. 이승만은 한민당을 신뢰하지 않았다. 건국 이후 농지개혁 과정에서 그들이 보인 이기적이고 이율배반적인 태도는 한민당이 과연 신생 대한민국을 살릴 의지가 있는지 의심케 했다.* 또한 이승만은 미국에 휘둘리는 한민당에 외교를 맡겨서는 안 된다고 마음먹었다. 초대 외무장관 장택상을 넉 달 만에 경질하고, 미국 망명 시절부터 측근 중의 측근이었던 임병직을 임명한 것도 그런 맥락에서였다.

막상 휴전회담이 시작되었으나 스탈린의 견제로 협상이 진척되지 않은 건 대한민국과 이승만에게는 천운이었다. 휴전회담이 일사천리로 진행돼 만에 하나라도 미국이 적당히 발을 뺐다면, 대한민국은 한미상호방위조약은커녕 남베트남이 밟을 길을 걸어갈 뻔했다. 하지만 고지전의 출혈은 미국의 국내 여론을 자극했고, 2대 대통령 선거일이 시시각각 다가왔다. 이런 상황에서 이승만이 꺼낸 첫 번째 카드는 1952년 5월 25일 전시수도 부산에 대한 계엄령 선포, 이른바 '부산정치파동'이었다. 물론 불법과 탈법이 동원된 반헌법적 폭거였고, 미국은 경악했다.

미국은 이승만이 아닌, 자신의 종전정책에 협조할 대안을 찾았다. 5월 4일에는 '상비계획(ever ready operation)'을 입안하여 이승만 정부를 대체하는 군사정부 수립을 구상했다. 또 다른 대안은 한

---

* 초대 농림부 장관은 조선노동당 출신 조봉암이고, 2대는 해방 직후 이승만의 지지 기반이던 대한독립촉성국민회 총무부장을 지낸 이종현이다. 한민당과 가까웠던 3대 장관 윤영선은 1949년 6월 23일 농지개혁법이 국회를 통과하고 나서 7개월이 지난 1950년 1월 임명됐다.

국 측과의 사전협의 없는, 공산 측과의 타협을 통한 종전정책의 강행이었다. 그러나 이승만은 휴전회담 한국 측 대표 소환과 단독 북진 주장을 포함하여 더욱 강력하게 저항했다. 미국은 결국 5월 29일 국무부와 합참 합동회의를 통해 한국군을 동원해 이승만을 감금 후 새 정부를 수립하거나, 이승만의 휴전 동의 및 협조 시 상호방위조약 체결을 약속한다는 두 개의 방안을 마련하여 격론 끝에 후자를 선택했다.[7]

이승만의 외교 고문으로 일한 로버트 올리버 박사가 쓴 책 『Syngman Rhee and American Involvement in Korea, 1942-1960』에서는 1952년 5월 29일 개최된 미 국방부와 국무부 관리들의 회합 회의록에 실린 다음과 같은 대화를 소개하고 있다.

합참의장 J 로튼 콜린스 장군: "마지막으로 분석해보면 우리는 일반적으로 말해서 세 가지 대안을 갖고 있습니다. 첫째는 이승만에게 방위조약을 체결해주는 것이고, 둘째는 이승만과 그 밖의 한국의 비협조적 인물이 있으면 이들을 잡아넣는 것이며, 셋째는 우리가 한국에서 유엔군을 철수시킬 수 있을 때까지 우리와 협력하도록 이승만으로 하여금 이에 대해 동의하도록 하는 것입니다."

국무부 동아시아 차관보 월터 로버트슨(Walter S. Robertson)은 세 번째 옵션은 군사적으로 타당성이 없기 때문에 검토할 가치가 없다고 반대하였다.

콜린스 장군은 그것이 가능한 일이라고 말하면서 이렇게 말했다.

"우리는 중공군과 대항해서 방위선까지 후퇴할 수 있을 것입니다. 설마 한국군이 우리와 맞서 싸우지는 않을 것입니다. 내 견해로는, 이승만의 협박에 굴복하느니 차라리 그를 보호 감금하는 것이 좋겠습니다."[8]

휴전회담을 배후에서 질질 끌던 스탈린이 1953년 3월 사망했다. 이승만으로서는 대한민국의 운명을 걸고 도박에 나설 수밖에 없다는 사실을 직감했다. 1953년 봄부터 이승만은 국군의 유엔군 이탈, 단독북진 불사 등을 공개적으로 주장하며 미국의 종전정책을 강력히 반대하고 나섰다.

이미 1952년 미국 대통령 선거의 이슈는 한국전쟁 마무리였다. 공화당 후보였던 아이젠하워 지지자들은 아예 'K1C2'라는 문구가 새겨진 핀을 달고 다녔다. 여기서 K는 한국전쟁(Korean War), C는 부패(Corruption)와 공산주의(Communism)를 의미했다. 아이젠하워는 유세 도중 "내가 한국으로 가겠다."라는 한마디 말로 승부를 결정지었다. 이를 지지자들은 '내가 한국전쟁의 종지부를 찍겠다'라는 뜻으로 받아들였다.[9] 미국으로서는 골치 아픈 사태 전개가 아닐 수 없었고, 유엔군 사령관 마크 클라크는 1953년 4월 26일 이승만 감금과 제거, 그리고 임시정부 수립 계획을 다시 검토했다.

종전과 공산군 재침 방지책을 놓고 한미 사이에 줄다리기가 숨가쁘게 진행되던 이 시점에서 이승만은 두 번째 카드를 꺼냈다. 1년 전의 첫 번째 카드는 이에 비하면 차라리 약과였다. 6월 18일, 이승만은 군경과 반공단체 등을 동원해 반공포로를 전격 석방했다. 공산 측의 '일괄송환' 요구에 맞선 인도주의적 처사라고는 해도, 이 역시 명백한 국제법 위반이었다. 그러나 미국은 이승만의 '벼랑 끝 전술'이 의미하는 바가 무엇인지 마침내 깨달았다. 동맹이 아니면 죽음을 달라!

미국의 정계 지도자들은 이승만의 벼랑 끝 전술에서 200년 전 "자유가 아니면 죽음을 달라!"라고 절규하던 건국의 아버지 패트릭 헨리(Patrick Henry)를 떠올렸던 것일까. 반공포로 석방 일주일 후인 6월 25일(이날은 공교롭게도 공산군의 남침이 시작된 지 만 3년이 되는 날이었다), 아이젠하워 정부는 월터 로버트슨 국무부 동아시아 차관보를 대통령 특사로 이승만에게 보냈다.

훗날 외교가에서 '작은 휴전회담(Little Truce Talks)'이라고 회자된 이승만과 로버트슨의 12차례에 걸친 회담에서 한미상호방위조약에 입각한 한미동맹의 얼개가 결정됐는데, 주요 내용은 다음과 같았다. ① 한국과 미국은 상호방위조약을 체결한다. ② 미국은 한국에게 최초 2억 달러의 경제원조를 해주고, 향후 장기 원조를 보증한다. ③ 미국은 한국 육군 20여 개 사단 및 그에 상응하는 해군과 공군의 증편을 승인한다. 로버트슨은 회담 도중인 7월 6일 국무부에 보낸 보고 전문에 이렇게 썼다(이 회담은 7월 11일 마무리됐다).

"이승만은 미국 역사에 관해 철두철미한 지식을 갖추고 있다. 그는 대통령이 협상한 조약을 상원에서 반드시 비준(批准)하는 것은 아니라는 점을 잘 알고 있다. 그는 자신이 미국에서 대중적 지지를 잃어 그 이유 때문에 상원이 한미상호방위조약에 동의할지 약간의 의문을 갖고 있다. 이승만이 크게 우려하고 있는 바는 방위조약 없이는 한국이 다른 어떤 강대국의 먹잇감이 될지도 모른다는 점이다. 이 같은 그의 입장 때문에 현재 상황이 장래에 조약이 없을 시기를 맞아 생길 수 있는 상태 때보다 더 강하다고 그는 판단한다."[10]

이승만이 간절하게 바랐던 대로, 1953년 8월 8일 오전 경무대에서 대한민국 변영태 외무장관과 미합중국 존 포스터 덜레스 국무장관은 대한민국 대통령 이승만이 지켜보는 가운데 한미상호방위조약에 서명했다.*

1953년 8월 8일 서울 경무대에서 거행된 한미상호방위조약 가조인식에서 변영태 외무장관과 덜레스 미 국무장관의 서명 모습을 지켜보는 이승만 대통령

1953년 10월 1일 체결된 이 조약(Mutual Defense Treaty Between the United States and the Republic of Korea)에 대해 미국 측이 달가워하지 않았다는 것은 조약문 아래 부칙(Understanding of the United States)에서도 발견된다. 미 상원은 '태평양 지역에서 양국에

• 이날 서명은 가조인이었고, 정식 체결은 1953년 10월 1일 미국 워싱턴에서 변영태 장관과 덜레스 장관이 서명했으며, 1954년 11월 18일 한미상호방위조약이 발효되었다.

대한 군사적 공격에 공동 대응한다'라는 조약 3조에 엄격한 단서를 달았다. 즉 '한국이 합법적으로 관리하고 있는 영토에 대한 외부 공격이 있을 때만 미국이 군사원조를 제공할 뿐 그 외에는 해당하지 않는다'라는 내용이었다.

그럼에도 불구하고, 박명림 교수는 《중앙일보》 기고(2011년 1월 19일자)에서 "서세동점 이후 격동하는 동아시아 국제질서로 인해 한국 역사상 가장 극심하게 요동치던 한국의 국제적·지역적 위상이 처음으로 안정되는 순간"이라고 평가했다.

박 교수의 평가처럼 돌이켜보면 19세기 말 개항 이래 조선, 대한제국은 청일전쟁, 러일전쟁, 한일 강제 병합, 식민 통치, 아시아·태평양전쟁을 겪었다. 이어 1945년 해방과 함께 미소 분할 점령, 남북 분단을 겪은 뒤 간신히 대한민국을 만들었다. 신생 대한민국은 곧 북한의 6·25 남침으로 인한 거대한 전쟁에 휘말려야 했다. 한미동맹 구축은 한국 문제를 둘러싼 이러한 국제적 소용돌이를 종착시킨 결정적 계기였다는 해석이다. 1953년 한미상호방위조약 이후 2011년까지 58년 동안 대한민국은 19세기 말 개항 이후 처음으로 외세의 침탈이나 전쟁이 없는 안정된 상태를 유지해왔다.

1948년, 이승만과 아데나워

제2차 세계대전으로 분단이 된 나라가 둘 있었다. 하나가 아시아의 한국이고, 또 하나가 유럽의 독일이다. 독일 분단은 그들이 전범국이었기에 자초한 측면이 크지만, 우리의 분단은 그야말로 '아닌 밤중에 홍두깨' 격이었다. 소련은 분명히 연합국의 일원으로서 독일 분할 점령의 당사자였으나, 한반도를 전리품으로 삼겠다고 나설 계제는 아니었기 때문이다.

진주만 기습이 벌어지기 여덟 달 전인 1941년 4월, 소련은 일본과 불가침조약을 맺었다. 등 뒤를 걱정하지 않고 미국을 공격할 수 있게 해주었다는 맥락에서, 소련은 태평양전쟁을 묵인한 것이나 다름없었다. 유럽 전선도 비슷한 양상이었다. 나치는 소련과 불가침조약(1939년 8월)을 체결한 한 달 뒤 폴란드를 침공해 소련과 사이좋게 나눠 먹으며 제2차 세계대전을 일으켰다.* 6·25전쟁 때도 그랬던 것처럼 스탈린은 늘 이런 식이었다.

태평양 전선은 사실상 미국 혼자서 책임졌다.** 프랭클린 루스벨트는 나치의 기세가 한풀 꺾여 연합국이 전후 처리 방안을 논의하기 시작한 1943년 11월 테헤란회담 때부터 소련에 대일 참전을 요구했으나, 스탈린은 딴청만 피웠다. 소련은 히로시마에 원자폭탄이 떨어지고 나서야 움직였다.

소련군이 두만강을 넘던 1945년 8월 9일, 미군은 한반도로부터 1,000킬로미터 이상 떨어진 오키나와에 있었고, 부랴부랴 38선을

---

* 대가는 엄청났다. 섬나라인 영국, 히틀러에 우호적인 프랑코가 통치하던 스페인을 제외한 서유럽 전역을 장악한 나치는 1941년 6월 불가침조약을 일방적으로 파기하고 소련을 침공했으며, 그들이 '대조국전쟁'이라 칭송하는 나치와 전쟁으로 군인 약 850만, 민간인 약 1,600만 명이 희생됐다.
** 제2차 세계대전 미군 전사자 총수는 약 30만인데, 태평양전쟁에서만 약 20만 명이 전사했다(실종 포함).

굿는 것 외에는 달리 손을 쓸 방도가 없었다. 분단은 우리 민족 내부적으로는 연합국의 일원이 되지 못한 탓이지만, 태평양전쟁 막바지에 무임승차한 소련의 책임이다.

제2차 세계대전 이전 한국과 독일은 닮은 점이라고는 하나도 없었다. 그러나 2차대전은 두 나라를 비슷한 운명으로 몰고 갔다. 똑같이 분단됐고, 분단의 상처를 딛고 일어나 세계에서 손가락으로 꼽는 제조업 강국이자 수출 대국으로 올라선 것도 똑같다. 서독이 '라인강의 기적'이라는 찬사를 받았다면, 대한민국은 '한강의 기적'으로 세계를 놀라게 했다. 그 바탕에는 데칼코마니라고 할 만큼 닮은 정부 수립 과정과 이를 이끈 지도자가 있었다.

나치독일의 항복 후 독일을 분할 점령한 미국·영국·프랑스·소련 4개국은 군정을 실시했다. 전범국으로 전락한 독일은 정신적으로도 만신창이가 되었다. 전후 속속들이 드러난 홀로코스트의 야만적 참상은 독일인이 낯을 들 수 없게 만들었다. 매우 당연하게도, 나치에 동조하거나 폭주를 방관했던 우파의 입지는 좁아질 수밖에 없었다. 독일은 마르크스가 태어난 나라답게 전통적으로 좌파의 뿌리가 깊고, 독일 사회민주당은 영국 노동당과 함께 역사가 가장 긴 계급정당이다.

오늘날 우리가 아는 독일이라는 나라가 성립한 것은 1871년으로, 프로이센이 숙적 프랑스를 꺾고 난 직후였다. 프랑스와 전쟁을 승리로 이끈 철혈재상 오토 폰 비스마르크(Otto von Bismarck)가 카이저의 대관식을 프랑스의 자존심인 베르사유궁전에서 치르도록 안배한 데에는 다 이유가 있었다. '제1제국'이었던 신성로마제국은 나폴레옹에, 비스마르크가 세운 '제2제국'은 미국·영국·프랑스 연합국에 해체당했던 뼈아픈 역사를 잊을 수 없던 독일인들이, 가혹한 배상금을 물린 베르사유조약과 하이퍼인플레이션으로 고통받았던 독일인들이 히틀러의 '제3제국' 구호에 열광한 것은 우연이 아니었다.

"1949년 당시 가장 시급한 문제는 서독의 정치 문제였다."[11] 자유주의 시장경제를 불신하는 사민당, 서방을 불신하는 대중적 정서, 그리고 분단과 냉전이라는 패전 직후의 혼란상이 맞물려 당시 독일 내부 정세는 복잡했다. 그것은 서독의 지도자들이 어떤 결론을 도출해내느냐에 독일의 미래가 달려 있다는 사실을 의미했다. 이때 서로 다른 길을 걸은 두 지도자가 있었다. 한 명은 사민당의 쿠르트 슈마허(Kurt Schumacher), 또 한 명은 기민당의 콘라트 아데나워(Konrad Adenauer)다.

슈마허는 반나치에 앞장서다 히틀러 집권 후 강제수용소에 갇혔고, 패전 이후에야 풀려났다. 정통성에 한 점 결백도 없는 사민당의 원로였을 뿐만 아니라 공산주의에 반대하는 사민당의 원칙에도 충실했다. 슈마허는 나치가 박살 낸 사민당을 재건했고, 소련 군정 치하 동독 지역의 사민당이 공산당과 통합을 주장하자 단칼에 관계를 끊었다. 문제는 슈마허가 시장경제를 배척하고 중립화 통일을 도모했다는 점이었다.

"쿠르트 슈마허가 지도하는 막강한 사민당은 독일의 약화를 바라는 서방 자본주의 세력과의 밀접한 관계를 반대했다. 나치즘에 저항해 싸운 동시에 반공주의자였던 슈마허는 대중적 인기와 존경에서 아데나워에 못지않은 인물이었다. 사민당은 독일인들에게 서방국가들과의 연대를 맺는 데 급급할 때가 아니라 동독의 사회주의자들과 접점을 찾는 것이 더욱 시급하다고 호소했다."[12]

슈마허의 대척점에 기민당의 아데나워가 있었다. 아데나워는 1876년생으로 1949년에는 일흔셋의 노구였다. 그는 나치 집권 직전까지 17년 동안 쾰른시장으로 재임했다. 나치에 협조를 거부했던 그를 미군은 군정 치하 쾰른시장 적임자로 꼽았다.

그런데 아데나워는 시키는 대로 일하는 고분고분한 사람이 아니었다. 그는 군정의 주체가 미군에서 영국군으로 바뀌자 쾰른 대공습*의 비인도성을 거론하며 영국 군정 당국과 마찰을 빚다가 해임된다. 이 사건으로 아데나워의 인지도는 급상승했으며, 점령군의 목적이 독일 약화에 있다고 의심하던 독일인들에게 '믿을 만한 지도자'라는 이미지를 심어주었다.

그는 시장경제주의 신봉자이자 친서방자유주의자였고, 반공주의자였다. 하지만 당시 독일에서는 우파 내부에서조차 시장경제에 냉소적이거나 심지어 회의적인 세력이 없지 않았다.** 사민당과 노동조합의 반대는 당연히 더 거셌는데, 이들은 나치에 반대했다는 명분까지 장악하고 있었다. 사민당은 통일을 우선해야 한다며 아데

---

* 1942년 5월 30일부터 31일까지 이틀간 1,000여 대가 넘는 영국군 폭격기들이 쾰른을 무차별 폭격했다. 이 폭격으로 쾰른 시가지 95%가 파괴되었다고 한다.
** 독일의 전통적 보수파는 프로이센의 부국강병 정책 이래 서유럽식 자유시장경제와 마르크스주의를 모두 배격하고, 독일어로 'sonderweg(특별한 길)'라는 테제를 채택해 독일 발전의 특수성을 강조해왔다. 따지고 보면, 나치즘 또한 'sonderweg'의 한 갈래라고 할 수 있다.

나워의 친서방 정책에 반대의 목소리를 높였다.

아데나워는 굴하지 않았다. 그는 '전범국' 독일의 재부상을 두려워하는 서유럽을 안심시키는 것이 전후 부흥의 첫 번째 관문이며, 자유민주주의와 시장경제를 받아들여 하루라도 빨리 서방세계에 편입되는 게 훗날 통일을 이룰 초석이라고 철석같이 믿었다.

"미국은 (서독을 포함한) 서방과 소련의 지지를 동시에 얻는 통일 방안이 불가능하다고 생각했다. 그래서 아데나워의 친서방적 정치 경제 노선을 강력히 지지했다. … 따라서 서방국가들은 독일인들로 하여금 친서방 외교 노선이 민족 통일이라는 목표와 모순되는 것이 아니라는 점을 납득시키기 위해 많은 노력을 기울여야 했다. 한때 소련이 모든 외국 군대를 철수시키고 즉각 통일하도록 하자는 냉소적인 제안을 했다.• 그러자 새로 미국 측 고등판무관으로 부임한 존 매클로이(John McCloy)는 그에 맞서 차라리 새로운 독일 헌법을 만들 의회를 구성하기 위해 전국 총선거를 하자는 제안을 마련했다."[13]

아데나워가 서독의 국부(國父)로 떠오른 시점이 바로 이때였다. 그는 소련이 노리는 바가 무엇인지 훤히 꿰뚫어 보고 있었다.

"맥클로이의 제안에 대해 아데나워는 처음에는 조심스러운 태도를 보이다가 3월 공개적으로 지지 의사를 밝혔다. 그리고 서독은

• 소련은 계속해서 비슷한 제안을 내놨다. 3년 뒤 스탈린은 동서독과 미국·영국·프랑스·소련 등 연합국 당사자 4개국 간의 평화조약과 독일 중립화를 주장했다. 물론 당시 수상이던 아데나워는 거부했다. 이 제안이 독일을 제외함으로써 NATO를 약화하려는 이간책임을 꿰뚫어 보았던 것이다.

통일독일 헌법을 마련할 새로운 국회 구성을 위한 선거 절차까지 마련했다. 소련과 동독은 즉각 물러섰다. 그러고는 독일 전역에서의 총선거가 이루어지기 전에 충족되어야 할, 현실적으로 불가능한 조건들을 내세웠다."[14]

이것은 독일의 운명이 걸린 문제입니다.
우리는 예속과 자유 사이의 선택 앞에 서 있습니다.
우리는 자유를 택했습니다!

(Es ist die Schicksalsfrage Deutschlands.

Wir stehen vor der Wahl zwischen Sklaverei und Freiheit.

Wir wählen die Freiheit!)

_콘라트 아데나워, 소련의 제안을 거부한 뒤
1952년 12월 3일 연방하원 연설에서

콘라트 아데나워

패전 후 독일을 둘러싼 국제정세는 한반도에서 미국이 유엔과 함께 남북 동시 총선거와 독립정부 수립을 추진하던 과정과 비슷했다. 아데나워가 처했던 정치적 상황 또한 남한 단독정부 수립을 시사한 정읍 발언 이후 사면초가에 몰렸던 이승만과 매우 흡사했다.

미소공동위원회 활동이 무산되자, 미국은 1947년 9월 '한국 독립' 문제를 제2차 유엔 정기총회에 안건으로 제출했다. 이 안건에 대해 소련은 반대했으나, 유엔총회 운영위원회는 이를 가결했다. 그러자 소련은 미소공동위원회 소련 대표를 통해 한국에 주둔한 모든 외국 군대가 1948년 초까지 동시 철수할 것을 제안했다.

내전을 불러일으킬지도 모를 이 위험천만한 제안에 미국은 1948년 3월 31일 이전에 미국과 소련의 점령 지구(남북한)에서 점령군 주관 하에 선거를 실시하고, 유엔임시위원단이 이 선거를 감시하여 총회에 보고할 것을 제안했다.

11월 14일 유엔총회는 유엔임시위원단의 감시 하에 남북한 총선거를 실시해 정부 수립을 권고했다. 이에 따라 유엔한국임시위원단이 구성됐다. 그러나 소련은 위원단의 38선 이북 입경을 거부했고, 유엔총회는 1948년 2월 26일 남한만에서라도 선거를 실시할 것을 권고하는 미국의 결의안을 압도적 다수로 통과시켰다.

이리하여 한반도에서도 독일에서도 소련군 점령지역에서는 공산정부가, 연합군 점령지역에서는 자유민주정부가 수립된다. 미국은 한반도와 독일에서 자유 총선거를 통해 한국 국민의 정부와 독일 국민의 정부를 세워주자고 제안했지만, 소련은 '선거로는 통째로 적화하기 불가능하니 반쪽이라도 적화하자'라는 계산으로 마지막 남은 비상구마저 봉쇄했다. 그것이 분단의 시작이었다.

아데나워 노선은 한반도 해방 정국에서 미소공동위원회 등의 파행을 보며 결국 남한 단독정부를 추진한 이승만 노선과 놀랍도록 닮았다. 통일의 길을 제쳐두고 분단의 길을 달렸다는 비난에 시달린 것 또한 똑같았다. 이승만의 대한민국, 아데나워의 서독, 두 정부는 그렇게 출발해 라인강의 기적과 한강의 기적을 나란히 만들었다.

만일 서독이 중립화 통일을 내건 슈마허 노선을 선택했다면, 남한이 남북합작의 길을 걸었다면, 두 나라의 운명은 어떻게 되었을까. 국내 정책은 다시 고칠 수 있지만, 한 번 어긋난 외교안보정책은 나라를 사라지게 만들 수도 있다.

물론 아데나워와 이승만 사이에는 다른 점도 있다. 아데나워는 자신의 재임 기간 라인강의 기적을 이루었지만, 이승만은 '부흥부'라는 명칭의 중앙부처까지 만들었으면서도 경제개발은 시작도 하지 못했다. 아데나워와 이승만은 객관적 조건이 달랐다. 아데나워는 쾰른시장 재임 시절이던 1929년 독일 최초의 아우토반인 쾰른-본 구간을 건설한 사람이다. 같은 해 이승만은 고달픈 망명자 신분으로 미국 조야에 조선의 독립을 호소하고 있었고, 대한민국은 고속도로는커녕 형체조차 없었다.

한미동맹 가조인식 때 이승만은 "이 조약으로 우리 후손들은 많은 혜택을 볼 것입니다."라고 말했다고 한다. 그의 예언은 한 세대가 지나기 전에 현실이 되었다. 이승만이 고집스럽게 밀어붙였던 자유민주 진영 편입, 즉 한미동맹 없이 박정희의 경제개발계획이 가능했을까? 경제성장 없이 민주화가 가능했을까? 해방 직후 이승만 노선이야말로 대한민국 산업화와 민주화의 토대였다는 사실을 잊어서는 안 된다. 역사란 이어달리기다. 과거의 공과를 있는 그대로 이어받아서 전진하는 것이다.

민주주의는 영원한 행진이라고 한다. 한때 민주화운동 선봉에 섰던 사람조차도 어느덧 기득권으로 비판받는 시대다. 이것이야말로 역사 변증법이다. 군사독재 타도, 대통령직선제, 표현의 자유, 집회결사의 자유가 지금의 시대적 과제인가. 시민의 피땀으로 함께 일군 성과를 자신만의 공인 양 가로채고, 새로운 시대적 과제를 외면하는 자세로는 행진을 함께 할 수 없다. 한 번 진보였다고 영원한 진보가 될 수 없다. 적대적 이분법, 편 가르기는 동굴 속 우상숭배와 다름없다. 변화와 혁신에 적응하지 못한다면 누구라도 역사의 걸림돌이 될 것이다.

냉전, 남북 체제 경쟁과 미국

휴전협정으로 총성을 멈춘 한반도는 전쟁의 상흔을 추스를 겨를도 없이 곧바로 냉혹한 냉전의 시대를 맞게 된다. 잿더미가 된 남북은 서로의 체제가 우월하다고 주장하기 위한 경쟁을 시작했다. 또한 내부적으로는 가혹한 정치 억압이 시작됐다. 경쟁의 시작은 북한이 유리한 듯했다. 북한은 1970년대 초까지 남한을 앞섰다. 김일성의 일당독재도 흔들림 없이 진행됐다. 반면 남한은 이승만 정권을 거쳐 4·19 혁명, 5·16 쿠데타, 다시 박정희 정권, 1972년 유신독재로 격변을 거듭했다.

1970년대 초까지 이르는 이 시기에 대해 『한국전쟁의 기원』의 저자 커밍스 교수는 저자와 인터뷰에서 "북한에서 전쟁 이후 남로당의 박헌영 일당이 처형된 대목은 북한의 김일성 체제에서 가장 끔찍한 부분"이라고 말했다.

"박헌영은 희생양이었다. 그는 개전 결정이나 전쟁 기간 중 아무런 역할도 하지 못한 채 김일성에게 밀려나 있었다. 박헌영이 미군정 당시 남한에 있으면서 미국 관리들을 만나지 않을 수 없었을 것이다. 하지만 박은 미국이 가장 미워하는 정치적 인물이었다. 김일성은 박헌영의 남로당 세력을 남겨뒀어야 했다. 그랬다면 남로당 출신들이 남한 내 좌파와의 관계 속에서 장차 남북한 화해의 틀을 쌓을 수도 있었을 것이다."

커밍스 교수는 주체사상에 대해서도 비판적이었다. "1960년대 주체사상을 도입함으로써 북한은 공산주의가 아니라 민족주의적 정권으로 변한다. 주체사상으로 김일성은 1인 가족 지배 체제를 합리화했다. 한때 옛 소련 시절 국가보안위원회(KGB) 수장이었던 유리 안드로포프(Yuri Andropov) 등 최고위 지도자들이 평양을 방문해 김일성과 주체사상을 둘러싸고 고성을 주고받기도 했다."라고 소개했다. 박정희 전 대통령에 대한 평가는 하나의 시각으로 못 박을 수 없다고 설명했다.

"박정희에 대한 평가는 복잡하다. 그는 소농 출신으로 가난에서 벗어나고 신분 상승을 하고자 일본 군인이 됐었다. 그의 인권 탄압이나 독재 정권은 인정할 수 없지만, 그는 진정으로 국력을 키웠다. 그는 다른 후진국 지도자와 달리 부패하지도 않았다. 그는 미국의 정책 자문가들이 철강산업 같은 중화학공업 정책을 반대했을 때 미국의 반대를 무릅쓰고 국가 기간산업을 키워냈다. 박정희의 중화학공업 정책은 1930년 당시 일본의 만주 산업화 정책과 닮았다. 사실 박정희가 만주에서 일본군 장교로 교육받고 근무할 당시 만주는 10퍼센트의 산업 성장을 거듭했다."

해방 직후 미군의 군정, 6·25전쟁 발발을 전후한 미국의 판단 미스를 냉정하게 비판해온 커밍스 교수였지만, 저자와 인터뷰에서 한국의 경제적 성장에 가장 큰 공을 세운 나라는 미국이라고 말했다.

"1960년대는 미국의 지원 덕이 컸다. 미국은 수출산업 정책을 권고했고 실제 미국 시장을 열어주었다. 1970년대에는 박정희가 중화학공업 정책으로 국가 기간산업을 이뤄냈다. 1980년대에도 박정희의 성공이 이어지는 시기였다. 정주영 같은 기업인들도 여러 산업과 기업을 결합시켜 성공을 이뤄냈다. 무엇보다 가장 큰 공로자는 한국인들 자신이다. 근면하고 우수하며 특히 고등학교 교육 수준은 놀랄 만한 것이다. 이런 바탕 위에서 지금은 지식산업에서 성공을 거두고 있다."

세계적인 진보학계의 원로 이매뉴얼 월러스틴(Immanuel Wallerstein)의 시각도 경청할 만하다. 특히 그의 주장은 한미관계가 일방적인 수직 관계, 수탈 관계라는 시각과는 거리가 멀었다. 그는 한국이 미국 주도의 세계체제에, 북한이 소련 주도의 세계체제에 편입되었고, 그 결과 엄청난 경제적 격차가 벌어진 과정을 설명했다.

월러스틴 교수는 한국의 독립 이후 세계체제와 분단사, 남북 간의 체제 경쟁, 남한의 경제성장과 북한의 정체, 향후 한국의 미래를 동북아의 틀에서 거시적으로 바라보고 있다. 특히 미국이 지정학적인 이유 때문에 한국과 특별한 관계를 맺게 되는 과정을 설명한다. 또한 한국의 과거처럼 미래 역시 동북아와 세계체제 속에서 결정될 것이라며 "이는 마치 유럽을 떼놓고 이탈리아를 생각할 수 없는 것과 마찬가지"라고 비유했다.

특히 월러스틴이 세계적인 원로 진보 학자라는 점에서 한미동맹 및 미국과 동북아 관계에 대해 큰 가닥의 시각을 제공할 수 있다. 다음은 저자가 워싱턴 특파원 근무 때 직접 월러스틴 교수를 인터뷰한 내용이다(2007년 8월 14일 《문화일보》 게재). 월러스틴 교수와의 문답은 이처럼 전혀 다른 문제의식으로 시작됐다. 광복 이후 62년(2007년 당시) 동안 한국이 세계 11대 경제 대국, 민주주의 국가로 성장한 것을 월러스틴 교수는 세계체제론의 틀에서 설명했다.

"한국은 엄청난 변화를 이뤄냈다. 한국의 성공에는 이론의 여지가 없다. 한국의 성장에는 세 가지 이유가 함께 작용했다. 우선 지난 50여 년간은 중심 국가가 엄청난 기술 발전을 이루며 다른 나라로 전통 산업을 이전해줄 수 있었던 시기였다. 둘째는 한국의 국가 주도 정책 능력 때문이었다. 모든 나라들이 중심 국가 산업을 이전받고 싶어 했지만 성공한 나라는 한국을 포함해 몇 안 된다. 한국은 현명한 국가 주도 정책을 통해 투자와 자국 산업 보호 등을 이뤄냈다. 셋째는 미국이 지정학적인 이유로 한국을 뒷받침했기 때문이다. 미국은 한국 산업에 혜택을 주었고 다른 나라에는 차단했던 미국 시장을 허용했다."

월러스틴 교수, 세계체제론으로 새로운 패러다임을 만들다

이매뉴얼 월러스틴 교수

월러스틴 교수•는 당대 세계 최고의 영향력을 가진 사회학자이다. 2003년 미국사회학회(ASA)는 사회학 발전에 기여한 탁월한 공로를 기념하며 그에게 '올해의 수훈학자상'을 수여했다. 그는 세계체제론이라는 방법으로 현대 사회학의 새로운 패러다임을 만들었다. 즉 한 사회나 한 국가 단위로 분석하던 기존 사회과학 연구 초점을 세계 시스템으로 이동시켜 현대 세계의 거대한 정치 과정을 분석했다. 그의 연구는 기존의 사회학 분야를 비롯해 역사학, 지리학, 경제학, 정치학, 문화인류학 등의 분야를 넘나들었다.

그의 연구는 아시아, 아프리카, 남미의 사회과학도 전 세대에게 큰 영향을 미쳤다. 『근대 세계체제론』 1·2·3권은 자본주의 세계 경제가 아시아, 아프리카, 남미 각국을 어떻게 변화시켰는지 알고 싶어 하던 이들 지역의 연구자나 운동가들에게 고전이 됐다. 그는 또한 세계화라는 현상이 지난 세기말에 시작된 것이 아니라 이미 5세기 전에 '서구의 융성' 이후 형성돼온 것임을 서구 학계에 일깨웠다. 특히 현대 세계체제의 헤게모니 국가였던 미국의 쇠퇴에 대한 분석은 향후 세계 정세를 읽는 데 매우 유용한 틀로 여겨진다.

• 1930년 뉴욕 출생. 컬럼비아대학교에서 학사·석사·박사(1959년) 학위를 받았다. 컬럼비아대학교와 예일대학교에서 교수(2000년 이후)를 지냈고, 세계사회학회 회장(1994~1998년)을 역임했다. 저서로 『근대 세계체제론』 1권(1974년)·2권(1980년)·3권(1989년), 『유토피스틱스: 또는 21세기의 역사적 선택』(1998년), 『우리가 알던 세계의 종말: 21세기의 사회과학』(2001년), 『미국 파워의 쇠퇴』(2003년), 『유럽 보편주의』(2006년) 등이 있다.

북한의 변화도 세계체제론적 시각에서 해석했다.

"분명히 1970년대까지 북한 경제가 한국보다 나았다. 사실을 말하자면 1945년 이후 1970년까지 모든 사회주의 경제권이 좋았다. 동유럽 모두 좋았다. 세계 경제가 모두 집중적인 산업화를 경험하며 확장했기 때문이다. 그러나 1970년 이후 세계 경제가 위축되면서 모든 사회주의 경제권이 어려움에 직면했다. 북한은 이 중 가장 폐쇄적이고 고립적인 나라였다. 그들은 앞으로 나아갈 추진력을 잃은 상황에서 국내 자원을 소진했다. 그 뒤 상황은 계속 나빠져서 지금에 이른 것이다. 1970년대까지는 세계 경제가 성장했기 때문에 북한도 성장할 수 있었지만, 그 이후로는 세계 경제가 위축되면서 사정이 악화된 것이다."

한국 현대사와 동북아 연구의 석학인 로버트 스칼라피노(Robert Scalapino) 캘리포니아 주립 버클리대학교 정치학과 명예교수로부터도 한국의 국제적 좌표에 대해 들어보았다. 스칼라피노 교수는 박정희 시대에 국내에서 금기 사항이던 한국 공산주의운동과 북한 연구로 1970년대부터 한국 학생운동권과 진보 진영의 신망을 받아온 인물이며, 여전히 한반도 문제에 대해 전향적인 입장을 가진 미국 내의 대표적 지한파 학자이다. 지난 2006년 7월 북한의 미사일 발사 당시를 비롯해 모두 다섯 차례 북한을 방문할 만큼 북한에서도 권위를 인정받고 있다.

그는 2005년 이후 한국 내에서 뜨거웠던 『해방전후사의 인식』과 『해방전후사의 재인식』 논란에 대해 차분하게 접근했다. 이 논란에서 어떤 인식을 갖느냐에 따라 한미관계에 대한 판단도 달라질 수 있다. 예컨대 『해방전후사의 인식』은 과거 '386세대'를 비롯한 한국 내 진보 진영의 역사 인식에 결정적 영향을 미친 책이지만, 한국 내 지식인 일각에서는 한국 정통성의 토대를 부인하고 있다고 우려하기도 했다. 예컨대 김일성은 '항일운동의 전설'을 바탕으로 북한 정권의 자주적 기초를 세운 반면, 한국은 친일파를 청산하지 않은 이승만, 이어 일본 육군사관학교 출신의 박정희가 '친미 정권'을 이어 왔다는 논란이었다. 스칼라피노 교수는 저자와 인터뷰(《문화일보》, 2006년 8월 16일 게재)에서 이렇게 말했다.

"매우 낭만적이지만 유효하지는 않은 인식이다. 북한 정권의 기초에 대해서 보자면 김일성은 소규모 게릴라 부대를 이끌다 소련 국경으로 밀려갔다. 광복 직후 김일성은 주도적인 역할을 하기에는 너무 작았다. 북한 정권도 미국과 소련 간 대립의 산물이다. 광복 후 소련이 북한 지역에 들어온 직후를 보면 비공산주의자(민족주의 지도자)들이 북한 지역을 이끌고 있었다. 하지만 모스크바는 한반도 신탁통치 방안이 불가능해지자 1946년부터 김일성 정권을 세웠다. 김일성 정권 수립에는 소련의 역할이 결정적이었다. 1948년 당시 소련은 북한에서 지배력을 확립한 뒤 소련군을 철수했다."

일본군 장교 전력을 지닌 박정희와 어쨌든 소규모 게릴라도 이끌었던 김일성에 대한 평가도 다면적이어야 한다는 입장이었다.

"박정희는 확실히 일본군에서 훈련받은 배경이 있다. 그는 또 정치적으로 권위주의적이었으며 민주주의적이지 않았다. 하지만 경제정책 면에서 그는 옳았다. 그는 한국을 경제 대국으로 만드는 큰 성공을 이끌었다. 반면 김일성은 어떤 의미에서 민족주의자이고 독립적이고 통일된 한국을 건설하려고 했지만, 그의 정책은 훌륭하지 못했다. 그는 결과적으로 북한을 세계에서 가장 덜 발전한 사회로 만들었으며 북한을 폐쇄적인 곳으로 전락시켰다."

냉전의 성적표는 그로부터 지금까지 확연하게 드러나고 있다. 남과 북이 어느 체제에 속했는가에 따른 판가름이기도 하고 남과 북이 어떤 지도자와 정치제도를 가질 수 있었는가에 따라 갈라지기도 했다. 또한 냉전 이후 지금까지 한반도 남북의 현실은 양쪽의 지도자가 누구였는지와 함께 양쪽의 국민들이 얼마나 적극적으로 자신의 의사를 실현하며 나라 전체와 사회의 발전을 이룩할 수 있었느냐에 달려 있다는 것을 확연하게 보여주고 있다.

스칼라피노 교수, 한반도 정치외교사에 정통한 학자

스칼라피노 교수

스칼라피노 교수는 1949년 하버드대학교에서 박사학위를 받은 뒤 1949년부터 UC버클리대학교에서 교수를 시작, 정치학과장을 거쳤다. 1959년 미 상원에 제출한 한국 보고서에서 그는 한국에 군사 쿠데타가 발생할 것이라고 정확히 예측했다. 버클리대학교 동아시아연구소 소장을 지내며 『김일성』, 『한국공산주의운동사』, 『현대 일본 정당과 정치』, 『중국의 사회주의 혁명』 등 38권의 저서와 500여 편의 논문을 썼다. 그의 책들은 1970~1980년대 한국 운동권 대학생뿐 아니라 소장학자들의 한국 현대사 필독서였다. 그는 한소 수교 과정에서도 막후 역할을 할 만큼 한반도 정치외교사의 이면에도 정통하다. 지난 1989년 한소 수교 과정에서 밀사 역할을 했던 정재문 전 국회 외교통일위원장은 버클리대학교 은사인 스칼라피노 교수를 통해 소련 최대 전략연구소인 '세계 경제 및 국제관계 연구소(IMEMO)' 고위 인사들과의 면담 약속을 이끌어낼 수 있었다고 회고했었다. 그는 린든 존슨(Lyndon B. Johnson) 대통령과 박정희 대통령 시절부터 한미 양국 대통령에게 지역 현안을 브리핑할 만큼 정책 결정 과정에도 깊이 개입했다.

5·16 쿠데타에 미국은 당황하고 북한은 착각했다

5·16 쿠데타와 미국은 어떤 관계였을까. 대한민국에 군사정권이 들어선 뒤 한미관계는 새로운 굴곡을 겪었고, 군사정권의 배후에 미국이 있었다는 의혹이 제기돼왔다. 박정희 소장이 주도한 5·16 쿠데타에 대한 미국과 북한의 첫 반응은 예상 밖으로 상반되었다. 미국은 그동안 접촉이 적었던 군부 소장파가 권력을 잡자 당황했다. 특히 박정희 소장의 과거 좌익 경력은 경계 대상이었다.

북한은 나중에 5·16을 '군사반역'이라고 비난했지만, 5·16 직후에는 박정희가 해방 직후 좌익 주도의 대구 폭동 주동자였던 박상희의 동생이었고 박정희 역시 해방 직후 좌익 조직과 관계가 있었다는 점에 기대감을 품었다. 미국이 온통 박정희의 배경과 향후 군부 소장파 엘리트의 생각에 안테나를 높이 세우고 있는 동안 북한은 황태성이라는 대구 출신 노동당 간부를 밀파시켜 5·16 주도 세력과 접촉하게 한다.

이 같은 사실은 미국이 4·19 혁명 이후 들어선 민주 정부를 무너뜨리고 반공 정권을 세우기 위해 5·16 쿠데타를 배후 조종했다는 의혹과는 전혀 다른 역사적 내막을 보여주고 있다. 당시 미국 대사관과 국무부 간의 전문을 보면 미국은 오히려 장면 정부를 엎은 쿠데타를 반대했다. 특히 쿠데타군이 미군과 협의 없이 군대를 움직인 점에 대해 분노를 터뜨렸다. 하지만 '목숨을 건' 쿠데타 지도부를 막지는 못한다. 미국의 주된 관심은 한반도의 안보, 즉 북한의 남침 도발을 차단하는 데 있었고 한국 내에서 문민정부가 조속히 회복되어 민주적인 헌정 질서를 되찾도록 하는 데 있었다. 이런 사실은 당시 비밀전문의 주된 현안이었다.

그런데 5·16 쿠데타에 대한 미국의 태도를 생각하면서 반드시 고려해야 할 사건이 있다. 당시 미국의 존 F. 케네디(John F. Kennedy) 행정부가 온통 쿠바 사건에 사로잡혀 있었다는 사실이다. 서울은 워싱턴 D.C.에서 태평양을 건너 1만 1189킬로미터나 떨어져 있었지만, 쿠바는 바로 미국의 코밑에 있었고 사태도 훨씬 심각했다.

5·16 쿠데타가 발생하기 한 달 전인 1961년 4월 미국은 피델 카스트로(Fidel Castro)의 쿠바 정부를 전복하기 위해 1,400명의 쿠바 망명자들을 훈련시켜 쿠바 남부에 침투시켰으나 결과는 참혹한 실패였다. 케네디는 미국의 개입을 부정했으나 국내외적으로 정치적 곤경에 처해 있었다. 이 사건으로 미국은 쿠바의 주권을 침해했다는 비판을 받게 되었다. 쿠바는 이후 소련의 핵미사일을 자국 영토 내에 배치하며 1962년 10월 쿠바 미사일 위기를 자초하게 된다. 쿠바 미사일 위기는 역사상 세계가 핵전쟁에 가장 근접했던 위험한 순간이었다.

이처럼 5·16 쿠데타를 전후한 시기 내내 미국은 쿠바 사태에 휘

213. Telegram From the Commander in Chief, U.S. Forces Korea (Magruder) to the Joint Chiefs of Staff

Seoul, May 16, 1961, 5:45 p.m.

EUSA JOC 70305. 1.(C) At approximately 3:00 am on the morning of 16 May 1961, General Magruder was called on the telephone by Lt General Chang Do Young, Chief of Staff, ROKA, who informed General Magruder that an attempted military coup of the ROK Government was in progress. At this time, he requested that US MPs be committed against ROK Marines. General Magruder refused.

2.(C) General Chang stated that the coup was led by Maj General Pak Jung Hui and that also involved were elements of the 1st Marine brigade from Kimpo Peninsula, the 30th, 31st, 33d reserve divisions, and the ROK Special Forces.

3.(C) Later information indicated that Maj General Pak Jung Hui, Deputy CG, SROKA, assumed command at 6th Military District Headquarters at approximately midnight. At approximately 0300 hours, the reserve battalion of the 1st Marine Brigade of Kimpo peninsula started north across the Soul Han River bridge where a fire fight developed with ROKA MPs. It later developed that the battalion was led by Brig Gen Kim Yun Geun, CG of the 1st Marine brigade.

4.(C) Maj Gen Pak Jung Hui then proceeded to treat with Lt Gen Chang Do Young, in an effort to get Lt Gen Chang to lead the military coup. The KBS radio facilities in the hands of Maj Gen Pak Jung Hui forces, starting at 0500 hours KST, began to make broadcasts in the name of the Revolutionary Committee. The broadcast was made in the name of Lt Gen Chang. It is not believed that Lt Gen Chang authorized the use of his name for this purpose.

5.(C) The Military Revolutionary Committee released a statement that the committee had assumed control of the legislative, executive, and judicial branches of the ROK Government. The action was taken to terminate corruption and overcome the difficult situation facing the nation. The committee promised that the new government will (1) be strictly anti-Communist, (2) root out corruption, (3) observe the UN Charter and all international agreements and cooperation with the US and all other free nations, (4) endeavor to stabilize the national economy, (5) unify Korea as an anti-Communist nation, and (6) turn over the reins of gov-

Source: Kennedy Library, National Security Files, Countries Series, Korea, Cables, 1/20/61–5/17/61. Confidential. Repeated to the White House, which is the source text, and passed to Ottawa, where President Kennedy was making a State visit to Canada May 16–18. Also repeated to CINCPAC, the Embassy, USIS, and USOM in Seoul, and 16 U.S. military commanders in East Asia.

▲ 1960년 5·16 쿠데타 직후 매그루더 주한미군 사령관이 미국의 합동참모본부에 박정희 소장의 쿠데타 과정과 군부의 '혁명공약'을 보고한 전문. 매그루더 사령관은 당일 새벽 3시 장도영 장군으로부터 전화로 연락받았다고 기록하고 있다(케네디 대통령 기념 도서관 소장 원문 자료를 국무부가 역사적 기록을 위해 책자로 정리했음).

말려 있었다. 객관적 상황을 생각하면 서울에서 발생하는 사태는 6·25 남침 같은 북한의 재도발이 없다면 미국에 있어 부차적인 문제였다. 비밀전문에서 나오지만, 미국의 주된 관심은 북한의 도발

가능성과 북한의 오판을 초래할 수 있는 남한 내부의 심각한 동요였다.

한미관계의 격변기마다 미국은 한반도가 아닌 다른 지역에서 심각한 상황에 빠져 있었다. 1972년 박정희 대통령의 10월 유신 선언 때 미국은 베트남전쟁의 깊은 수렁에서 허우적거리고 있었고, 1979년 12·12 쿠데타, 1980년 5·18 광주 유혈진압 때 지미 카터 행정부는 이란 대사관 인질 사건으로 최악의 정치적 위기를 맞고 있었다. 4년마다 돌아오는 미국의 대통령 선거도 한반도에 대한 미국 행정부의 집중력을 떨어뜨리곤 했다. 결국 한미관계의 결정적 변곡점에 미국의 치밀한 배후 역할이 있었다기보다는 한국 내에서 군부가 먼저 움직이고 미국은 사후 수습을 하는 역할을 맡았다는 쪽이 진실에 가까웠다.

다시 5·16 쿠데타 당시의 상황을 보자. 5·16 쿠데타 직후 미국 정보 당국의 비밀 보고서를 살펴보면 초기 미국의 당혹감이 드러난다. 미국 중앙정보국, 국무부 정보 담당, 국방부, 육해공군 및 합동참모본부가 쿠데타 발생 보름 후인 1961년 5월 31일 워싱턴 D.C.에서 만나 작성한 정보 분석 보고서 내용이다.

대한민국 내 군사 쿠데타의 의미 평가, 향후 수개월간 동향 분석
결론
1. 박정희 소장이 이끄는 현재의 쿠데타 그룹은 명목상의 문민정부가 다시 수립되든 되지 않든 앞으로 수개월 이상 남한의 주요 권력을 장악할 것으로 보인다.

2. 쿠데타 그룹은 한국 정부의 경제적·행정적 노력에 새로운 원칙과 바람을 불어넣을 것이고 부패 척결 등에서 일정한 진전을 볼 수도 있다. 하지만 이들이 물려받은 수많은 현안들, 그리고 이들 쿠데타 지도자들이 스스로 만든 문제들을 감안하면 경험이 부족할뿐더러 외부의 조언에 거부감을 가진 이들은 여러 상황을 더욱 악화시킬 수도 있다.

3. 쿠데타 그룹들은 다양한 요소와 이해관계로 얽혀 있다. 만약 박정희와 그의 동료들이 그룹들을 더 큰 대의 아래 뭉치도록 하지 못한다면 한국 정치는 분파적인 갈등과 군부 내의 주기적인 권력 이동의 패턴을 따를 수도 있다.

4. 남한의 쿠데타 지도자들은 지금까지 미국이 주로 만나왔던 민간 지도자들이나 군부 고위층과는 다른 새로운 부류(a new and different breed)의 사람들이다. 그들의 권위적이고 민족주의적인 성향으로 보건대 앞으로 그들은 미국의 방침(guidance)에 대해 순순히 따르지(less receptive) 않을 것 같다. 더욱이 그들은 다루기 힘들고 단호해서 상대하기가 어려울 것이다. 아마도 그들은 자국의 대미 의존도를 감안해 미국과의 긴밀한 관계(alignment)를 지속하려고 할 것이다. 그러나 동시에 그들은 군사적·경제적·정치적 측면에서 한국의 독자성 강화를 추구할 것이다. 한국-유엔군 사령부 관계는 지속적인 어려움의 원천이 될 가능성이 있다.

5. (군사)정권이 공식 천명한 입장은 반공이고 박정희가 여전히 공산주의자들과 연계되어 있다는 주장을 입증할 만한 증거는 없다. 그러나 그가 장기간에 걸친 공산주의 공작원일 가능성은 배제할 수 없다. 또한 남한 내 공산주의는 억압적인 정부 조치에 대한 학생 및 시민들의

봉기와 경제 상황 악화의 경우 진전될 수도 있다.

6. 쿠데타 지도자들은 지금 내부 문제에 골몰하고 있으며 아직 그들의 대외 정책에 대해서는 명확하게 밝히지 않았다.[15]

5·16 쿠데타 발발 20여 일 뒤인 6월 9일 미국 대사관은 국무부에 보낸 전문에서 장도영 참모총장이 쿠데타 주도 세력에 의해 제거된 것을 우려했다. 장도영은 보다 온건한 인물로 평가받았으며 5·16 주도 세력을 제어하고 문민 통치 복귀의 속도를 앞당겨줄 인물로 기대를 모으고 있었다. 6월 9일자 한국 대사관 전문은 쿠데타군의 최고위원회에서 장도영 참모총장이 제거된 이후 상황에 대한 분석 평가를 담고 있다.

"… 박정희가 장도영을 제거한 목적은 최고위원회를 보다 충성스러운 그룹으로 만들기 위한 것이다. … 지금 쿠데타는 두 번째 단계로 진입하고 있다. … 좋아지든 나빠지든 우리로서는 (군사)혁명이 멈출 수 없는 힘에 의해 진행되고 있다는 것을 두고 볼 수밖에 없다. 이런 힘을 바꾸기 위해 우리가 적용하려는 어떤 일도 이 단계에서는 먹히지 않는다. 무엇보다 박정희와 쿠데타군 지휘부는 말 그대로 목숨을 걸고 싸우고 있으며 우리 말을 경청할 리가 없다. … 우리가 정책 결정 과정에서 명심할 것은 한국과의 총체적 관계이다. 그리고 박은 아마도 지나가는 현상일 수도 있다. 동시에 현재로서는 우리가 박을 지원하면서 점점 커지고 있는 그의 힘을 절제하고 지혜롭게 사용하도록 권장하는 것 외에는 다른 대안이 없다."[16]

버거 주한 대사가 미 국무부에 보낸 7월 15일자 전문에는 박정희

▲ 미국 중앙정보부 등이 5·16 쿠데타 보름 뒤에 군부 쿠데타 세력에 대해 분석한 보고서. "박정희가 여전히 공산주의자들과 연계되어 있다는 주장을 입증할 만한 증거는 없다. 그러나 그가 장기간에 걸친 공산주의 공작원일 가능성은 배제할 수 없다. 또한 남한 내 공산주의는 억압적인 정부 조치에 대한 학생 및 시민들의 봉기와 경제 상황 악화의 경우 진전될 수도 있다."라는 내용이 포함되어 있다.

주변에 공산주의자가 포진했을 수도 있다는 내용이 실려 있었다.

"박 소장과 김종필 중령을 비롯한 몇몇 혐의자에 대한 공산주의자 여부는 평가가 끝났지만, 쿠데타의 신속함과 치밀한 계획성, 소련·북한 등의 반응에 비춰보면 쿠데타군 내부에 공산주의자가 잠복해 있을 가능성은 충분히 있다."

더구나 16일 오후 7시 "한국 장교가 일으킨 의거에 대해 왜 미군이 간섭하는가?"라는 평양방송 보도는 박정희를 더욱 불리하게 만들었다. 실제로 평양의 반응은 뜻밖이었다. 이 무렵 평양은 한국 정세에 고무돼 있었다. 5·16 쿠데타 1년 전인 1960년 6월 13일 김일성은 모스크바를 방문하고 돌아오는 비행기 안에서 평양 주재 소련 대사 푸자노프에게 '남조선혁명'에 대해 희망적인 견해를 피력했다. 러시아 외무부 문서보관소에서 소장하고 있던 푸자노프 대사의 「비망록」(6월 13일자)에 기록돼 있는 김일성의 발언 내용은 다음과 같다.

"남조선에는 노동당 지하당원이 1,000~2,000명이 존재하고 있다. 우리의 대남노선은 새로운 진보정당과 단체들의 창설을 고무하는 것이다. 현재 그런 당으로는 한국사회당과 사회대중당 등이 있다. 우리는 이 당들의 지도부와 우호적인 관계를 유지하고 있다. 남조선 정부의 일부 주요 지위에는 우리 사람들이 박혀 있다."

김일성의 얘기에는 소련 앞에서 자신의 한반도 내 영향력을 부풀리려는 과장도 섞여 있었겠지만, 그러나 그는 혁신계 정당과 사회단체, 그리고 학생들의 급진적 통일운동에 대해 일정한 기대를 갖고 있었다. 그런 마당에 과거 공산주의 활동 경력이 있는 군부 인사들이 5·16 쿠데타를 성공시키자 박정희의 친형과 절친한 친구이자 월북 이후 무역성 차관을 지낸 황태성을 밀파한다.[17] 황태성 밀사 사건은 5·16에 대한 북한의 의중을 잘 보여준다. 황태성의 조카사위 권상능의 증언이다.

"1961년 8월 30일로 기억됩니다. 박정희 최고회의 의장을 만나기 위해 밀사로 내려왔다고 하더군요. 나에게 한 이야기의 요지는 이렇습니다. '남조선에서 군사 쿠데타가 났을 당시 김일성 수상은 쿠데타 주체의 과거 경력과 관련해 어떤 가능성을 내다보고 쿠데타의 성격이 무엇인지, 박정희의 의도가 무엇인지 파악하려고 했다. 그래서 김일성 수상은 남한에서 월북한 사람 가운데 박정희와 잘 아는 사람을 찾기 시작했다. 이때 내가 자진해서 내려가겠다고 나섰다.'"

황태성은 박정희가 가장 존경했다는 중형(仲兄) 박상희의 친구였고 남파 직후 박정희와 연이 닿을 수 있는 인물들을 실제 만났지만 결국에는 당시 군부에 의해 체포되었다. 당시 권상능의 기억에 따르면, 황태성은 중앙정보부의 조사를 거쳐 육군본부 내 육군중앙고등군법회의에 회부됐다. 반공법, 국가보안법상의 간첩죄로 사형 판결을 받았다. 대법원까지 갔는데 처음에는 법률 적용이 잘못되는 등의 이유로 원심이 파기되고 고등법원에 환송됐으나 곧 고등법원 재판에서 사형이 확정됐다.

사형 집행일은 1963년 12월 14일이었다. 박정희 대통령 취임 사흘 전이었다. 권상능은 "2년간이나 확정 판결이 내려지지 않다가 선거 과정에서 크게 말썽이 나자 갑자기 서둘러 처형한 느낌"이었다고 말했다. 그리고 12월 17일 박정희 대통령의 취임식이 있었고 제3공화국이 탄생했다. 1963년 대통령 선거전에서 윤보선 민정당 후보는 "간첩 황태성이 가지고 온 20만 달러로 공화당을 사전 조직했다."라고 주장하면서 '사상 논쟁'에 불을 질렀다.[18]

박정희는 이처럼 국내의 사상 공세에 시달렸지만, 미국과의 관계를 개선하며 권좌에 안착한다. 당시 미국의 판단 기준은 간단했다. 남한의 취약한 정치 체제가 북한의 남침 유혹을 불러일으킬 수 있다는 우려였다. 그레그 전 대사의 《한겨레신문》과의 인터뷰 내용(「도널드 그레그, 박정희 정권을 말하다」, 5·16 쿠데타 50주년 인터뷰, 2011년 5월 12일)이다.

"북한은 1950년대에 남한보다 국력이 훨씬 강했다. 1960년대에 북한의 침략에 대한 남한의 공포는 매우 컸다. 또 당시 김일성은 북한에서 매우 강력한 지도자였고, 소련의 강력한 지지를 받고 있었다. 당시 남한의 장면 정부는 매우 진보적이었지만, 강력하지 않았다. 북한이 이를 틈타 공격한다면, 남한은 무너졌을 것이다. 나는 그것이 박정희의 쿠데타 동기 중 하나가 됐다고 본다. 당시 미 정부 안에서 두 가지 반응이 있었다고 생각한다. 하나는 장면 정부가 (1960년 정권교체 이후) 효과적으로 대처하지 못한 점에 대한 실망감, 그리고 국방부를 중심으로 박정희가 반공 군부 지도자라는 점에서 북한으로부터의 공격에 효과적으로 대처할 수 있다는 기대감이 있었다고 본다. 당시 케네디의 관심은 온통 (1961년 4월 17일 벌어진) 미국의 쿠바 피그만 침공 실패에 집중돼 있었다. 이어 1962년에는 쿠바 미사일 위기가 닥친다. 그는 아마 한국에 관심을 기울일 여유가 없었을 것이다."[19]

미국은 5·16 쿠데타 지도부에 대해 민정 이양을 계속 독촉하면서 결국 박 정권을 인정한다. 존 F. 케네디 대통령은 그해 11월 박정희 최고회의 의장과 백악관 회담을 갖고 1961년 11월 15일 공동성명을 발표했다. 여기에는 "장기 계획에 의거한 한국 경제 발전의 성공적 완성이 민주주의의 기초를 확립하고 한국의 강력한 반공 태세를 유지하는 데 필요불가결의 요소라는 것을 인정하면서 케네디 대통령은 5개년 경제개발계획안에 지대한 관심을 표명하였다."라는 내용도 포함됐다.

미중 수교에 놀란 박정희, 발 빼는 미국
: 아시아 독트린과 10월 유신

민주주의 종주국이라는 미국은 왜 한국에서 유신이라는 '총통 종신 체제'의 등장을 방관했을까. 미국은 언제 박정희의 유신 선포 계획을 알았을까. 놀랍게도 박정희는 미국 대선 기간을 노렸고 베트남 수렁에 빠진 미국은 한국에 신경 쓸 겨를도 없었다. 주한 미국 대사가 박정희 정부로부터 유신 선포 계획을 통보받은 것은 불과 하루 전이었다.

"박정희 대통령의 10월 유신 조치는 앞으로도 12년 이상 집권하면서 반대 세력을 허용치 않고 통치권을 강화하겠다는 의사의 표명이다. 이를 막지 않으면 한국에는 완전한 전제 정권(a complete authoritarian government)이 들어설 것이다. (비록 북한에 맞서기 위해서는 박이 국내 입지를 강화해야 할 필요성이 있다고 하더라도) 객관적 상황을 볼 때 그런 조치가 필요하지 않다는 사실은 의심할 여지가 없다."[20]

필립 하비브(Philip Habib) 당시 주한 미국 대사는 1971년 10월

17일 유신 발표 직후 국무부에 심각한 상황 인식을 담은 전문을 보냈다. 하비브 대사의 비밀전문에서 보듯이 유신에 대한 미국의 입장은 분명했다. 문제는 어떻게 미국이 대응할 것인가였다. 서울의 미국 대사관저를 한옥으로 만들었을 정도로 한국에 대한 이해가 높았던 하비브였지만, 박정희의 전격적인 유신 조치는 눈치채지 못했었다. 그는 10월 16일 오후 6시 김종필 총리로부터 25시간 뒤 공식 발표될 내용의 사본을 받고서야 알게 되었다. 하비브가 받은 사본의 내용은 비상계엄 선포, 기존 헌법 폐기, 국회 해산, 대통령 간선제가 골자였다.

박정희 정부는 미국의 대선 기간을 염두에 두고 유신을 발표했다. 1972년 미국 대선을 코앞에 둔 미국 행정부는 베트남전쟁 상황 때문에 어려운 처지였다. 올리버 스톤 감독의 영화 「닉슨」을 보면 나오듯 워싱턴 백악관 앞이 반전시위로 물결치던 시기였다. 영화에는 어느 새벽 시위대가 농성 중인 링컨 기념관에 닉슨이 불쑥 방문하는 장면이 나온다. 리처드 닉슨 대통령과 헨리 키신저 국무장관은 베트남이 아닌 다른 지역 상황에 신경을 쓸 겨를조차 없었다.

이런 정황을 먼저 이용한 것은 페르디난드 마르코스(Ferdinand Edralin Marcos) 필리핀 대통령이었다. 그는 박정희 대통령보다 3주 앞서 계엄령을 선포하며 필리핀 정계를 자신의 독재 체제로 바꿨다. 미국은 개입하지 못했고, 박정희 대통령은 아마도 마르코스의 정치 쿠데타 성공에 자극받았을 것이다. 《워싱턴포스트(The Washington Post)》 외교 전문 기자 출신인 돈 오버도퍼의 인터뷰에 따르면, 당시 국무부의 아시아 담당 마셜 그린 차관보는 "워싱턴은

한국 문제에 신경 쓸 여유가 없었다."라고 말했다.[21]

하비브 대사는 같은 날 "미국이 단호한 조치를 즉시 내리지 않으면 박 대통령은 예정된 수순을 밟을 것이고 이는 아무도 말릴 수 없을 것"이라고 보고했다.

"미국이 몇 시간 내에 박 대통령의 마음을 돌리도록 해야 할 책임은 없다. 그러나 장기적으로 볼 때 박 대통령은 우리와 다른 나라들의 관계에서 큰 문제를 자초하고 있다고 판단된다. 미국은 한국의 내정과는 어떤 식으로든 무관하다는 점을 분명히 하면서 대외적 코멘트에도 극히 신중해야 한다."[22]

하비브 대사가 사전에 받은 박 정권의 유신 발표문 사본에는 비상계엄 선포, 기존 헌법 폐기, 국회 해산, 대통령 간선제 등의 내용과 함께 '왜 이 같은 조치가 필요한지' 설명하는 대목이 있었다. 미국의 대(對)중국 화해 접근에 따른 국제정세의 변화가 한반도에 중대한 안보 위협을 불러왔기 때문에 극단적 조치가 불가피하다는 얘기였다. 국무부는 하비브 대사에게 그 같은 발표문에 항의하라는 지시를 받았다. 워싱턴에서도 윌리엄 로저스 국무장관이 김동조 주미 대사를 직접 만나 이 문제를 거론했다.

미국의 문제 제기 때문에 실제 발표문에서는 미국의 대중국 화해 접근 정책에 대한 언급은 빠졌다. 하지만 여전히 '강대국'이라는 표현을 넣음으로써 미국을 자극했다. 김용식 외무장관은 '강대국'이 미국을 의미하는 것은 아니라고 하비브 대사에게 설명했지만 이미 미국을 불쾌하게 만들었다.[23] 박정희 정권이 반민주주의적인 조치를 취하면서 미국의 데탕트 외교정책을 이유로 걸고넘어졌기 때문이었다.

실제로 박정희의 유신은 1971년 대선에서 김대중 후보를 가까스로 이기면서 더 이상 직선제 선거로써 정권을 유지할 수 없다는 판단과 함께 국제정세 변화에 따른 박 정권의 우려가 낳은 산물이라고 볼 수 있다. 미국은 이미 1969년부터 주한미군 철수를 검토하기 시작한다. 닉슨 대통령이 1969년 7월 괌에서 새로운 아시아 정책의 기본 개념을 밝혔고 이듬해 2월 '아시아의 방위는 아시아의 손으로' 이뤄야 한다는 내용의 닉슨 독트린을 발표한다. "미국이 다른 나라에 군사물자는 지원할 수 있어도 더 이상 병력 지원은 할 수 없다."라는 내용도 포함됐다.

10월 유신이 발표된 뒤 탱크와 군 병력이 서울 시내 정부 청사와 주요 관공서, 언론사, 시내 주요 거리에 배치되고 정치인들이 대대적으로 검거되자 하비브 대사는 10월 23일 다시 워싱턴에 정세 분석 비밀전문을 보냈다.

"박 대통령은 미국이 한국에서 지난 27년 동안 지지해온 정치철학과 다른 방향으로 돌아서고 있다. 박 대통령은 행정부 권력에 대한 의회와 국민의 제한(limitations), 대통령 직선제에 따른 정치적 불확실성과 반대 세력의 강화 등을 민주주의의 문제점이라고 생각한다. 우리가 오히려 장점이라고 생각하는 제도들을 박정희는 철폐하려고 한다. 한미 간의 역사적 유대 관계, 대한방위조약, 그리고 주한미군 등을 생각할 때 이런 사태에 대해 우리는 어떻게 대응해야 할 것인가."[24]

하비브 대사와 미국은 딜레마에 처했다. 박 대통령을 말리는 것은 불가능해 보였다. 이미 서울 시내에 진주해서 친위 쿠데타를 진행 중인 한국 군대를 주한미군이 격퇴할 수도 없는 일이었다. 박정희가 미중 접근 정책을 핑계로 내세우기도 했지만, 실제로 미국은 한국을 포기할 수도 있다는 전제 하에서 움직이고 있었다. 미국이 커다란 충돌을 야기하며 '이미 결심한' 박정희를 되돌리기도 힘들었다. 미국이 박정희를 설득해 반민주주의적인 조치 중 일부라도 완화시키려 할 경우 이 역시 한국 사회에서는 '일단 유신 조치를 인정한다'라는 간접 메시지를 보내는 것처럼 해석될 수도 있었다. 하비브 대사는 미국이 취할 수 있는 조치는 유신 체제와 관련해 미국이 협의하지 않는 것이라고 생각했다. 또한 미국은 한국의 정변에 개입하지 않겠다는 정책을 취할 수밖에 없다고 결론지었다.

"그 같은 (불개입) 정책을 취하는 것은 곧 미국이 한국의 정치 상황 전개에 어떤 식으로든 영향을 행사할 수도 없고 행사하려고 해서도 안 된다는 현실을 받아들인다는 것을 의미한다. 우리는 이미 한국에 대한 개입 수준을 점진적으로 낮추는 과정에 들어갔다. 이 분리(disassociation) 속도를 높여야 한다. (10월 유신에 대한) 우리의 정책은 그런 분리정책(disentanglement) 맥락과 일관된 것이다."[25]

미국 정부의 입장도 대사관과 같았다. 3일 후 국무부가 보낸 답변은 "우리는 분리정책(a poilicy of disassociation)에 동의한다. 정책 추진 과정에서 우리는 한국 정부와 공개적인 논쟁을 삼가고 오직 필요하고 적절한 때만 우리의 의견을 은밀히 제시하고자 한다."라는 것이었다.[26]

그로부터 3개월 후 김종필 총리가 워싱턴을 방문했을 때 닉슨 대

서가명가

서울대 가지 않아도 들을 수 있는 명강의 ○

* 서가명강 시리즈는 계속 출간됩니다.

프레임
굿 라이프

최인철 지음 | 각 값 20,000원

서울대 행복연구센터장
최인철 교수가 전하는
나 그리고 내 삶을 바꾸는
심리학의 지혜

위어드

조지프 헨릭 지음 | 유강은 옮김 | 값 42,000원

서구 문명은 어떻게 세계를 지배하는가?

서구의(Western), 교육 수준이 높고(Educated), 산업화된
(Industrialized), 부유하고(Rich), 민주적인(Democratic),
5가지 키워드는 어떻게 현대 서구 문명의 번영을 가져온 것
인류 역사를 따라 문화, 제도, 심리의 공진화를 파헤치다.

우리의 기원, 단일하든 다채롭든

강인욱 지음 | 값 19,800원

우리는 결코 외롭거나 고립된 민족이 아니었다

이 땅에서 살아남기 위해 우리는 끊임없이 교류했다. 단일
이라는 증명되지 않은 신화를 벗어던지고 유라시아 여러
과 교류하며 살아온 수천 년 우리의 역사가 새롭게 펼쳐
이 책은 고고학 연구를 통해 한반도의 과거와 미래를 인
고, 세계 속의 대한민국을 향해 첫걸음을 내딛는 지침서
것이다.

우리는 왜 타인의 욕망을 욕망하는가

이현정 지음 | 값 17,000원

타인 지향적 삶과 이별하는
자기 돌봄의 인류학 수업

타인의 시선에서 벗어나 우리는 조금 더 행복해질 수 있
한국 사회에 만연한 우울과 불안, 타인에 의해 이끌리는 현
의 천편일률적인 삶을 사회문화적으로 고찰하며 진정한
욕망과 삶의 형태를 찾아 스스로 돌볼 수 있는 방법을 찾
와준다.

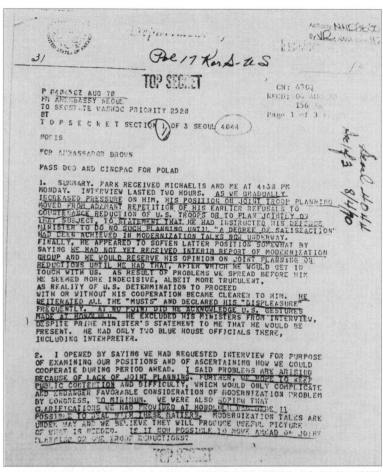

▲ 1970년 윌리엄 포터 주한 미국 대사와 미8군 사령관이 박정희 대통령을 만나 미군 철수 계획을 논의한 뒤 국무부에 보낸 비밀전문. 미국 측은 박 대통령에게 닉슨 독트린에 대한 이해를 구하며 병력 감축의 필요성을 강조했지만 박 대통령은 반발했다는 내용이 실려 있다.

통령은 비공식적으로 그에게 "내 전임자들과는 달리 나는 한국의 내정에 간섭할 생각이 없다."라고 말했다. 미국은 한국의 정치적 미래에 대한 영향을 줄여나갔던 것이다.[27]

더욱이 닉슨 대통령의 닉슨 독트린 선포 후, 박정희 대통령은 미국의 태도에 크게 우려했다. 당시 미국 대사와 주한미군 사령관이 박 대통령에게 닉슨 독트린에 대한 이해를 구하며 병력 감축의 필요성을 강조했다. 하지만 박 대통령은 반발했다. 1970년 8월 3일 박정희 대통령은 윌리엄 포터 주한 미국 대사, 미8군 사령관 존 마이켈리스(John Michaelis) 장군과 면담에서 다음과 같은 내용의 발언을 했다.

"박 대통령은 오히려 화를 내면서 '3월 27일에 미국의 입장을 밝힌 최초의 공식 문서를 전달받고 몇 년의 시간이 필요하다고 요청했는데도 이에 대한 미국 정부의 반응은 유감스럽다.'라고 말했다. 향후 몇 년간이 매우 중요하기 때문에 재고해달라고 요청했다. '그러나 미국의 국내 상황이 정 어려워 기다리기가 힘들다면 한국군이 북한의 침략을 저지할 만큼 강화되고 단독으로 안보를 지킬 수 있게 된다는 조건 하에서는 굳이 반대하지 않겠다.'"

앞서 닉슨은 1969년 2월 집권하자마자 이전 존슨 행정부에서 검토해온 주한미군 철수에 관한 국가안전보장회의의 연구 계획을 계속하도록 승인했고, 1970년 3월 한국으로부터 1개 보병사단을 철수키로 하는 국가안보결의각서 48호(National Security Decision Memorandum 48)를 발표했다. 주한미군의 철수는 베트남, 태국, 일본, 필리핀에서의 미군 철수와 함께 진행됐다. 1969년 1월 6만 3000명이던 주한미군은 1971년 12월 4만 3000명으로 2만 명이 줄었다.[28]

이 같은 주한미군 철수 정책에 대한 박정희 대통령의 불안감에는 근거가 있었다. 베트남전쟁의 수렁에 빠져 있었던 미국은 북한의 도발에 대한 대응에서 소극적이었다. 특히 1968년 1월 21일 북한의 무장 게릴라들이 청와대를 습격하는 사건이 발생했을 때, 한국은 생포한 게릴라를 조사한 결과 그들의 침투 목적이 박정희 대통령과 주한 미국 대사 포터를 암살하기 위한 것임을 밝혀냈다고 발표했다. 그러나 포터 대사는 미국이 북한에 보복하지 않을 것이라는 성명을 냈고, 오히려 박정희 대통령에게도 한국의 어떤 대북 보복 조치도 미국의 강력한 반대에 직면할 것이라고 경고했다.[29]

북한은 1·21 사태 이틀 뒤에 원산항 근처에서 미 해군 정보수집함 푸에블로호를 나포했다. 83명의 미 해군 승무원들이 포로로 잡혀 고문과 구타를 당했지만, 미국의 대응은 미온적이었다. 오히려 미국은 '평양을 보복 공습하자'라는 박정희의 요청을 거절했다. 당시 린든 존슨 대통령은 현재로서는 미국 승무원들의 안전한 귀환이 더 시급한 과제라고 밝혔다.[30]

사건 발생 직후인 그해 2월 사이러스 밴스(Cyrus Roberts Vance) 국방차관이 푸에블로 나포 사건에 대한 미국의 입장을 밝히기 위해 한국에 왔다. 밴스 차관은 "나의 목적은 박정희 대통령과 한국군이 북한에 대한 경솔한 조치를 취하는 것을 방지하기 위한 것이었다. … 한국이 미국과의 충분한 협의 없이 이런 조치를 취할 경우 한미관계는 전반적으로 재평가될 것이다."라고 밝혔다.[31]

미국의 소극적 대응은 1969년 4월 15일 북한의 미그 전투기가 미국의 EC-121 정찰기를 격추했을 때 확연해졌다. 격추 지점은 북한 해안에서 90마일 떨어진 지점으로 국제 공역이었고, EC-121은 비무장 항공기였다. 미국의 닉슨 행정부는 당초 북한 폭격, 북한 항구 파괴, 북한 선박 나포 등의 군사 대응을 고려했으나 윌리엄 로저스 국무장관, 멜빈 레어드 국방장관의 신중론을 따르기로 했다. 북한의 푸에블로호 납치, EC-121 격추 때마다 엔터프라이즈 항공모함 등이 동해에 출동했으나, 이는 단순히 '무력시위'였을 뿐이었다.

미 행정부는 당시 원자폭탄을 이용한 공습까지 언급했으나 미국의 군사작전은 북한의 반격, 갈등의 확산에 대한 우려 때문에 실행될 수 없는 옵션들이었다. 이 같은 논의 과정은 2010년 비밀 해제된 닉슨 행정부의 회의록에도 자세히 나와 있다.[32] 이 비밀 해제 자료집에는 "새로 공개된 안보 자료들은 '닉슨 행정부의 절망적인 군사 옵션 모색(Nixon's frustrating search for Military options)'에 대해 조명하고 있다"라는 부제가 붙어 있다.

미국으로서는 베트남전쟁 패배로 인해 아시아에서 더욱 발을 뺄 수밖에 없게 되었다. 미국 내의 반전 여론과 시위가 심각한 수준이었다. 베트남과 아시아 주둔 미군을 줄이는 것은 미국 행정부와 의회로서는 피할 수 없는 선택이었다. 동시에 닉슨 행정부는 6·25전쟁 이후 적대 관계이던 중화인민공화국과 관계를 개선함으로써 아시아에서 소련의 영향력을 견제하고 장기적으로 아시아에서 중국과의 협력 관계를 구축하려고 했다.

주한미군의 감축과 1971년 7월 9일 헨리 키신저 백악관 안보 담당 보좌관의 극비 방중, 이어 리처드 닉슨 대통령의 방중은 대한민국 방위의 절대적인 부분을 미국에 의존하던 한국 정부로서는 청천벽력 같은 변화였다. 이런 상황에서 박정희는 유신독재로 나아가며 '자주국방'에 핵무기 개발까지 진행하고, 미국은 한국 내정에 대한 영향력을 줄여나간다. 책임지지 못 할 일에 개입하지 않겠다는 태도였다.

하지만 김대중 문제에는 달랐다. 중대한 인권 문제, 특히 한국 안팎에서 심각한 정치적 문제로 대두될 김대중 납치 사건에 대해서는 미국은 초동부터 개입했다. 유신 조치가 발표될 당시 일본을 방문 중이었던 김대중 전 신민당 대통령 후보는 일본에서 유신독재를 비판하는 활동을 전개했다. 1973년 8월 8일 김대중이 일본 도쿄의 호텔에서 납치되었을 때 하비브 대사는 김대중의 목숨을 구하고 한국 내부 및 한일 간에 발생할 심각한 위기를 막기 위해 즉각적인 조치를 취했다. 대사관 회의를 소집해 김대중 납치가 누구의 소행인지 24시간 내에 파악하라고 지시했다. 신속한 대응 덕분인지 김대중은 납치된 지 닷새 만에 서울 동교동 자택 인근에서 풀려났고, 36시간 후 가택연금 상태에서 기자회견을 할 수 있었다.

또한 미국은 서울대학교 법과대학 최종길 교수가 1973년 10월 중앙정보부에서 고문으로 숨지자, 고문치사에 항의하며 이후락 당시 중앙정보부장을 신직수 법무장관으로 교체시켰다. 물론 여기에는 이후락과 당시 대통령 경호실장 박종규의 갈등 관계가 작용했지만, 이후락을 강판시켰던 데는 미국 대사관이 직접 개입했다. 도널드 그레그 당시 CIA 한국지부장은 《한겨레신문》과 한 인터뷰(2011년 5월 12일자)에서 이렇게 증언했다.

"(최종길 교수 사건 이후) 나는 박종규 경호실장에게 가서 이렇게 말했다. '… 최 교수에게 무슨 일이 벌어졌는지 나도 알고, 당신도 안다. 중정의 일이다. 나는 북한에 맞서 중정을 돕기 위해 한국에

왔다. 그런데 나는 중정이 북한에 대해 일하기보단, 박정희 정권의 반대 세력을 억누르는 데만 골몰하고 있다고 생각한다. 나는 이런 식의 관계가 매우 불편하다.' 일주일 뒤, 이후락이 경질됐다. … 이 후락의 뒤를 이어 신직수 전 법무장관이 중앙정보부장이 되었다. … 신직수는 중정에 '고문을 중지하라'는 내부명령을 내렸다.”

10월 유신은 미국과 한국의 관계가 근본적인 변화를 일으키는 과정에서 진행됐다. 미국은 '아시아의 안보는 아시아의 손으로'라는 닉슨 독트린으로 베트남·한국에 대한 부담을 줄이려고 했고, 한국은 미국이 과거와 같은 동맹 후원국에서 멀어져 가고 있음을 느꼈다. 미국은 종신 총통제로 나아가는 유신 체제를 제어하려고 했지만, 이럴 경우 아시아에 다시 깊숙이 개입해야 하는 딜레마가 발생했다. 베트남전쟁의 수렁에서 벗어나기 위해 발을 빼던 미국은 한국에 신경 쓸 겨를이 없었다.

박정희는 미국에 더 이상 의존할 수 없다고 판단했고 미국의 간섭에도 개의치 않게 되었다. 한미동맹은 더 이상 시혜−수혜 관계가 아닌 방향으로 움직였다. 이 같은 추세는 미국의 국내 정세 변화, 국제적인 곤경과 맞물리면서 1980년 초까지 악화일로로 치닫는다.

카터 쇼크: 한미 정부 최악의 갈등

“한국 정부는 미국으로부터 무엇을 기대할 수 있을지 확신할 수 없게 되었고 우리 역시 한국 정부에 대해 그때그때 사정에 따라 즉

흥적으로 대응할 수밖에 없게 되었다. 예를 들어 미국은 주한미군의 장기 주둔 여부에 대해 한국인들에게 분명하게 확인해주지 않았다. 또 미국은 박정희 대통령의 첨단무기 개발 노력은 막으면서도 정작 미국이 어떤 군사기술을 이전해줄 것인지에 대해서도 분명하게 밝히지 않았다. 그런 불확실성 때문에 박 대통령은 언제 미군이 철수할지 모르는 상황에 대비하고 있다. 국내의 정치적 탄압과 핵무기 개발도 이런 상황에서 빚어지고 있다. 미국의 현 정책은 또한 북한으로 하여금 미군이 철수할 것이라는 낙관론을 품게 만들고 있으며 일본도 한국의 장래에 대해 불안감을 갖고 있다."[33]

1975년 리처드 스나이더 주한 미국 대사가 본국에 보낸 비밀전문은 긴급조치 시대 한미관계의 내막을 엿보게 해준다. 닉슨 독트린과 미중 접근, 주한미군 감축, 북한의 잇따른 도발에 대한 미국의 미온적인 대처를 본 박정희 정권으로서는 미군 없이 북한과 상대해야 할지 모른다는 가정을 실제 상황처럼 인식하게 되었다. 박정희가 가장 경악한 대목은 베트남에서의 미군 철수에 이은 사이공 정부의 패망, 북베트남과 미국의 파리협상이었다. 미국이 한국도 남베트남처럼 버릴지 모른다는 우려를 가진 박 정권은 핵무기 개발까지 포함한 자체 국방력 강화에 전력을 기울이게 되었다.

한국의 베트남 파병도 사실은 미국이 주한미군을 베트남으로 빼내는 것을 막기 위한 조치였다. 베트남 파병에 대해서는 한국이 미국의 용병이 되어 남의 나라 전쟁터에 동원되었다는 주장이 많았으나, 한국의 박정희 정권으로서는 냉정하게 계산한 결과였다. 형식도 미국의 요청을 따르는 것이라기보다는 한국 정부가 선제적으로 추진한 흔적이 짙다. 베트남 파병은 존슨 정부의 요청을 받아 이뤄진 형식이지만, 사실은 박정희 대통령이 5·16 쿠데타 직후 존 F. 케네디 대통령을 만났을 때 먼저 제의한 것이었다.

미국은 이미 1963년부터 주한미군의 철수를 고려하고 있었다. 6·25전쟁 이후 북한의 병력은 35만 명 수준에서 머물러 있었던 데 반해 한국군 60만 명, 미군 2개 사단을 한국에서 유지하는 것은 너무 비용이 많이 들고 과도한 방어라는 판단 때문이었다. 실제로 미국은 1964년 백악관 내부 검토를 통해 주한미군 1만 2000명을 감축할 것을 고려하고 있었다. 하지만 당시 한국군의 베트남 파병 공약 때문에 미군의 감군 계획은 보류됐다.[34]

한국은 베트남 파병까지 하며 주한미군을 붙들려고 했지만, 미국 행정부의 대(對)한반도 정책은 갈수록 냉정해지고 있었다. 스나이더 대사가 "현재 미국의 한반도 정책은 잘못된 것이며 한국이 아직도 미국의 '예속국(a client state)'이라는 낡은 판단을 기초로 하고 있다."라며, "그런 정책으로는 '중강(middle power) 국가'로 성장할 한국에 대한 장기적이고 개념화된 접근법이 불가능하다."라고 말했지만 메아리 없는 건의가 되었을 뿐이었다.

스나이더 대사는 한국에서 아예 손을 떼거나, 아니면 장기적 파트너십에 기초한 관계를 새롭게 구축해야 한다고 제시했다. 스나이더 대사는 하지만 남베트남 패망과 관련해 "북한이 무력 도발을 포기하지 않는 한 미군의 철수는 너무 위험하며 실제 한반도에서 무력 충돌이 빚어질 가능성이 높고 결과적으로 미국의 방위조약에 대한 일본의 신뢰감도 잃게 될 것"이라고 우려했다.

실제 1975년 4월 17일 중국의 지원을 받은 크메르 루주(Khmer Rouge)가 캄보디아 수도 프놈펜을 함락시키고 사이공에서도 북베트남군의 최후의 공세가 진행되고 있던 때, 김일성은 중국을 방문해 인도차이나반도에서 공산주의 승리를 축하하며 한반도에서도 남한 정권이 무너지고 전 세계적으로 마르크스레닌주의가 승리할 것이라고 말했다.

4월 18일부터 8일간 일정으로 중국 베이징을 방문한 김일성은 환영 만찬장에서 "남조선에서 혁명이 일어나는 날 우리는 하나의 조국으로서 방관하지 않을 것이며 적극적으로 남조선 인민을 돕겠다."라며, "적들이 도발해오면 우리는 철저히 쳐부술 것이고 이 전쟁에서 잃는 것은 군사분계선이요, 얻는 것은 조국의 통일"이라고 연설했다. 김일성의 기세가 한껏 올라가던 시기였다.

김일성의 발언에 대해 저우언라이 총리를 비롯한 중국 지도층은 무력통일 방안에 반대했다. 중국의 지도자들은 김일성의 생각을 구체적으로 가리켜 말하지는 않았지만 한반도의 안정이 중요하다고 말했다.[35]

닉슨 대통령이 워터게이트 파문으로 물러난 뒤 취임한 제럴드 포드(Gerald Ford) 대통령은 한국의 우려를 인식한 듯 1974년 11월 방한길에 "한국에서 미군이 철수할 계획은 없다."라고 말했지만, 이는 전면 철수가 없다는 뜻이었을 뿐 부분 감축을 배제한 뜻은 아니었다. 미국은 베트남전쟁 패배의 충격에 빠져 더 이상 어떤 정당이든 아시아에서 대규모 미군을 주둔시킨다는 정책으로는 선거에서 이길 수 없었다.

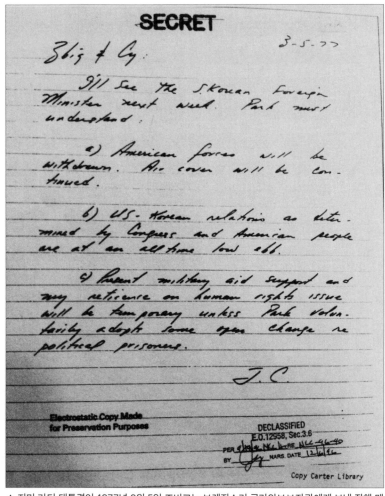

SECRET

3-5-77

Zbig & Cy:

I'll see the S.Korean Foreign Minister next week. Park must understand:

a) American forces will be withdrawn. Air cover will be continued.

b) US-Korean relations as determined by Congress and American people are at an all time low ebb.

c) Present military aid support and my reticence on human rights issue will be temporary unless Park voluntarily adopts some open change re political prisoners.

J.C.

Electrostatic Copy Made
for Preservation Purposes

DECLASSIFIED
E.O.12958, Sec.3.6
PER _____ NLC-96-40
BY _____ NARS. DATE 12/6/96

Copy Carter Library

▲ 지미 카터 대통령이 1977년 3월 5일 즈비그뉴 브레진스키 국가안보보좌관에게 보낸 정책 메모. "다음 주에 한국 외교장관을 만난다. 박(정희)은 미군이 철수될 것이라는 사실을 알아야 한다. 공군 지원만 지속될 것이다."라는 내용이 적혀 있다.

이런 상황에서 1976년 미국 대통령 선거를 앞두고 민주당의 지미 카터 후보는 주한미군 완전 철수를 공약으로 내세웠다. 땅콩 농장주로서 조지아 주지사를 역임했던 카터는 당초 민주당에서 크게 주목받지 못했지만, 대통령으로 당선되면서 주한미군 완전 철수는 한미관계에 태풍으로 다가왔다. 카터는 1977년 1월 취임식 직전의 국가안전보장회의 첫 번째 모임에서 한반도 정책을 15개의 우선 검토 대상으로 꼽았고, 취임식 6일 후인 1월 26일 안보부서에 하달한 대통령 검토 메모(NSC13/PRM13)를 통해 미군의 재래식 병력 감축을 포함한 한반도 정책에 대한 광범한 검토를 분명하게 지시했다.

독실한 기독교 신자였던 카터 대통령은 많은 숫자의 미군을 해외에 파병하는 것을 반대하는 입장이었다. 카터의 한반도 미군 철군 정책은 어떤 의미에서는 닉슨 독트린 이후 아시아에서 미군을 감축하려는 장기 정책의 연장선 같은 성격도 있었다. 1977년 조디 파월 백악관 대변인은 카터의 주한미군 철수안이 1970년대 초 닉슨 행정부의 철군 계획안에 대한 관심에서부터 비롯됐다고 말했다. 실제 1971년 닉슨은 7사단(2만 명)을 철수시켰다. 멜빈 레어드 국방장관은 남은 2사단 역시 1개 여단만 남기고 철수하는 방안을 검토했다. 하지만 알렉산더 헤이그, 헨리 키신저는 미중 수교 이후 주한미군의 추가 철수가 아시아 지역의 안보에 미칠 파장을 우려해 그 계획의 시행을 중단시켰다.[36]

해외 주둔 미군 철수에 대한 여론은 1975년 4월 사이공 함락을 계기로 미국 내에서 한껏 고조되어 있었다. 당시 해리슨 여론조사에서 북한이 한국을 침공할 경우 미군의 참전에 찬성하겠다고 응답한 사람은 14퍼센트인 반면, 65퍼센트는 반대했다.

카터 역시 박정희 정권 하의 한국 인권 상황에 매우 비판적이었지만, 1976년 4월 박 정권이 '인권 탄압 반대', '기본권 보장'을 주장한 기독교 지도자 18명을 체포한 이후 미국 교회와 여론, 의회는 한국 상황에 더욱 비판적이었다. 상하원 의원 119명이 미 행정부에 '인권 탄압을 자행하는 한국에게 군사원조를 지속하는 것은 미국을 탄압의 공범으로 만들 것'이라는 경고 서한을 보냈다. 6개월 후 한국의 기독교 인사들이 유죄 판결을 받자 서명 의원은 154명으로 늘어났다. 이런 상황에서 1976년 10월 24일 한국인 로비스트 박동선이 매년 50만~100만 달러의 뇌물을 뿌리면서 미국 의원과 관리 90명가량을 매수하려고 했다는 《워싱턴포스트》 기사가 미국을 뒤흔들었다. 이른바 '코리아게이트'였다.

카터 행정부 출범을 전후한 미국 내 여론은 한국에게 절대적으로 불리했다. 군 최고 통수권자인 카터의 결심이 워낙 확고한 데다 미국 여론마저 나빠서 미군 철수는 현실화할 가능성도 높았다. 북한의 김일성은 카터가 '주한미군 철수'를 공약으로 제시한 이후 일절 미국에 대한 비판을 자제하며 평화협정 공세와 주한미군 철수 공약 이행을 파키스탄 등을 통해 요청했다.

박정희 정권으로서는 풍전등화 같은 상황이었다. 카터의 공약이 이행되면 한반도는 미군의 공군력 지원 아래 한국의 지상군 힘만으로 지켜야 하는 상황이 현실화할 수 있었다. 그러나 인도차이나 공산화에 고무된 북한의 도발과 무력 전면 배치로 카터의 철군 정책은 실행에 옮겨지지 못했다. 미군 지휘부와 미 행정부의 외교안보 라인은 카터 대통령 당선 직전에 북한의 판문점 도끼 만행 사건으로 또 한 번 경악했다.

1976년 8월 18일 판문점 공동경비구역(JSA)에서 미루나무 가지

치기를 지휘하던 미군 장교 두 명이 북한의 도끼 만행에 숨진 사건은 한미 양국에 큰 충격을 주었다. 당시 북한군 30여 명이 휘두른 손도끼와 쇠파이프에 피투성이가 되어 죽은 아서 보니파스 대위는 얼굴조차 알아볼 수 없었다. 미국은 북한군의 잔혹함에 치를 떨었다. 미국 시간으로 18일 오후 3시 47분부터 4시 43분까지 백악관 상황실에서 헨리 키신저 국무장관·국방부·합참·중앙정보국 당국자들은 '워싱턴특별대응그룹(WSAG)' 회의를 열었다. 당시 회의록을 보면 키신저는 "(북한이) 미국인 두 명을 때려죽인 대가를 치르도록 해야 한다."라고 말했다. 국교 수립 직전의 중국을 자극하지 않도록 금지했던 B52 폭격기의 한반도 훈련 재개도 허락했다.[37]

하지만 대책 논의 과정에서 군사 보복은 대한민국과 한미 연합군을 위험하게 할 수 있다며 배제됐다. 북한의 도발이 '대선을 앞둔 미국 내에서 주한미군 철수 여론을 띄우기 위한 계산된 행동'이라고 판단했던 CIA는 베트남 때처럼 철군론이 나올까 봐 촉각을 곤두세웠다. 공화당 후보 최종 경선을 위해 미주리주 캔자스 전당대회장에 가 있던 제럴드 포드 대통령도 확전 위험을 막기 위해 군사적 행동을 자제시켰다.

남은 방안은 고작 '미루나무를 통째로 베어버리자'라는 것이었다. 8월 21일 미국은 나무 절단에 착수하며 북한의 재도발을 차단하기 위해 B52 폭격기까지 띄웠고 동해에 미드웨이 항공모함을 대기시켰다. 1시간 뒤 김일성은 휴전 23년 만에 처음으로 '유감'을 표명한 친서를 보내며 사실상 사과했다. 휴전 이후 최악의 북한군 만행이었지만, 그것으로 끝이었다. 북한의 허담 외교부장은 때마침 스리

랑카에서 열린 비동맹회의에서 '판문점 사건은 미국이 전쟁 도화선에 불을 댕기기 위해 저지른 도발'이라고 뒤집어씌웠다.

카터 대통령과는 달리 한반도의 긴장 상황을 체감하고 있던 군지휘부와 외교안보 장관들은 주한미군의 대규모 철군에 부정적이었다. 급격한 세력 균형의 파괴는 북한의 오판을 초래할 것이라는 우려도 있었다. 실제 1975년 5월 미국 국가안전보장국(NSA)의 정보 분석가 존 암스트롱은 위성사진을 분석한 뒤 북한군의 탱크와 장갑차가 급증한 사실을 포착했다. 주한미군의 최고 관심사는 북한군의 남침 가능성을 사전 감지하는 것인 만큼 북한군의 전진 배치, 탱크사단의 급증은 중대한 신호였다. 1975년 12월 암스트롱의 1차 분석보고서에서는 탱크 전력이 과거보다 80퍼센트 증가했다고 기록되어 있다.

NSA는 암스트롱 팀을 보강했고 2년의 분석 결과, 북한군에 남한의 도로망 및 지형과 똑같은 실물 모형에서 훈련하고 있는 특수부대가 존재하며 야포의 수도 대폭 증강되었다는 사실을 확인했다. 급기야 국방부는 35명의 전문가들로 구성된 정보분석팀을 강화해 1969년 이래의 모든 항공사진을 비롯한 첩보 자료를 철저히 검토했다.

북한군은 1971~1972년 이래 대규모의 군비 증강을 통해 700개 대대의 병력을 보유했고 10년 전에 비해 배로 늘어난 것으로 파악됐다. 한국군에 비해서도 약 두 배나 되는 규모였다. 탱크와 야포의 수도 기존에 알려진 것보다 두 배 가까운 것으로 한국군의 배 이상이었다. 무엇보다 북한군과 화력이 비무장지대(DMZ)에 집중돼

MEMORANDUM

THE WHITE HOUSE
WASHINGTON

CONFIDENTIAL

MEMORANDUM OF CONVERSATION

PARTICIPANTS: The Cabinet

DATE AND TIME: Monday, August 30, 1976
                     10:41 a.m. - 12:28 p.m.

PLACE: Cabinet Room

President: (Introductory comments)

     Henry, why don't you tell us about Korea and South Africa?

Kissinger: Let me describe the DMZ and the Joint Security Area.

     North Korea has four guard posts on our side of the line. We
have none on their side. At the meetings, our troops sometimes go
into their part of the zone, but rarely, especially compared to the
number of times they are in our area.

(Described the tree pruning incident and sequence) They said the
incident was "regretful" -- which is the farthest they had ever gone.
We said that that statement was a positive sign but it was not enough --
it had to insure the security of our forces. They have proposed that
each side be restricted to its side of the line. The practical effect of
that is they dismantle four guard posts and we do nothing.

The ROK is now talking tougher -- in direct proportion to the reduction
in the likelihood of conflict. We must either wrap this up, be willing
to use force, or they will see we are bluffing and hit us in the face again.

▲ 1976년 북한의 판문점 도끼 만행 사건 이후 포드 대통령과 키신저 국무장관이 한반도 상황을 논의한 기록이다. 포드 대통령은 군사적인 보복 없이 상황을 마무리 지으라고 이야기하고 있다.

있었다. 북한의 지상군 병력 규모는 과거의 48만 5,000명에서 68만 명으로 늘었다.[38] 카터 대통령의 철군 계획은 북한군의 병력 화력 급증 분석 보고서에 의해 사실상 힘을 잃었다.

카터 대통령의 주한미군 철수 계획에 항명하는 장군도 나왔다. 1977년 5월 유엔군사령부 참모장 존 싱글러브 장군은 《워싱턴포스트》특파원과 만나 "만일 미 지상군이 예정대로 철수할 경우 전쟁이 일어날 것"이라고 거침없이 말했다. 그 직후 카터 대통령은 싱글러브 참모장을 해임하고 워싱턴으로 소환해 질책했다.

싱글러브 장군의 항명성 발언에는 역사적 배경이 있었다. 그는

6·25전쟁 이전에도 미군이 한반도 상황을 직시하지 못했다고 지적했다. 1950년 봄 정보장교였던 싱글러브는 신생 중앙정보국 서울지부를 이끌며 38선 이북의 심상찮은 동태를 포착했다. 이에 대한 보고서를 잇달아 올렸지만, 모두 F-6등급을 받아 묵살당하는 경험을 했던 싱글러브는 불과 며칠 뒤면 드러날 상황에 대해 맥아더의 극동군 사령부는 까맣게 몰랐다는 사실을 뼛속 깊이 교훈으로 새기고 있었던 셈이다. 그는 워싱턴과 도쿄의 미군 지휘부가 북한과 공산 진영을 턱없이 과소평가했던 과오를 기억하고 있었다. 인민군이 파죽지세로 남진하면서 존 무초 주한 대사가 서울을 탈출했다는 전문을 받고서야 맥아더 사령부는 심각성을 깨달았다.

실제 북한의 김일성은 당시 6·25전쟁 이후 또다시 남한을 무력으로 통일시켜보려는 유혹을 느끼고 있었다. 구동독 정부의 문서보관소(GDR Archives)에 보존되어 있던 기록에는 김일성과 에리히 호네커(Erich Honecker) 동독 공산당 서기장의 비밀 대화록이 포함되어 있다. 1977년 12월 평양을 방문한 호네커에게 김일성은 북한 체제의 우월성과 함께 뜻밖의 자랑을 늘어놓는다.

"이승만 정권을 몰아낸 1960년 학생혁명 뒤에는 우리 공산주의자들이 있었다. … 남조선 학생들은 늘 우리를 지지해왔으며 '남조선 괴뢰정부'에 대한 반대 시위는 지속적으로 벌였지만, '우리 공화국'에 맞서려는 시위는 단 한 차례도 없었다. 만약 미군이 철수해서 남조선 인민들이 체제를 선택하게 된다면 그것은 사회주의일 것이다."

김일성의 인식은 1986년 10월 미하일 고르바초프(Mikhail Gorbachev) 전 소련 공산당 서기장과의 모스크바 대화록에도 남아 있다.

"지금 남조선에서 사회주의를 지지하는 운동이 대대적으로 일어나고 있고, 국민전선을 만들려는 작업이 진행 중이다. 남조선 국회의원 중 3분의 1이 우리를 지지한다. 과거 남조선 인민들은 미국에 대해 자신들을 해방시켜주고 도와준 국가로 인식했으나, 이제 학생들은 말할 것도 없고 많은 사람이 미군 주둔을 반대하고 있다."

믿기 어려운 얘기이지만 이는 김-고르바초프 회담에 배석했던 바딤 메드베데프(Vadim Medvedev) 특별보좌관이 자신의 책[39]을 통해 공개한 것이다. 카터가 주한미군 철수를 강행하려 했을 때 박정희가 내세웠던 북한의 남침 위협론은 당시 김일성의 오판과 망상을 미루어 생각해보면 결코 근거 없는 걱정은 아니었던 셈이다.

엄청난 연루 의혹, 보잘것없는 영향력

결정적인 시기, 막후에서 미국은 무엇을 하고 있었을까. 한국 현대사 고비마다 미국의 역할에 대한 의구심이 끊이지 않았고 숱한 음모론이 나왔지만 1979년 12월과 1980년 5월에 이르기까지 전두환 신군부의 정권 찬탈 과정, 그리고 광주 시민들에 대한 살상에서 미국이 그저 무기력하게 지켜보고만 있었다는 사실은 한국인들에게는 이해하기 힘든 대목이었다.

전두환의 12·12 쿠데타와 5·18 광주 유혈진압은 미국의 재가를 받은 것이었을까. 미국은 과연 전두환 신군부가 지휘한 특전사의 광주 유혈진압을 방관했던 것일까. 한반도 상황을 샅샅이 파악할 수 있다는 미국은 도대체 당시에 무엇을 하고 있었던 것일까.

당시 주한 미국 대사였던 윌리엄 글라이스틴(William H. Gleysteen)이 당시 본국에 보낸 전문과 회고록, 이후 인터뷰를 보면 미국의 영향력은 믿기 어려울 정도로 왜소했다. 데이비드 스트라우브(David Straub)• 전 국무부 한국과장은 한국의 선비 같은 성격이었던 글라이스틴 대사에게 당시 한국 상황은 거의 절망적이었다고 전했다. 글라이스틴이 퇴임 후 썼던 회고록의 제목은 『엄청난 혼란, 보잘것없는 영향력(Massive Entanglement, Marginal Influence)』이었다. 글라이스틴 대사가 미국에 보낸 전문은 당시 상황을 엿보게 한다.

"만일 우리가 충분히 나서지 않으면 위험한 상황이 발생할 수 있다. 그러나 우리가 지나치게 나서면 강력한 국수주의적 반발을 초래할 수도 있다. 대다수 한국인이 미국의 실질적인 힘이 감소하고 있는 것으로 생각하고 있다. 그들은 미국이 소련의 도전에 정면으로 대응할 의사가 없는 것으로 우려하고 있을 뿐 아니라 미국이 중국을 다루는 능력에도 회의적이기 때문이다. … 한국인들은 미국이 '다른 곳에서 일어나고 있는 일'에 너무 몰두해 있는 만큼 한반

• 데이비드 스트라우브 전 한국과장은 1976년 하버드대학교 정치학 박사과정 재학 중 국무부에 들어간 뒤 10월 26일부터 2006년까지 격동의 한국 관계를 직접 목격하며 미국의 한반도 정책을 다듬어온 인물이다. 2007년 서울대학교 국제대학원에서 강의했고, 워싱턴의 존스홉킨스대학교 국제대학원(SAIS) 겸임교수, 스탠퍼드대학교 아시아태평양연구소 부소장 등을 거쳤다.

도에서 어려운 사태에 단호
하게 대처할 수 없을지도 모
른다고 우려하고 있다. …
(그럼에도 불구하고) 한국의
주요 정치 세력들은 미국의
지지를 받고 있다는 인상을
주기 원하며 다수는 자신들
의 약점을 보완하기 위해 미
국의 적절한 개입을 원하고
있다. 그러나 한국인들은 자
신들에 대한 미국의 지지가
기대에 못 미친다고 생각하

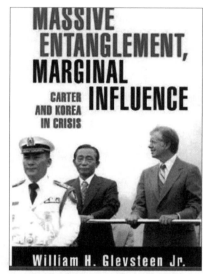

글라이스틴 전 주한 미국 대사의 회고록 『엄청난 혼
란, 보잘것없는 영향력』 표지

면 오히려 미국이 한국 내부의 문제에 부당하게 개입한다고 비판할
것이다. 그들 중 대다수는 미국이 안보, 경제 지렛대를 강하게 휘
두를 경우 한국의 안정이 파괴될 위험이 있다는 사실 때문에 미국
의 영향력에는 한계가 있다는 것을 잘 모르고 있다."[40]

12월 12일 전두환이 쿠데타를 통해 실권을 차지했을 때 글라이
스틴은 경악했다.

"우리의 관점에서 볼 때 12월 12일 밤의 사태는 나쁜 소식이다.
18년에 걸친 박정희의 권위주의적이고 단호한 통치 아래 놀랄 정도
로 통합돼 있었던 한국군이 지금 반란을 일으키고 있다. 그것은 치
유하는 데 여러 해가 걸릴지도 모르는 적대감을 조장하고 있을 뿐
아니라 또다시 일어날지도 모르는 군사반란의 선례를 만들어내고

있다. 그 과정에서 쿠데타 세력은 한미연합사의 책무를 완전히 무시했다. 그들은 이번 사태가 미국에 가할 충격을 무시했거나 미국도 별수 없을 것이라고 계산했는지 모른다. 그들은 또 북한의 대응에 대한 진지한 고려 없이 반란을 일으킴으로써 심각한 위험을 초래할지도 모르는 모험을 감행했다."[41]

12월 12일 밤 윌리엄 글라이스틴 대사와 존 위컴(John Wickham) 사령관은 한미연합사 본부 지하 벙커에서 잔뜩 긴장한 채 밤을 지새웠다. 한국군 부대는 연결되지 않았다. 반란군 지도부도 군권 장악을 마칠 때까지 주한미군 사령관 등과의 연락을 거부했다. 주한미군과 한국군의 작전통제권을 갖고 있던 위컴 사령관은 특히 휴전선을 지키고 있는 노태우 장군의 9사단이 자신의 승인도 없이 쿠데타에 동원된 사실에 경악했다. 5·16 쿠데타 때 상황이 재연된 셈이었다.

한국군 내부에서 벌어지고 있는 상황에 대한 통제력을 상실하자 글라이스틴과 위컴은 미국 정부 이름의 성명서를 작성했다. "국민의 광범위한 지지를 받는 정부 구성을 방해하는 것은 한미관계에 심각한 악영향을 줄 것임을 한국 내 모든 세력에 경고한다."라는 내용이었다. 성명서는 청와대와 한국군에 전달됐지만 이미 반군의 영향력에 들어간 한국 언론에서는 한 줄도 다룰 수 없었다. 다만 미국의소리 등 미국의 공식 매체를 통해서만 알려졌을 뿐이다.[42]

1979년 10·26 이후 전두환 정권이 탄생할 때까지 미국의 역할에 대한 데이비드 스트라우브 전 국무부 한국과장의 평가는 한국인들의 관측과 달랐다. 그는 2007년 2월 22일 저자와 《문화일보》 인터뷰에서 다음과 같이 밝혔다.

"미국이 할 수 있었던 일은 전두환·노태우 세력이 한국군을 동원하면서 생긴 안보상의 공백으로 인해 북한의 도발이 발생하지 않도록 막는 일이었다. 당시는 한국전쟁이 끝난 지 27년밖에 안 되는 시점이었다. 미국의 최우선 관심사는 북한의 오판을 막는 것이었다. 한국인들이 생각하는 것과 달리 미국 대사와 미국 정부가 서울에서 할 수 있는 역할에는 한계가 있었다. 윌리엄 글라이스틴 당시 주한 미국 대사는 아주 정직하고 선비 같은 사람으로 내가 존경하는 외교관이다. 대사직을 떠난 뒤 그는 1979년부터 1980년까지 상황을 돌이켜보며 수년간 연구를 했다. 한국 사람들은 미국의 역할을 엄청나게 크게 생각하는데 왜 미국은 전두환을 저지할 수 없었는가. 당시 글라이스틴 대사가 쓴 책 제목('Massive Entanglement, Marginal Influence')은 미국의 처지를 보여주는 말이다. 당시 전두환은 (검열과 보도 지침을 통해) 언론을 조작하며 미국이 자신을 지지하고 있는 것처럼 선전했다. 하지만 글라이스틴 대사는 신문사 고위 간부들과 직접 만나고 친서도 보내면서 전두환의 주장은 사실이 아니라고 해명했다."

미국 대사나 주한미군 사령관 모두 당시 전두환을 매우 싫어했다고 스트라우브 전 과장은 전했다.

"대사나 당시 위컴 미군 사령관 모두 12·12 쿠데타와 군부의 재등장, 권력 장악을 심각히 우려했다. 실제로 두 사람은 전두환을 매우 싫어했고 사실은 경멸했다. 나중에 미 육군 참모총장이 된 위컴 사령관은 12·12 당시 전두환 등이 전방에서 군대를 빼돌린 것에 대해 크게 화를 냈다. 이른바 '한국인의 들쥐 근성'으로 알려진 위컴 발언의 본뜻은 전두환에 대한 증오심 때문에 나온 것이었다. 전두환이 권력을 잡자 곧바로 줄을 서는 한국의 고위직들에 대해 배신감을 드러낸 것이었다. 특히 위컴은 당시 들쥐가 아니라 레밍 (lemming)이라는 표현을 썼다(다람쥐와 비슷하게 생긴 레밍은 무작정 남의 뒤를 따라가는 특성이 있다). 더욱이 당시는 이란의 혁명수비대가 테헤란의 미국 대사관을 장악하고 미국인들을 인질로 잡고 있던 시점이었다. 미 행정부의 관심은 온통 대사관 인질 사태에 쏠려 있었다. 그런 상황에서도 카터 행정부는 한국군에 대한 무기 판매 중단 같은 제재를 취하고 군사 협력을 중지하면서 전두환 군부에 압력을 가했다."

그러나 미국이 전두환 군부를 제어할 수 있는 방법은 없었다. 더욱이 미국은 1979년 11월 4일 테헤란 미국 대사관에서 미국 외교관들이 인질로 잡혀 있는 상황에서 한국의 신군부 세력의 쿠데타를 맞게 된다. 카터 행정부는 한국의 신군부를 지나치게 자극해 제2의 이란 사태로 번지는 것을 피해야 할 상황이었다.

글라이스틴과 위컴은 워싱턴의 지침 아래 전두환에 대한 승인은 거부하면서 압력을 가할 수 있도록 공식 채널을 통해 최규하 정부와 가능한 한 자주 접촉했다. 미국 측은 최 대통령에게 좀 더 과감하게 권한을 행사해달라고 요청했지만, 시간이 흐를수록 명목상의 대통령으로 전락했다. 카터는 1980년 1월 최규하에게 친서를 보냈다. "12·12 쿠데타로 몹시 고통을 받았으며 유사한 사태가 재발한다면 양국 간 긴밀한 협력 관계에 심각한 결과를 초래할 것"이라는 내용이었다. 미 대사관은 이례적으로 그 친서를 한국 정부와 군부에 광범하게 배포했다.

4월 중순 전두환은 최규하를 압박해 중앙정보부 부장 서리 자리까지 차지함으로써 또 다른 권한까지 확보했다. 미 대사관은 이제 전두환이 대통령 자리를 넘보고 있음을 확신하게 되었다. 전두환의 그런 움직임에 대한 반대 표시로 미 국방부는 연례 안보협의 회의를 무기한 연기하고 한국에 그 이유를 통보했다. 신군부가 5월 17일 계엄령을 포고하고 김대중 등 정치인을 구금하고 대학 휴교 조치 등에 들어가자 미국은 강력 항의했다.

"(이런 조치들은) 신군부가 거의 공식적으로 한국 권력을 인수했다는 것을 의미한다. 신군부 지도자들은 한국 헌법에 명시된 국권질서를 무시하고 동시에 우리 미국도 무시했다. 그들은 그 모든 사태 발전을 기정사실인 것처럼 우리에게 제시했고, 그것은 그들이 이런 식으로 우리에게 대할 때 일어날 수 있는 결과에 대해 무지하거나 신경 쓰지 않는다는 것을 의미한다."[43]

글라이스틴은 최규하 대통령과 신군부에 강력히 항의하면서 미국은 이런 조치에 대해 충격과 경악을 금치 못했다고 말했다. 미 국무부는 5월 18일과 19일 잇따라 한국에 대해 이례적으로 강경한 성명을 발표했다. "미국은 매우 불쾌한 감정을 갖고 있으며 한국군의 무력 사용으로 인한 사태가 악화될 것으로 우려하고 있다."라는 내용이었다.

"We are deeply disturbed by the extension of martial law throughout the Republic of Korea, the closing of universities, and the arrest of a number of political and student leaders. Progress towards political liberalization must be accompanied bt respect for the law. However, we are concerned that the actions which the government has now taken will exacerbate problems in the Republic of Korea. We have made clear the seriousness of our concern to Korean leaders, and we have stressed our belief that progress towards constitutional reform and the delection of a broadly based civilian government, as earlier outlined by President Choi, should be resumed promptly…."

20일에는 새 국무장관으로 임명된 에드먼드 머스키(Edmund Muskie)가 기자회견에서 "한국 상황에 대해 심각하게 우려한다."라며, "이는 분명히 민주화로부터 크게 벗어난 것(one of deep concern that it is moving away from liberalization policies)"이라고 신군부의 조치를 비판했다.

신군부가 광주 유혈진압에 나섰을 때 미국은 사태가 어느 정도 심각한지를 파악하지 못하고 있었다. 그러나 살상 소식을 파악하고 공수특전단의 자제(restraint)를 거듭 촉구했으며, 22일에는 광주 시민항쟁(civil strife)에 대한 우려와 시민과 군의 대화를 당부하는 성명을 발표했다. 미국 대사관은 당초 한국군으로부터 미국 정부의 성명서가 광주에 배포될 것이라는 확약을 받았지만, 실제로는 배포되지 않았다. 대신 신군부가 장악한 광주의 라디오 방송국은

미국이 공수특전단의 광주 투입을 승인했다는 거짓 주장을 방송했다.[44]

미국 정부는 1980년 미국의 역할에 대한 한국 내의 의구심이 식지 않자 1989년 드디어 공식 해명서를 통해 당시 미국 정부의 성명서와 각종 기록을 공개하며, 미국이 실제 신군부를 지지하기는커녕 저지하기 위해 노력했지만 군부를 막지 못했다고 설명했다. 역사적 기록은 이처럼 사실과 정반대지만 미국이라면 '무엇이든 다 알고 있고 어떤 일이든 다 할 수 있다'라는 슈퍼 파워에 대한 맹신은 한국 내의 음모론을 이제껏 잠재우지 못하고 있다.

전두환을 어떻게 할 것인가
: 레이건, 전두환 그리고 김대중

1980년 5월 미국이 신군부의 광주 유혈진압을 저지하지 않았다는 것과 로널드 레이건(Ronald Wilson Reagan) 대통령이 취임 직후 전두환을 첫 정상회담 파트너로 백악관에 초청했다는 사실로 인해 한국 내의 반미 정서는 고조되었다. 12·12 군사 쿠데타, 5·18 광주 유혈진압, 계엄령과 국회 해산, 민주화운동 탄압으로 집권한 전두환을 미국이 적극적으로 인정해준 셈이었기 때문이었다.

레이건의 등장은 카터 행정부가 한국 내 인권 탄압을 지적하며 박정희 정권을 견제하던 것과는 180도 다른 모습 같았다. 미 국무부도 전두환과의 관계 설정에 대해서 고민이 많았다. 글라이스틴 대사는 12·12와 5·18을 겪고서 전두환 정권을 멀리하며 '냉정하고 소원한(cool and aloof)' 정책을 국무부에 건의했다. 하지만 아무리 전두환을 피하려고 해도 한국 내의 현실적인 지배자인 전두환을 우회할 수는 없었다. 글라이스틴의 말에서 미국의 고민이 엿보인다. "우리에게는 전두환 측을 상대하는 것 외에는 선택의 여지가 없지만 그들과 동침할 수는 없다."[45]

"전두환은 미국이 한국의 발전에 대한 관심을 갖기를 바라면서도 우리가 안보 공약, 미군 주둔, 경제협력 관련 사항 등을 신중한 방법으로 확고하게 재확인해준다면 우리 의견을 들어줄 것이다. 전두환의 방미와 관련해 한국 내 강경파들은 전두환이 조속한 정상회담을 성사시키기 위해 김대중에 대해 너무 많이 물러섰다고 비판할 것이고, 한국 내 반정부 인사들은 한국 국내정치 상황 개선(moderation)에 대한 충분한 보장 없이 미국이 (한미관계 정상화를) 너무 서둘렀다고 비판할 것이다."[46]

미국의 정책 입안자들은 전두환 때문에 매우 난처한 입장에 놓이게 되었다. 많은 한국인이 민주적이고 개방적인 정권으로의 교체를 바라고 있었지만, 미 정부 관리들은 전 정권을 자칫 위태롭게 했다가는 서울이 더욱 심각한 정치적 소용돌이에 빠지고 이 기회를 틈타 북한이 도발할 가능성을 우려했다. 서울이 불안해지고 북한의 위협이 높아지면 당장 4만 명 이상의 주한미군의 안전이 문제되는 상황에서 한국의 안정은 미국의 최우선 목표였다.

미국의 난처한 입장은 당시 알렉산더 헤이그 국무장관이 주한 미국 대사관으로 보낸 전문에서도 엿보인다. 전두환 전 대통령이 한미정상회담 공동성명에서 '자신에 대한 미 정부의 지지'를 포함시켜달라고 요구했으나 헤이그 장관은 거부했다는 내용이다. 따라서 주한 미국 대사관도 전두환을 지지하는 듯한 어떤 언행을 해서는 안 된다고 주의를 준 것이었다.[47]

1980년 11월 4일 대통령 선거에서 이긴 로널드 레이건 행정부가 물려받은 과제는 주이란 미국 대사관에 장기 억류되어 있는 미국 외교관들의 구출 문제였다. 이란의 회교혁명과 함께 친미 팔레비 정권이 무너진 뒤 1979년 11월부터 1981년 1월까지 미국인 50여 명이 이란 주재 미국 대사관에서 인질로 억류되어 있었다. 그뿐만 아니라 아프가니스탄에서는 소련의 침공 사태가 전개되고 있었다. 1979년 12월 27일 소련군은 5개 사단을 동원, 아프가니스탄에 침공하여 아프가니스탄을 소련의 위성국으로 만들었다.

레이건의 관심은 한국이 아니었다. 퇴임을 앞둔 카터 행정부는 이미 영향력을 잃은 한국에서 김대중이라도 구명하지 못하는 사태가 발생할까 우려했다. 박정희 대통령과의 관계 악화로 각료급 관리의 방한까지 금지했던 카터 행정부는 1980년 12월 중순 해럴드 브라운(Harold Brown) 국방장관을 한국에 파견했다. 방한 목적은 김대중 구명이었다. 브라운은 CIA 한국지부장을 지낸 도널드 그레그와 함께 전두환을 만났다. 전두환은 "나는 군부로부터 김대중을 처형하라는 압력을 받고 있다."라며, "해외 여론이 안 좋은 것을 알고 있지만 외국의 압력에 굴복할 수는 없다."라고 말했다.[48] 김대중 구명 문제는 미결 상태로 카터 행정부에서 레이건 행정부로 넘어갔다.

레이건 대통령은 1981년 취임과 함께 외교정책에서 전임 카터 대통령과 달리 인권보다 반공을 택했지만, 뜻밖에도 한국의 김대중 구명에는 적극적이었다. 전두환을 NATO 국가 정상이나 전통적인 우방국보다 먼저 백악관에 초청한 것도 김대중을 구명하기 위해서였다. 레이건의 신임 국가안보보좌관 내정자 리처드 앨런은 김대중 구명 문제가 미국 내 가톨릭, 인권단체 등에서 제기되고 있다는 것을 잘 알고 있었다. 그리고 김대중 구명의 중요성을 이해하고 있었다.

앨런 보좌관 내정자는 1980년 12월 9일, 18일 그리고 이듬해 1월 2일 한국 관리들과 비밀회담을 가졌다. 한국 측 핵심 참석자는 공수부대 사령관으로 광주민주화운동에서 악명을 날린 공수부대 사령관(특전사령관)이자 전두환의 최측근 인물인 정호용 중장이었다. 정호용은 "한국의 국가안보에 위험한 인물이므로 김대중은 법에 따라 처형되어야 한다."라고 주장했다. 앨런은 김대중을 처형할 경우 한미관계를 개선할 수 있는 절호의 기회를 놓치게 될 것이라고 말했다.

3차 회담이 끝날 무렵 앨런은 김대중을 살려주는 조건으로 전두환의 백악관 방문과 양국 관계 정상화를 약속하는 타협안을 제시했다. 레이건 취임식 다음 날인 81년 1월 21일 백악관은 전두환의 방미가 곧 이뤄질 것이라고 발표했다. 그리고 3일 후 전두환은 계엄령을 해제하고 김대중의 형량을 사형에서 종신형으로 감형한다고 발표했다.[49]

데이비드 스트라우브 전 국무부 한국과장도 2007년 2월 22일 저자와 《문화일보》 인터뷰에서 로널드 레이건 행정부가 전두환을 지지하고 나섬으로써 한국의 젊은 세대들로 하여금 미국이 민주주의와 인권을 보호하기보다는 군사독재를 지지한다는 생각을 하게 했다는 점에 대해 다르게 설명했다.

"레이건이 집권했을 당시 소련은 아프가니스탄을 침공했다. 그는 공산주의의 위협을 매우 크게 생각했다. 그는 한국에 비록 문제가 많을지언정 공산주의 북한보다는 훨씬 우월하다고 여겼다. 하지만 레이건도 인권을 도외시하지는 않았다. 그는 전두환에게 대통령 단임 이후 물러나도록 독려했다. 박정희식 종신독재가 되풀이되지 않도록 하려는 것이었다. 당시 미국의 주된 관심사는 김대중의 구명이었다. 그 때문에 한국 정부가 김대중을 사형시키지 않는 조건으로 전두환을 외국 지도자 중 가장 우선적으로 초청한 것이었다. 나중에 글라이스틴 대사는 당시 전두환은 이미 김대중을 사형시키지 않기로 결정하고서도 대미 협상용으로 김대중을 이용했던 것 같다고 회고했었다."

데이비드 스트라우브는 1980년대 서울의 미국 대사관 정무 담당으로 한국 내 인권 문제를 조사하며 보람을 느꼈다고 말했다.

"반공 정책을 추구하던 레이건 행정부였지만 김근태 고문 사건을 확인하고 한국 정부의 인권 탄압에 항의함으로써 한국 내에서 인권 유린을 막기 위해 나름대로 노력했다. 김근태가 고문받은 상처가 아물면서 생긴 딱지를 확인한 리처드 워커 대사가 한국 외교부 장관에게 곧바로 따졌다."

1980년 초 대다수 한국인이 미국의 간절한 개입을 희망했을 때 미국이 오히려 전두환 신군부 세력의 등장을 방관하고 레이건 대통령 취임 이후에는 적극적으로 인정해준 것은 이후 한미관계에 커다란 부담으로 남았다. 한국인의 기대와 미국의 역할이 가장 큰 간극을 보였던 시점이었다.

하지만 한미관계의 내막을 따지고 보면 진폭과 규모의 차이는 있어도 결국 한국 내의 세력 변화에 미국이 따라오는 양상이었다. 1945년 일본의 패망과 함께 미국이 한반도에 진주하면서 38선 이남에서 자유민주주의 시장경제 체제가 서도록 역할을 한 이후 이승만, 박정희, 전두환 정권과의 관계에서 미국은 시시콜콜 한국의 내정에 간섭할 수 없었다. 우선 한국 정권이 필사적으로 자신들의 권력을 지키려 했고 미국은 한반도가 아닌 다른 곳에서의 복잡한 사정뿐 아니라 미국 내부 사정 때문에 한반도 정책에 집중하지 못했다.

결국 이승만 정권을 무너뜨린 것도 미국의 영향력이 아니라 3·15 부정선거 이후 폭발한 시민 학생들의 전국적 궐기 때문이었다. 박정희의 5·16 쿠데타에 대해서는 앞서 살펴보았듯이 미국은 사전에 파악하지 못했다. 주한미군 지휘부는 박정희를 지지하는 군대가 서울로 동원된 것에 흥분했지만 이미 '목숨을 걸고 나온' 한국군을 무력으로 진압하기는 힘든 상황이었다.

박정희 시해 사건 역시 유신독재 이후 누적된 학생들의 민주화 운동, 1979년 10월 부산·마산 시민들의 대규모 시위가 발단이 되었다. 특히 '부마항쟁'이라고 불리는 부산·마산 시위는 10·26 박정희 시해 사건의 결정적 원인이 된다. 김재규 당시 중앙정보부장이 박정희 대통령과 함께 권총으로 사살한 차지철 경호실장은 사건 당일 '부마사태를 탱크로 진압해야 한다'라는 강경론을 폈지만, 김재규는 이미 민심의 이반을 알고 있었다. 전두환의 등장 역시 마찬가지였다. 12·12 쿠데타가 진행되는 동안 한국군은 전두환과 신군부가 지휘하는 부대에 사실상 장악되어 있었다. 한국군이 전두환 군대를 막을 수 있는 상황이 아니었다.

미군이 더욱 신경을 썼던 것은 언제나 북한군의 동향이었다. 1950년 북한 김일성의 기습남침으로 다시 한국에 주둔하게 된 미국으로서는 1970년대까지 남한에 비해 국력이 우세했던 북한의 도발 가능성에 촉각을 곤두세울 수밖에 없었다. 만약 한국군의 핵심을 이미 장악한 쿠데타군과 미군이 충돌하는 사태가 발생하면 한반도의 군사적 안정은 위험해질 수밖에 없었다. 만약 한국의 쿠데타군이 반공을 내세우고 실제로 반공 정책을 펼친다면 나라가 송두리째 반미 정권으로 넘어가는 이란 등의 경우보다는 백배 나은 셈이었다.

그 때문에 미국은 항상 한국 내 정치 격변이나 상황을 주도한다기보다는 늘 추인하는 역할을 했다고 볼 수 있다. 전두환 집권 초기 파격적으로 전두환 정권을 지지했던 레이건 행정부는, 그러나 1986년 이후 한국 내 민주화운동이 급진전하면서는 전두환 정권에 대한 압력을 높였다. 한편으로 전두환이 단임 약속을 지키도록 종용했으며, 다른 한편으로는 민주화운동을 군사계엄령 같은 것으로 탄압하지 못하도록 쐐기를 박기도 했다. 실제로 레이건 행정부는 전두환의 집권 연장을 막기 위해 '전두환의 단임 약속'을 치켜세웠으며,[50] 6월 민주화운동 기간에는 레이건 대통령이 전두환을 달래기 위해 직접 친서를 보내어 '퇴임 후 방미 초청' 약속을 했다.[51] 실제 레이건은 전두환 퇴임 후 그를 초청했다.

7년 사이의 변화란 결국 피플 파워의 차이였다. 미국은 과도한 개입의 위험성에 민감했고 반공과 안보만 지켜진다면 최소한의 개입으로 안정을 추구했다. 1986년 6월 전두환의 직선제 양보는 미국의 압력뿐 아니라 한국군 장성들 역시 위험성을 느끼고 있었기 때문에 가능했다.[52] 앞서 개스턴 시거(Gaston Sigur) 미 국무부 동아태 차관보는 동교동에 연금 상태로 있던 김대중을 방문하며 군부 정권을 자극했고, 당시 전두환 정권의 정보기관은 시거가 탄 차량을 위협하기도 했다.[53]

결국 한국의 상황은 미국의 의도와 주도력이 아니라 한국 내의 정치 상황과 세력 관계에 의해 좌우되는 셈이었다. 2차대전 이후 최강국 미국은 세계의 운명을 좌우했지만, 사실은 한국 문제는 의도대로 다루지 못한 일투성이였다. 결국은 미국을 통한 해결은 없다는 것을 한국인들은 깨달아야 했다. 대한민국 민주화도 결국 시민들이 이뤄냈듯이 운명은 한국인들의 손으로 해결해왔다. 1980년대 초 주한 미국 대사관 근무 시절 김근태 고문 사건 증거 자료를 조사하며 한국 정부를 압박했던 스트라우브는 "미국을 너무 믿지 마라. 너무 좋아하지도 너무 미워하지도 마라. 미국도 국익에 따라 움직인다."라고 말했다.

제3장

민족인가 동맹인가
: 북미관계와 남북관계의 진실

• • •

1980년 한미관계는 광주민주화운동에 대한 전두환 신군부 세력의 유혈진압 이후 극적인 변곡점을 맞는다. 한국인들은 광주의 유혈진압 배후에 미국이 있다고 의심했고 민주주의 종주국 미국에 대한 의구심을 품기 시작했다. 남북관계도 극단적인 대립과 갈등, 그리고 극적인 대화, 다시 충돌의 악순환을 거듭하게 된다.

1980년 한미관계의 새로운 국면을 연 사건이 전두환 신군부의 광주 유혈진압이었다면, 남북·북미·북중 관계를 뒤흔든 사건은 1983년 10월 9일 발생한 아웅산 테러 사건이었다. 북한은 미얀마 양곤의 아웅산 국립묘지에서 당시 국빈 방문 중이던 전두환 대통령을 폭사시키려고 했다. 당시 대통령은 행사장에 늦게 도착하는 바람에 죽음을 모면했지만, 이 사건으로 대한민국 장관 네 명, 청와대 수석 두 명 등 수행원 열일곱 명이 목숨을 잃었다.

미얀마는 폭파범 강민철을 붙잡아 북한군 장교임을 밝혀냈다. 사회주의 국가였던 미얀마는 당시까지 유엔에서 북한을 지지했지만, 명백한 물증과 자백을 바탕으로 북한과의 외교 관계를 단절하며 북한의 국가 승인도 취소했다. 이후 69개국이 북한을 비난하며 대북 제재 조치를 가했다. 하지만 북한은 부인했고 대남 비난 성명까지 발표했다. 2년 뒤인 1985년 9월 4일부터 6일까지 남북정상회담 추진을 위해 북측 비밀특사로 서울에 온 허담은 "우리와 상관없는 일"이라며 사과를 강요한다면 회담은 끝장이라고 큰소리쳤다.

아웅산 테러 하루 전 북한은 중국을 통해 "미국과 남북한 간 3자 회담을 수용하겠다."라는 메시지를 미국에 전했다. 북한의 예측 불허 양동작전이었던 셈이다. 북한이 중국을 통해 유화 메시지를 전한 뒤 폭탄 테러를 감행하자 덩샤오핑(鄧小平)은 즉각 분노했다. 덩은 그 후 몇 주 동안 북한 측 사람들을 만나지도 않았다.[1] 중국 관영 언론들도 이례적으로 북한 측의 테러 부인을 받아들이지 않은 채 미얀마의 북한 비난 발표와 북한의 부인을 나란히 보도함으로써 북한에 대해 노골적으로 불만을 드러낼 정도였다.

1968년 1·21 사태도 그랬지만, 이때도 한미 양국은 '한반도 긴장 고조' 우려 때문에 군사 대응을 자제했다. 미국은 한반도 긴장 고조로 주한미군의 목숨이 위태로워지는 사태를 원하지 않았고, 한국 역시 경제에 커다란 교란이 발생하는 것을 두려워했다.

1990년대 들어 북한은 핵무기 개발로 동북아를 뒤흔들었다. 미국은 빌 클린턴 행정부 초기 영변 폭격까지 검토하면서 북핵에 강경하게 대처하려다가 결국 협상으로 돌아서 1994년 제네바 합의를 이룬다. 하지만 2002년 조지 W. 부시(George Walker Bush) 행정부 들어 미국의 대북정책은 새로운 강경 노선으로 돌아서고 북한 역시 제네바 합의를 어기고 비밀리에 파키스탄으로부터 우라늄 농축 설비를 도입해 또 다른 핵무기 개발을 시작했다는 의혹을 받는다.

미국과 북한 간에는 새로운 파국이 왔지만 6자회담 등을 거쳐 협상과 결렬을 되풀이한다. 한국·북한·미국·중국·일본·러시아 6개국은 2005년 베이징 6자회담에서 9·19 공동성명으로 북핵 해결의 원칙을 마련하지만, 협상은 오래가지 못했다. 북한은 두 차례의 핵 실험에 이어 우라늄 농축까지 가속화했다. 1998년 김대중 대통령 취임 이후 노무현 대통령에 이르기까지 북한의 핵을 중단시키고 남북 간의 협력을 강화하려는 노력이 이어졌지만, 북한은 핵무기 개발 속도를 늦추지 않고 잠수정 침투, 서해교전 등의 정전협정 위반 또한 멈추지 않았다.

이런 상황 속에서 1980년대 이후 한국과 미국 간의 대북정책은 속도와 강도, 방향을 둘러싸고 미묘한 마찰을 빚으며 긴장 관계에 들어간다. 때로는 한국 정부가 미국과 북한 간의 접촉과 대화에 반발하고 나섰고, 때로는 미국이 북핵 문제보다는 남북관계 개선을 우선순위로 두는 한국 정부에 우려를 표시하기도 했다. 한국 내에서는 민족이 먼저냐, 동맹이 먼저냐는 논란도 끊이지 않았다.

CIA 출신 미국 대사들

1980년대 한국에 왔던 CIA 출신 대사들은 과연 한국 민주화운동의 적이었을까. 영국의 비밀정보국(SIS)이 스파이에 대한 낭만적 상상력의 소재였던 것과 달리 미국 중앙정보국(CIA)은 언제나 음울하고 어두운 존재였다. 2차대전 당시 영국 정보국의 기법을 배우며 CIA를 만들 때는 '정보가 나라를 지킨다'라는 기치 아래 최고 엘리트들이 헌신했지만, 반공산주의 정보·공작 과정에서 더러 독재 정권들을 지원했던 사실이 드러나면서 부정적인 이미지가 생긴 탓이다. MI6로 더 알려졌던 영국 정보국은 2차대전 이후 비록 영향력은 쇠퇴하면서도 '제임스 본드' 시리즈로 대중의 사랑을 받았지만, 세계 최강국 정보기관으로 부상했던 CIA는 미국에서도 의구심의 대상이었다.

지난 1980년대 CIA 출신 대사들이 한국에 부임했을 때 학생·재야운동의 인식도 비슷했다. 제임스 릴리(James Lilley), 도널드 그레그 대사는 각각 명문 예일대학교와 윌리엄스대학교를 졸업한 뒤 CIA의 아시아 공작을 맡았다. 맷 데이먼 주연의 영화 「굿 셰퍼드(Good Shepherd)」의 주인공처럼 실제 초기 CIA 핵심 멤버에는 예일대학교 출신들이 많았다. 두 대사는 당시 미국의 공화당 행정부와 인맥이 두터웠다. 릴리 대사는 한국 대사 직후 중국 대사로 영전했다. 그레그 대사는 조지 H. W. 부시(George Herbert Walker Bush) 대통령의 부통령 시절 안보보좌관 출신이어서 미국 내 영향력이 각별했다.

CIA 출신 두 대사는 당시 한국 내의 의구심과 달리 민주화, 남북관계 진전 과정에 개입했다. 릴리 대사는 부임 전부터 대학생들의 화형식 대상이었다. 릴리 대사는 많은 이야깃거리를 가진 사람이었지만 국내에는 그의 CIA 경력만 부각됐다. 특히 당시는 미국이 전두환의 쿠데타를 지지하고 광주 유혈진압을 방관 내지 지원했다는 의혹이 팽배했던 시기였다.

릴리 대사는 미국 석유 회사 스탠더드오일의 세일즈맨으로 중국에 건너간 아버지 때문에 1928년 중국 칭다오에서 태어났다. 그의 형제들은 모두 중국에서 자랐지만 두 형은 한반도와 특별한 인연이 있었다. 중학 과정에 진학하면서 칭다오가 아니라 평양의 외국인학교로 보내졌던 것이다. 구한말부터 일본 식민지 시절까지도 평양은 동양의 예루살렘이라고 불릴 만큼 미국과 캐나다 선교사들의 동북아 베이스캠프로 작용했다. 당연히 학교 수준도 중국보다 높았다. 평양에서 학교를 졸업한 형들은 모두 예일대학교에 입학했다.

릴리 대사도 예일대학교에 진학했는데 1951년 졸업하자마자 CIA에서 일하기 시작했다. 당시 CIA와 예일대학교는 특수한 관계에 놓여 있었다. 예일대학교 출신의 스파이 원조로 불리는 네이선 헤일(Nathsn Hale)은 "나라를 위해 바칠 목숨이 하나뿐이라는 사실이 유감"이라는 말을 남길 정도로 애국심이 투철했는데, 예일 출신들의 고도의 지적 능력과 외국어 구사 능력이야말로 정보 업무에 적합한 자질이었다. 1942년 독일과 일본을 상대로 정보 수집과 특공 작전을 담당하는 전략업무국(OSS: Office of Strategic Services)을 만들 때부터 예일대학교는 중요한 역할을 했다.

맷 데이먼 주연의 영화에서도 나오듯이 당시 미국은 영국의 첩보 기관으로부터 정보 업무를 배웠다. 릴리 대사가 쓴 『아시아 비망록』에 따르면, 그가 예일대학교에 재학 중일 때 대학 총장이던 찰스 시모어(Charles Seymour)는 전시 OSS 책임자였고 1953년 CIA 국장이 된 알렌 덜레스와도 가까웠다.[2] 당시에는 예일의 대표팀 코치나 저명한 교수들이 직접 나서서 직접 CIA 요원을 모집할 정도였다.

릴리는 CIA에서 중국과 동남아 공작을 맡았다. 동남아 국가에서 공산주의자들의 침투와 외부 공격으로부터 정부가 붕괴하는 사례를 직접 목격했던 릴리 대사의 경력은 주한 미국 대사로서의 소신에도 영향을 미쳤다. 그는 호전적인 북한과 세계에서 가장 중무장한 군사분계선으로 분단된 한국과 같은 나라에서는 안보도 동등하게 우선시되어야 한다고 생각했다.[3] 더욱이 릴리 대사가 부임하기 3년 전인 1983년 10월, 북한은 미얀마의 아웅산 국립묘지에서 전두환 대통령을 살해하기 위한 폭탄을 장치할 만큼 호전적이었다.

사실 미국 워싱턴에서는 전두환 정부 취임 이후부터 한국 내 개혁을 독려하는 방법을 둘러싸고 정책적인 대립이 있었다. 의회와 국무부는 한국이라는 방정식을 풀 때는 민주주의를 우선해야 한다는 목소리를 높였다. 릴리 대사도 한국으로 오기 전에 상원 외교위의 인준청문회에서 존 케리(John Kerry) 상원의원(2004년 민주당 대통령 후보)으로부터 매서운 질문을 받았다. "대사는 무엇이 우선이라고 보는가? 안보인가, 민주주의인가?"

릴리 대사 지명자는 "한국에 민주주의가 정착되기를 충심으로 바란다. 그러나 북쪽의 방어지대를 튼튼히 해야 한다. 그런 다음 우리가 한국을 지원한다는 것을 명확히 인식시켜야 한다."라고 답변했다. 대사는 자신의 요점을 뒷받침하기 위해 1981년 레이건 대통령이 전두환 대통령을 초청한 사건을 들었다. 레이건 대통령은

(북한의 침략 위협에 맞서) 한국을 지원한다는 명백한 신호로 전두환을 워싱턴에 초청했고, 대신 전두환 정권이 사형선고를 내렸던 김대중을 사면해서 해외로 망명할 수 있도록 허용할 것을 조건으로 내걸었다. 이처럼 안보 우선론자였던 릴리 대사는 1987년 민주화 시위 때는 전두환 정권의 무력진압 시도를 원천봉쇄하는 데 앞장섰다.

그는 6·10 민주화 시위 직후 명동성당 농성 당시 한국 정부가 강제 진압하려고 하자 최광수 외무장관을 만나 "전 세계가 떠들썩해질 것"이라며 '강력 저지'했다. 전두환 정부가 계엄령을 검토할 때는 국무부에 로널드 레이건 대통령의 친서를 보내달라고 요청했다. 릴리 대사는 6월 19일 오후 2시 전 대통령 단독 접견에 앞서 윌리엄 리브시 주한미군 사령관을 만나 사전 협의도 했다. 90분간의 면담 동안 전 대통령을 만나 계엄령 반대는 주한미군 사령관과의 협의를 거친 것이라고 압박했다. 앞서 청와대가 눈치를 채고 접견 요청을 거절하자 미 대사관은 '미국 대통령 친서'를 무시하느냐며 강력하게 항의했다.

그의 회고록에는 개스턴 시거 당시 동아태 차관보가 한국의 민주화를 강조하고 서울 방문 때마다 동교동의 김대중을 방문했다는 내용이 실려 있으며, 한국 정보요원들에 의해 동교동으로 향하는 시거 차관보의 차량이 전복될 뻔한 적도 있다는 일화도 실려 있다. 시거 차관보는 1986년 필리핀에서 페르디난드 마르코스 대통령을 하야시키는 데 영향을 미쳤고 1987년에는 한국의 민주화를 촉구하는 미국 정부의 핵심 인물이었다.

그해 2월 6일 뉴욕의 코리아 소사이어티 연설에서 시거 차관보는 미국이 한국의 새로운 정치제도를 지원할 것이라고 발표했다. 특히 한국의 대통령 선거가 민주적 방식으로 실시되도록 지원하겠다고 밝혔다. 군부독재가 문민화되어야 한다는 점도 주장했다. 그 연설은 한국의 정계와 군부를 술렁이게 만들었다. 당초 시거 차관보의 연설에 대해 슐츠 국무장관은 시큰둥했으나, 1987년 봄 서울을 방문해서는 전 대통령에게 "시거의 발언은 한마디도 빠짐없이 미국 정부의 정책"이라고 쐐기를 박았다.[4]

저자는 워싱턴 특파원 기간 중 만년의 릴리 대사를 자주 볼 수 있었다. CIA 경력과 큰 키의 길쭉한 얼굴 때문인지 호감을 불러일으키는 인상은 아니었지만, 계단을 오르내릴 때마다 내 어깨를 붙잡으며 고맙다는 말과 함께 웃음을 잃지 않았다.

역시 1970년대 CIA 한국지부장을 거쳤던 도널드 그레그 대사도 2009년 워싱턴의 한미경제연구소(KEI)에서 출간된 『대사들의 회고록(Ambassador's Memoirs)』에서 한미관계 비화를 풀어놓았다. 그레그 대사 역시 조지 H. W. 부시 대통령이 레이건 행정부의 부통령인 시절 안보보좌관 출신으로, 1990년대 초 부시 대통령 취임 이후 한미관계에서 큰 영향력을 행사했다. 그 역시도 1980년대 말부터 1990년대 초반 반미 시위대의 공격 대상이었다.

"광주의 미국 문화원은 반미 시위대의 화염병 공격을 자주 받았다. 나는 김대중과 광주 방문 문제를 상의한 뒤 그의 자문대로 학생 시위가 적은 겨울방학 기간인 1991년 1월에 방문했다. 도착하자마자 받은 질문이 광주항쟁에서 미국이 했던 역할을 사과하러 왔느냐는 것이었다."

그레그 대사는 광주 재야 지도자들의 요청에 따라 광주 미 문화원에서 공개적으로 그들을 만났다. 첫 번째 질문은 "광주에서 한국 시위대를 쏘라는 명령을 내린 사람이 누구였냐?"는 것이었다. 그는 모르는 일이고 한국 사람들만이 그 질문에 답할 수 있다고 대답했다. 그들이 되받았다. "그건 거짓이다. 미국은 하늘에서도 신문을 읽을 수 있는 인공위성을 갖고 있지 않느냐? 미국이 지켜보고 있었다는 것을 안다." 대사는 "미국이 그런 대단한 인공위성을 갖고 있는 것이 사실이기는 하지만 그렇다고 사람의 마음까지 읽을 수 있는 것은 아니며 사람이 한 일을 단지 보여줄 뿐"이라고 설명했다.

대사는 광주의 분노가 배신감에서 우러나온 것이라고 느꼈다. 마치 1956년 헝가리 사태 때 미국이 기대만큼 재빨리 움직이지 않아 자신들을 지켜주지 않았던 데 대한 불쾌감을 가졌던 것을 연상시켰다.[5]

광주의 재야인사들이 그레그 대사에게 '미국이 항공모함을 부산에 보냈을 때 (광주 시민들에게) 도움을 주려고 오는 줄 알았다'며 배신감을 쏟아내자, 그는 "그것은 북한에게 방해하지 말라고 보낸 신호였다."라며, "미국도 전두환 정권에 대해 전반적으로 부정적인 감정을 갖고 있었다."라고 답했다. 광주의 재야 지도자들은 '전두환을 레이건 대통령 취임 이후 초청한 첫 외국 정상으로 택한 이유가 무엇이냐'며 '그만큼 전두환을 가깝게 여기는 것 아니었나?'라고 따져 물었다. 당시 대사는 "전두환 대통령이 첫 손님이었다. 그리고 그 보상은 김대중의 생명 아니었나?"라고 답했다.

그의 이 말은 당시 광주 언론에 대서특필되기도 했다. 그는 노태우 대통령 당시 북방 정책을 지지했으며, 특히 미 공군의 전술핵무기를 한반도에서 철수시키는 데 기여해 남북의 한반도 비핵화 선언, 북한의 국제원자력기구(IAEA) 사찰 수용의 기반을 닦았다. 그는 대사 시절 가장 큰 보람으로 남북관계 진전을 위해 1992년 한미 군사훈련인 팀스피리트 훈련을 하지 않도록 했던 것을 꼽았다.

하지만 이듬해 한미 군 지도부가 자신에게 상의하지 않고 팀스피리트 훈련을 재개한 것을 막지 못한 것을 최대의 실수로 꼽았다. 북한은 1993년 봄 준전시 상태를 선언했고 핵확산금지조약(NPT)에서 탈퇴하기에 이른다. 회고록 말미에 그레그 대사는 "만약 부시 대통령의 임기가 1년만 더 연장되었더라도 남북·북미 관계는 새로운 전기를 맞았을 것"이라고 덧붙였다. CIA 출신 대사들이 한국 현대사의 무대 뒤에서 예상 밖의 역할을 했다는 것을 보여주는 대목이다. 하기야 미국 내 최고 금기였던 미중 수교의 다리를 놓은 것도 공화당 행정부였던 점을 감안하면 역사의 이면은 선입견과는 많이 다른 것 같다.

미 국무부에서 가장 큰 부서는 한국과

"한국 친구들은 항상 나에게 미국 국무부의 한국과(課)가 얼마나 큰지 묻습니다. 일본과보다 크냐고 반드시 묻지요. 나는 일본과보다 몇 배나 더 클 뿐 아니라 국무부 내에서 가장 큰 부서 중 하나라고 대답합니다. 그러면 한국 사람들은 크게 만족합니다. 하지만 한국과가 크다는 것은 그만큼 미국이 한반도에서 해결해야 할 문제가 많다는 것을 뜻할 뿐입니다. (미국의 최대 동맹인) 영국을 담당하는 국무부 인원은 오히려 한두 명밖에 안 됩니다."

스트라우브 전 국무부 한국과장이 지난 1984년 한국과에 처음 배치됐을 당시에 한국과 소속 외교관은 모두 다섯 명이었다. 비서 두 명을 포함하더라도 단출한 식구였다. 부과장은 군사 담당이었는데, 당시까지만 해도 6·25전쟁이 끝난 지 30년밖에 안 된 시기여서 남북 대치 상황이 미국의 최대 관심사였기 때문이었다.

또한 당시 한국의 권력은 군부가 장악하고 있었기 때문에 군사 담당의 역할이 컸다. 1990년이 되면서 한국과 소속 외교관은 여섯 명이 됐다. 경제와 통상 담당이 한 명 추가된 것인데 이는 한미관계에서 경제 문제의 비중이 커졌다는 의미였다. 1996년 그가 부과장 시절에는 한국과 소속 외교관이 모두 스무 명이었다. 제네바 합의 이후 로버트 갈루치(Robert Gallucci, 현 조지타운대학교 외교대학원장), 조엘 위트 같은 대북협상팀이 포진하고 있었기 때문이다. 현재 한국과의 인원은 스무 명이 넘는다. 이 중 대다수 인원이 북한 문제에 매달리고 있다. 북핵은 여전히 한반도에서 가장 큰 문제이다.

한국과의 정식 명칭은 오피스 오브 코리안 어페어스(Office of Korean Affairs). 별칭으로 코리아 데스크라고 부른다. 스트라우브 전 과장은 일본과장도 거쳤는데 저자와의 2007년 2월 22일 인터뷰에서 그는 일본과의 인원은 열 명 정도라고 소개했다.

스트라우브 전 국무부 한국과장을 보면 국무부의 한국과가 어떤 곳이고 어떤 사람들이 이 일을 하는지 대략 짐작할 수 있다. 스트라우브 과장은 1976년 국무부 외교관으로 들어간 뒤 당시 분단국이었던 독일에서 외교관 생활을 시작했다. 1979년부터는 한국 현대사의 격변기를 겪은 뒤 주한 미 대사관 정무공사, 국무부 한국과장과 일본과장, 정무차관 보좌관을 거치며 2006년 4월까지 한국 정책을 다듬었다. 그는 국무부 한국과장 시절 한미 양국의 이견을 노출했던 북한 정책에 대해 저자에게 이렇게 얘기했다.

"한반도 문제의 핵심은 두 가지다. 하나는 분단이고, 또 하나는 남북이 라이벌이라는 사실이다. 한국 정부는 최근 북한을 너무 좋게 대해왔다. 하지만 북한은 거의 반응을 보이지 않았다. 그런 상황에서 한국은 미국을 비난하는 쪽으로 화살을 돌려왔다. 특히 김대중 정부는 남북한 화해에 너무 지나치게 의미를 부여(overselling)했다. 문제는 북한이다. 북한이 진지하게 한국과 협력했다면 부시 행정부도 절대로 대북 강경책을 펴지 못했을 것이다."(2007년 2월 20일)

2008년 국무부 한국과장이었던 커트 통(Kurt W. Tong)은 조지타운대학교 아시아 프로그램 강연에서 "한국과장의 역할은 한미관계를 더 완벽하게(more perfect) 해야 하는 어려운 자리"라고 말했다. 완벽하다(perfect)는 말에 이미 더 이상 좋을 수 없다는 뜻이 담겨 있는데, 한미관계는 아무리 다듬어도 쉽지 않다는 뜻이 담겨 있었다.

북한과는 종전에 한국과 안에 북한 데스크로 포함되었지만 2009년 2월 버락 오바마(Barack Hussein Obama) 2기 행정부가 북

핵 문제와 대북관계를 보다 적극적으로 다루기 위해 국무부 대북
정책 특별대표 자리를 신설하면서 분리되었다. 첫 특별대표였던 스
티븐 보스워스(Stephen Bosworth)는 김대중 정부의 햇볕정책에 우
호적이었던 주한 미국 대사 출신이었으나, 그 역시 대북정책의 어려
움을 토로했다. 보스워스 대표는 2011년 가을 2년 8개월간의 특별
대표직을 마치고 미국 매사추세츠주의 터프츠대학교 플레츠스쿨
학장으로 돌아갔다.

그는 2011년 12월 8일 《동아일보》와의 인터뷰에서 "버락 오바마
대통령은 취임 당시 전임자인 조지 W. 부시 정부 말기에 시작된 진
전을 계속 추구하겠다는 생각이었다. 북한에 몇 차례 제의도 했지
만, 나로선 도저히 이해하지 못할 이유로 북한은 이 제안들에 대해
긍정적인 반응을 보이지 않았다. 대신 북한은 장거리 미사일을 쏘
고 핵실험을 했으며 나중엔 천안함 폭침과 연평도 도발까지 했다.
김정일 국방위원장은 이런 행동을 통해 (미국과의 관계 진전) 기회를
놓쳤다. 지난 3년 동안 진전을 보이지 못한 것은 모두 북한 책임이
다."라고 밝혔다.

사실은 미 국무부에서 남북한을 책임지는 과는 비단 한국과와
북한과만이 아니다. 국무부의 동아시아태평양국(EAP) 자체가 북핵
문제에 매달려왔다. 동아태국은 남북한과 중국, 일본, 호주, 베트남
및 태평양 섬나라들과의 외교적 문제를 관장하는 국무부의 여섯
개 지역국 중 하나이다.

《문화일보》가 지난 2008년 3월 21일에 다룬 〈지구촌 전망대〉의
「美국무부 동아태局 100년」 기사는 국무부 동아태국이 얼마나 한

반도 문제에 집중하고 있는지를 잘 보여준다.

"2008년 3월 20일 오후 미국 국무부의 동아시아·태평양국에서는 조촐한 자축연이 열렸다. 바로 동아태국이 만들어진 지 100년을 기념하는 자리였다. 120여 명의 동아태국 간부·직원들이 참석한 자리에서 힐 차관보는 '1908년에 윌리엄 필립이라는 사람이 첫 동아태국(당시 이름은 동아시아부) 차관보였는데 그는 북핵 문제는 다루지 않았다'며 북핵 문제에 묶여 있는 답답한 처지를 토로했다. 앞서 19일 힐 차관보는 워싱턴 내셔널프레스빌딩의 외신센터에서 '2008년 미국과 동아시아 관계의 진전을 위해'라는 주제로 기자회견을 열었다. 힐 차관보는 '동아태 상황은 매우 긍정적이지만 여러분들은 좋은 일에는 관심 없을 테니 곧바로 문제점으로 넘어가자'며 북핵 문제에 대해 답변했다. 힐 차관보는 당시 동아태국을 맡은 3년 동안 북핵 문제 해결을 위해 온갖 노력을 다했지만, 지금은 우방 일본의 따가운 눈초리, 미국 내 강경파들의 조소, 심지어 북한 측의 냉대에 직면해 있다. 힐 차관보는 실제로 의회에서 '김정힐'이라는 비아냥까지 들으면서 북한과 대화하려고 했다. 북한을 '악(惡)의 축'이라고 생각했던 조지 W. 부시 대통령을 설득해 '친애하는 김정일 국방위원장'으로 시작되는 친서도 전달하고 김 위원장이 좋아한다는 뉴욕 필하모닉 공연까지 주선했다."

그런 그가 북한에 대해 느낀 것은 좌절감이었다. 힐 차관보는 오바마 행정부 출범 이후인 2009년 2월 3일 뉴욕 아시아 소사이어티에서 고별 강연을 했다. 그의 강연에서 귓전을 때린 대목은 '북한은 완벽한 모멘텀 킬러'라는 말이었다. "항상 뭔가 이뤄지고 다음 단계로 나가려고 하면 그들은 '타임아웃'을 외친다."라며, "이는 매우 큰 좌절감을 안겨준다."라고 말했다. 그는 "농구 선수가 점프 슛을 하려는데 코치가 타임아웃을 부르면 어떻게 하느냐?"라고 반문했다.

2012년 1월 현재 국무부 직원 현황을 보더라도 한국과의 비중은 여전히 높다. 전화번호와 사무실 위치를 나타내고 있는 국무부 전화번호부(2012년 1월 17일 현재)에 따르면, 한국과는 에드가드 케어건(Edgard Kagan) 과장을 비롯한 열다섯 명이다. 하지만 이전에 북한 데스크로 같은 부서에 있다가 국무부 대북정책 특별대표가 생기면서 따로 만든 북한과(Office of North Korean Affairs) 다섯 명을 포함하면 모두 스무 명으로 일본과의 열네 명보다는 많다(일본도 자민당에서 민주당으로 정권이 교체된 이후 오키나와 기지 문제 등으로 몇 년 사이 양국 관계의 긴장과 마찰이 많아진 편이다). 특히 미국과 겨루는 G2(2강) 중국과의 스물두 명과 비교해봐도 한국과의 비중은 높은 셈이다. 러시아과는 열여섯 명이다. 스트라우브 전 과장의 설명처럼 영국 담당은 서유럽과에 소속되어 있는 네 명이 전부였다.

1990년대 북핵은 1970년대 남핵의 데자뷰?
결론은 달랐다

1980년대 말부터 미국이 걱정스럽게 지켜보았던 북한의 핵 개발은 1990년대 들어 미국과 북한 관계, 그리고 한미관계, 남북관계를 지배하는 이슈가 되었다. 2012년 4월 북한이 3차 핵실험 조짐을 보일 정도로 북핵 문제는 악화 일로를 걷고 있지만, 남한이 핵 개발을 포기한 지 10여 년 뒤, 그리고 북한이 본격적인 핵무기 개발에 들어가기 전인 1990년에 남북에 핵무기 없는 한반도를 만들 기회의 창이 열리기도 했다.

1991년 12월 18일 노태우 당시 대통령은 '대한민국 내에 어떤 핵무기도 없다'고 공식 발표했다. 조지 H. W. 부시 대통령은 핵무기가 저장됐던 군산기지에 대한 북한의 사찰까지 원칙적으로 허용키로 결정했다. 브렌트 스코크로프트(Brent Scowcroft) 백악관 안보보좌관은 "아웅산 테러, KAL기 폭파 같은 도발을 일삼는 북한에 그런 양보를 해서는 안 된다."라고 반대했고 한국군 지휘부도 대북 억지력 약화를 우려했지만 한미 정상은 결단을 내렸다고 저자에게 밝혔다(《문화일보》, 2008년 4월 9일).

주한미군의 핵무기는 북한의 핵무기 개발 명분이기도 했다. 1985년 북한은 소련으로부터 경수로를 제공받으면서 핵확산금지조약에 가입했지만, 국제원자력기구의 사찰은 거부했다. 남한에 핵무기가 있는 한 핵사찰에 동의할 수 없다는 주장이었다. 미국의 전격적인 핵무기 철수로 북한의 주장은 무색하게 되었다. 도널드 그레그 당시 주한 미국 대사의 회고에 따르면, 1990년 10월에 이미 로버트 리스카시(Robert RisCassi) 주한미군 사령관 등과의 협의를 거쳐 '대북 협상을 진전시키고 장차 한국 내에서 핵무기가 정치 이슈(반핵)로 대두되는 것을 피하기 위해' 백악관과 미 국방부에 핵무기 철수를 권고한 상태였다.[6]

중국·소련과의 수교를 바탕으로 남북 총리급 접촉을 이어오던 노태우 정부는 그보다 며칠 전인 13일 북측과 '남북 화해와 불가침 및 교류 협력에 관한 합의서'에 서명했다. 이어 31일 남북은 비핵화 공동선언을 통해 "핵무기 실험·제조·배치 등을 하지 않고 핵 재처리 시설과 우라늄 농축 시설을 보유하지 않는다."라고 약속했다. 그로부터 20년, 대한민국에는 여전히 핵무기가 없다. 원자력의 평화적 이용에 관해서도 국제사회의 검증을 받았지만 핵 원료 재처리 시설을 짓지 않았다. 대한민국은 2011년 무역 1조 달러 대국이 되었다.

반면 북한은 2013년까지 세 차례의 핵실험에 이어 우라늄 농축까지 가속화하고 있다. 북한은 항상 '민족끼리'를 내세우지만 언제나 미국만 상대하겠다는 통미봉남(通美封南) 전략에서 벗어나지 않았다. 김대중 대통령 취임 이후 노무현 대통령에 이르기까지 남한은 북한의 핵을 중단시키고 협력을 강화하기 위해 노력했지만, 북한은 핵무기 개발을 포기하지 않은 것은 물론 잠수정 침투, 서해교전 등의 정전협정 위반도 멈추지 않았다. 이런 상황 속에서 1980년대 이후 한국과 미국 간의 대북정책은 속도와 강도, 때로는 방향을 둘러싸고 미묘한 마찰을 빚으며 긴장 관계를 유지했다.

1990년대 북한의 핵무기 개발은 1970년대 대한민국의 핵무기 개발 비사와 닮은 구석이 있다. 핵무기를 통해 '어느 누구도 넘보지 못할 자위력'을 갖추겠다는 의지 면에서 박정희 전 대통령이나 김일성, 김정일은 비슷했다. 하지만 결론은 달랐다.

박 전 대통령은 1972년 핵무기 개발을 시도했으나, 미국의 강한 반대로 몇 년 뒤 이를 포기했다. 북한이 끝까지 포기하지 않고 있는 점과 다른 결말이었다. 박정희가 핵무기 개발에 착수하려고 했던 당시 미국의 리처드 닉슨 행정부는 아시아 독트린을 선언하고 베트남에서 철수를 서두르고 있었다. 더욱이 닉슨 대통령과 키신저 안보보좌관(이후 국무장관)이 중국을 비밀리에 방문해 국교 정상화를 서두르던 시점이었다. 키신저는 1974년 3월 29일 닉슨 대통령의 재가를 거쳐 "1953년 휴전협정을 대체할 남북한 불가침조약을 체결하고 유엔 안보리의 한반도 안정에 대한 패키지 합의·승인을 거쳐 주한미군을 감축하고 궁극적으로 철수한다."라는 안보정책 각서를 국방장관, 국무부장 등에게 회람시켰다.[7]

박정희의 핵무장 결정은 이 같은 정세를 반영한 것이었다. 더욱이 1968년 푸에블로호 나포 사건, 김신조 등 북한 무장 게릴라의 청와대 습격 사건, 1969년 북한군의 미군 EC-121기 격추 사건, 1976년 8월 북한군이 판문점에서 두 명의 미군 장교를 도끼로 패 죽인 사건에서 미국이 무기력하게 대응하는 모습에서 한국은 미국이 한반도의 긴장 사태에 개입하기를 꺼리는 징후를 느꼈다. 결정적으로 미군이 베트남에서 철수하기 시작한 이후 베트남의 잇단 패배와 1975년 4월 월맹군에 의해 사이공이 함락되자 박정희의 위기감은 극대화됐다. 결국 미국이 지켜주지 않는다면 독자적인 핵무기를 개발함으로써 '자주국방'을 하겠다는 전략이었다.

도널드 그레그 전 주한 미국 대사는 CIA 서울지부장으로 근무하던 1973년 무렵 박정희 정부의 핵무기 개발 사실을 미국이 알게 해 멈추게 했다. 그는 본국에 한국의 핵무기 개발 추진을 보고했고, 미 정부는 매우 조심스럽게 이를 멈추도록 한국 정부에 요구했다. 미국은 북한으로부터의 어떠한 공격에도 남한을 보호할 것이며, 따라서 남한이 핵무기를 지닐 필요가 없다는 것을 강하게 재확

NATIONAL SECURITY COUNCIL
WASHINGTON, D.C. 20506

TOP SECRET/SENSITIVE - XGDS   March 29, 1974

National Security Decision Memorandum 251

TO: The Secretary of Defense
                       The Deputy Secretary of State
                       Director, Arms Control and Disarmament Agency

SUBJECT: Termination of the U.N. Command in Korea

The President has reviewed the response to NSSM 190 and agency comments
thereon, and has made the following decisions:

1.   Negotiating Packages

      To maintain and improve ROK security the United States should seek:

      --   Substitution of U.S. and ROK military commanders for the
           Commander-in-Chief United Nations Command as our side's
           signatory to the 1953 Korean Armistice Agreement. The ROK
           and North Korean representatives should then become the
           principal members of the Military Armistice Commission.

      --   Tacit acceptance by the other side of a continued U.S. force
           presence in South Korea for at least the short term, in return
           for a Shanghai-type communique committing ourselves to reduce
           and ultimately withdraw U.S. forces as the security situation on
           the Peninsula is stabilized.

      --   A non-aggression pact between the two Koreas.

      --   U.N. Security Council endorsement of the agreed-upon package
           of substitute security arrangements.

      --   Avoidance of other changes in the Armistice Agreement.

2.   Negotiating Strategy

      A two-track negotiating strategy should be pursued, with the Seoul-
Pyongyang track being primary. In the second track, the U.S. should

TOP SECRET/SENSITIVE - XGDS

▲▶ 키신저 미 국무장관이 중국과의 국교 정상화를 서두르며 주한미군을 철수하려고 했던 사실
을 보여주는 비밀문서. 키신저는 1974년 3월 29일 닉슨 대통령의 재가를 거쳐 "1953년 휴전협정
을 대체할 남북한 불가침조약을 체결하고 유엔 안보리의 한반도 안정에 대한 패키지 합의·승인을
거쳐 주한미군을 감축하고 궁극적으로 철수한다."라는 안보정책 각서를 만들었다.

인시켰고 1977년 무렵 박정희가 포기했다고 그레그는 회고했다. 또
한 지미 카터 대통령이 미군 철수를 공언하자 박정희는 다시 비밀
리에 핵무기 개발을 시도했고, 이 때문에 미 중앙정보국이 김재규
를 시켜 박정희를 암살케 했다는 의혹과 관련해서는 "말도 안 되는

make parallel approaches to the major powers involved -- the PRC, Soviet Union, and Japan. Specifically, we should:

-- Consult with the ROK before making proposals to any of the major powers. We should also seek ROK agreement to transfer operational control of ROK forces from CINCUNC, upon its termination, to a new U.S. - ROK combined command under a senior U.S. military officer.

-- Keep the Soviets generally informed but discourage any spoiling role or direct Soviet involvement.

-- After contacts with the PRC, inform other members of the UNC Liaison Group, as well as allies which contributed forces to the UNC.

-- Keep Japan continuously informed. In addition, (a) seek an explicit agreement from the Japanese Government which would extend the secret 1961 Kishi Minute to the U.S. - Japan Mutual Security Treaty following termination of the UNC, but (b) not seek any extension in Japan of third country basing rights under the U.N. Status of Forces Agreement following termination of the UNC.

The minimum objective of the United States in this negotiating approach is to place ourselves by early summer in a defensible position for possible debate of the Korean issue in the U.N. General Assembly this coming fall.

3.   U.S. Force Presence in South Korea

There should be no substantial changes in the level or missions of our forces in the ROK during the period of transition to new security arrangements following termination of the UNC.

Henry A. Kissinger

cc: Director of Central Intelligence
       Chairman, Joint Chiefs of Staff

난센스"라며 "박정희는 1972년에 핵 개발에 착수해 1977년 포기했다."라고 단언했다.[8]

1978년 9월 5일자 CIA 문건(South Korea: Public Discussion of the Ncclear Option)에 따르면, 1977년 5월 박동진 당시 외무장관은 미국이 남한으로부터 전술핵무기를 철수한다면 한국 정부는 핵무기 개발을 "검토할 것"이라고 밝혔지만 실제 핵무기를 개발할 의도는 없다고 분석했다. CIA는 "한국 정부가 의도적으로 이런 (핵무기 개발 여론) 주장을 고취했다는 증거는 없지만 이런 논의를 묵인한 것은 확실해 보인다."라면서 "박 장관의 발언은 핵 개발 이슈를 다루지 않았던 지난 몇 년간의 관행을 깨는 것으로 인식됐다."라고 지적했다.

문건은 이어 "한국 내 핵무기 개발과 관련된 논의는 확실히 미군 철수 문제와 연계돼 있다."라고 분석한 뒤, 박동진 장관의 발언은 한미 양국 간 미군 철수 문제에 관한 협상에 즈음해 나왔다고 밝혔다. 또 "한국 정부 관료들은 한국이 핵을 가질 경우의 위험성을 잘 알고 있지만 대부분의 한국인들은 정서적으로 이 문제를 대하고 있다."라고 지적했다.

그러면서 "한국인들은 미국의 핵우산을 한반도에서 전쟁을 억지할 중요한 수단으로 여기고 있으며, 이에 따라 미군의 대(對)한반도 안보 공약이 약화될 것에 대비해 한국도 핵무기 개발에 나서야 한다는 경향을 보이고 있다."라고 전했다. 이런 상황에서 한국 정부가 핵 개발 논쟁을 허용 또는 조장하는 것은 이를 통해 한국인들에게 자주국방의 믿음을 주는 한편 주한미군 철수 문제와 관련해 미국에 대한 압력으로 활용하려는 의지가 깔려 있다고 CIA는 분석했다.

CIA 문건은 "핵무기 개발에 대한 한국 내 논란이 한국 정부가 실제 핵무기를 확보하려는 것은 아니다."라고 강조했다. 그 근거로 "핵무기 개발이라는 목표를 직접적으로 지원하는 새로운 연구나 개발 움직임이 있는 것은 아니다."라면서 "만일 한국 정부가 실제

South Korea: Nuclear Developments and Strategic Decisionmaking

Central Intelligence Agency
National Foreign Assessment Center

June 1978

Key Judgments

The evidence is clear that President Pak Chong-hui in late 1974 authorized a program to develop nuclear weapons technology.

- At that time, however, he had not decided that Korea would actually build bombs.

- He probably did not expect to confront the need or opportunity to make a decision on the production of either warheads or a delivery system for at least several years.

To maintain a strong alliance with the United States, Seoul seeks to minimize frictions in bilateral relations. Under US pressure, in January 1976 it suspended negotiations for a reprocessing facility; in December 1976 it suspended the whole formal program to develop nuclear weapons technology that it had inaugurated only two years earlier.

Nevertheless, the concerns that prompted Seoul's interest in nuclear weapons remain. Since the Korean war, P'yongyang has shown unabated hostility toward Seoul and has substantially strengthened its offensive capabilities. South Korea's confidence in the US security commitment and, in particular, Washington's willingness to defend it with nuclear weapons has declined.

Officials in the Korean nuclear research community believe that, even while bowing to US preferences on the line of work they pursue, certain activities can and should be undertaken to keep Seoul's nuclear option open. These activities include the Agency for Defense Development's current work in high explosives and its development of surface-to-surface missile technology.

- The explosives research has legitimate conventional weapons applications, but an established capability in this field would be highly advantageous were a dedicated nuclear weapons program resumed.

▲ 1978년 미국 CIA는 한국 정부가 주한미군 철수 문제와 관련해 미국에 대한 압력용으로 핵무기를 자주적으로 개발해야 한다는 여론을 띄우고 있으나, 실제로는 핵무기 개발을 포기했다는 보고서를 작성했다.

핵무기 개발을 몰래 추진하려 했다면 이런 사실을 광고하려 하겠는가?"라고 반문했다.

반면 북한의 핵무기 개발은 남한이 핵무기 개발을 완전히 포기한 1980년 무렵 시작됐다. 1970년대 몇 차례의 경제계획이 목표 달성에 실패하면서 성장 동력을 상실한 북한은 1980년대가 끝나갈 무렵 사회주의권 국가들의 몰락 여파로 체제 붕괴의 기로에 선다. 김일성과 김정일을 중심으로 한 북한 지도부는 체제를 지킬 수단으로 핵무장을 선택했다. 어려운 목표지만 성공만 하면 남한은 물론 미국도, 일본도 쉽사리 북한을 넘볼 엄두를 내지 못하게 할 카드였다.

북한 입장에서 핵무장 카드는 생각보다 쓸모가 있었다. 한반도에서 또다시 전쟁의 위험을 감수할 수 없는 미국은 엄포만 놓다가 결국 당근을 내놓았다. 1994년 제네바 협정을 통해 미국의 빌 클린턴 행정부는 경수로 건설과 완공 때까지 중유 지원을 약속했다. 북한은 곧이어 닥친 수해(水害)와 한해(寒害)로 수십만 명이 굶어 죽는 '고난의 행군'을 겪었지만 제네바 협정 덕분에 미국과 세계 각국의 원조를 얻을 수 있었다.

북한의 궁핍 속에서 1998년 김대중 대통령이 당선한 이후 서울에서는 '햇볕정책'을 지지하는 여론이 확산됐다. 대규모의 경제 지원도 이어졌다. 북한은 이 기간 핵무기 개발계획을 접지 않고 지속했다. 2002년 미국의 조지 W. 부시 행정부는 북한을 '악의 축'으로 규정하며 종전의 클린턴 행정부의 협상 정책을 뒤집었다. 부시 행정부는 북한이 비밀리에 파키스탄에서 우라늄 농축 설비를 도입해 제네바 협정과 달리 비밀 농축을 하고 있다고 북한을 비난했다. 북한은 다시 본격적인 핵무기 개발에 나섰다. 1990년대 초 클린턴 행정부가 영변 폭격을 잠깐 검토했지만 결국 공격하지 못한 것을 두고도 본격적인 핵무기 개발에 나선 북한을 칠 수는 없을 것이라고 확신했을 것이다.

북한은 2010년 11월 12일 미국의 지그프리드 헤커(Siegfried S. Hecker) 전 로스 알라모스 국립핵연구소 소장을 비롯한 스탠퍼드 대학교 관련 인사들에게 영변 핵단지 성형공장 내 위치한 원심분리기 2,000기 규모의 '우라늄 농축 공장'과 25~30메가와트(MW) 소형 경수로 건설 현장을 공개했다. 이는 1992년 남북한이 합의한 '한반도 비핵화 공동선언' 제3조의 중대한 위반이며, 북한이 1994년 '미북 제네바 합의', 2005년 6자회담 '9·19 공동성명'에도 불구하고 은밀히 핵무기 개발을 지속하고 있었음을 드러낸 사건이었다. 북한이 핵무기 개발의 또 다른 길인 우라늄 농축을 비밀리에 진행해 이미 양산 규모의 우라늄 농축 공장을 보유하고 있는 상황에서 북한 핵무장의 판도라 상자가 열린 것으로 한미 당국은 평가했다.

더욱이 플루토늄 관련 영변 핵시설의 불능화와 폐기에 초점을 두고 있던 그동안의 6자회담 틀도 기존의 점진적·부분적인 방식에 한계를 드러냈다. 이란 핵무기 개발에서 드러났던 것처럼 우라늄 농축 공정을 민수용과 군수용을 구분하는 것은 의미가 없으며, 어떻게 가동하느냐에 따라 핵무기 재료인 고농축우라늄(HEU: High Enriched Uranium)과 원전 연료인 저농축우라늄(LEU: Low Enriched Uranium)을 생산할 수 있다. 북한은 우라늄 농축 공장이 평화적 이용을 위한 것이라고 강변하고 있지만, 민수용 원전이 하나도 없는 상황에서 군사적 목적 외 다른 목적을 갖고 있다고 평가할 수 없는 상황이다.[9]

이와 관련해 국제원자력기구(IAEA)는 2011년 9월 22일 한국과 미국, 일본 등이 제출한 북한의 핵무기 개발 중단을 요구하는 결의안을 만장일치로 채택했다. IAEA가 가결한 대북 결의안은 북한의 우라늄 농축 활동에 심각한 우려를 표명하며 핵 비확산 의무를 준수하라고 촉구했다. 2010년 IAEA 총회에 제출된 북한 관련 결의안은 아랍권의 기권으로 만장일치로 채택되지 못했지만, 2011년에는 회원국 모두 찬성표를 던져 북한의 우라늄 농축 문제에 대한 분명한 태도를 보여줬다(《연합뉴스》, 2011년 9월 22일).

1990년대 북한의 플루토늄 추출을 통한 핵무기 개발을 막기 위해 노력했던 한스 블릭스 전 IAEA 사무총장은 2011년 11월 28일 《중앙일보》와 인터뷰에서 "한국과 독일, 일본은 핵무기 없이도 국제사회의 리더, 선진국이 될 수 있다는 걸 보여준 3개 대표국"이라고 말했다.

한국은 이미 원자력발전소 수출 국가가 되었다. 2009년 12월 27일 아부다비를 방문한 이명박 대통령은 한국이 총 400억 달러(약 47조 원) 규모의 아랍에미리트연합(UAE) 원자력발전 사업을 따냈다고 기자회견을 통해 생중계로 발표했다(《한겨레신문》, 2009년 12월 27일). 이 대통령은 "앞으로 원전 해외시장 진출에 미국, 일본, 프랑스, 러시아와 어깨를 나란히 할 수 있게 됐다."라며, "아랍에미리트와 에너지, 플랜트, 투자, 안보 등 제반 분야에서 협력을 확대해 '제2의 중동 붐'을 가져오게 될 것"이라고 밝혔다.

블릭스 전 사무총장도 "한국은 UAE에 평화적인 핵이 군수회사가 아니라 발전소에서 나온다고 설득할 자격이 있고 개발도상국들이 원자력 통제 시스템을 만들고 유지하는 걸 도울 수도 있다."라고 평가했다. 반면 북한은 플루토늄 추출에 이어 공개적인 우라늄 농축 본격화를 통해 IAEA, 미국 등과 대결 정책을 벌이며 국제적인 제재와 고립에 직면했다. 오로지 김정은 체제의 급속한 붕괴로 인한 국경 지역 불안 사태를 막기 위해 북한을 지원하는 중국의 도움에 의존하고 있으나 스스로 설정한 2012년 강성대국의 목표도 낮추지 않으면 안 될 정도로 경제적 위기에 직면해 있다.

북한의 경제 상황은 1995년을 100으로 볼 때 2009년 86.5 수준으로 악화된 것으로 평가됐다. 2012년 1월 9일 세종연구소가 통계청 의뢰로 작성한 「통계로 보는 남북한 변화상 연구」 보고서에 따르면, "북한 경제는 '고난의 행군' 시절이었던 1998년 70.3을 기록하며 최악의 상황을 맞았다."라며, "경제 성과가 가장 높았던 해는 지수가 104.7로 추정된 2007년이었다."라고 한다. 자료에 따르면 북한 경제는 '고난의 행군' 시절인 1998년에 밑바닥을 쳤다. 그러다가 2007년에 한국의 대북 지원이 늘고 중국과의 교역 확대가 이뤄지면서 정점을 찍었지만, 북핵 문제가 풀리지 않고 2008년 이명박 정부 이후 대북 지원이 줄어들자 미국과 북한의 제네바 협정 1년 뒤보다 경제 상황이 훨씬 악화된 것이다. 대한민국의 핵무기 개발 포기는 오히려 경제성장과 원자력발전소의 수출로 귀결되었지만 북한의 핵무기 개발은 고립과 경제 위기를 초래한 셈이다.

제네바 협상, 북미 중 누가 배신했나

북한의 핵 문제는 1994년 미국과 북한 간의 협상을 통해 새로운 전기를 맞았다. 제네바 합의(合意)는 미국과 북한이 1994년 10월 21일 맺은 외교적 성과로, 정식 명칭은 '미합중국과 조선민주주의인민공화국 간의 합의(Agreed Framework between the United States of America and the Democratic People's Republic of Korea)'이다. 북한이 핵무기 개발을 포기하는 대가로 북한과 미국의 관계를 정상화하고 북한에 대한 에너지 공급을 시작한다는 내용이었다.

1989년 미국 정찰위성이 북한 영변의 플루토늄 재처리 시설을 확인하고, 1993년 북한이 핵확산금지조약을 탈퇴하면서 고조되었던 긴장이 해소되는 순간이었다. 하지만 이 합의는 2003년 북한에 의해 파기되었다. 제네바 합의 파기의 책임은 누구에게 있는 것일까.

미국 워싱턴의 명문 조지타운대학교의 에드먼드 월시 외교대학원장인 로버트 갈루치 박사는 민주당의 빌 클린턴 행정부에서 1994년 10월 21일 북미 간 제네바 합의를 이뤄냈다. 앞서 그는 1980년대 이후 이라크 핵 의혹 사찰, 이집트와 이스라엘 간의 분쟁 중재, 핵확산 방지 체제 등의 핵심 책임자였다. 제네바 합의는 북한이 핵무기의 원료가 될 수 있는 플루토늄 추출 프로그램을 동결한 뒤 점차 폐기하며 미국은 북한에 경수로 원자로를 지어주기로 한 조건으로 맺은 협정이었다.

그는 2006년 12월 19일, 저자와 《문화일보》 인터뷰(2007년 1월

1일자)에서 "북한이 미국을 속였다는 것은 의문의 여지가 없다."라고 말했다.

"파키스탄으로부터 (우라늄 농축 프로그램에 사용되는) 가스 원심분리기를 구입했다는 증거는 매우 확실해 보인다. 북한도 제네바합의 정신에 위배된다는 것을 알고 있었기 때문에 이를 감추었다. 북한이 속였다면 더 확실하게 검증하고 새로운 투명성을 요구하는새 협상을 해야 한다. 북한을 신뢰할 수는 없다. 하지만 협상이 없는 것보다 있는 것이 더 좋다. 제네바 합의가 완벽한 투명성을 제공하지는 못했지만 분명 플루토늄 프로그램을 중단시켰다. 이런 과정을 통해서 관계를 발전시켜나가고 긴장을 줄여나갈 수 있는 것이다."

갈루치는 당시 일화도 전했다.

"당시 (대통령과 국방장관, 국무장관, 합참의장 등) 참석자들은 온갖 종류의 의견을 다 갖고 있었다. 하지만 우리는 북한을 상대로 모든 것을 다 가질 수는 없었다. 무엇이 우리 안보에 가장 중요하고 가장 필요한가 하는 우선순위가 필요했다. 그때 빌 페리 국방장관이 상황을 잘 정리했다. '우리는 지난 50여 년 동안 북한과 함께 살아왔다. 우리는 북한을 한 번도 좋아한 적이 없다. 우리는 앞으로 50년 동안 더 이

제네바 협상을 주도한 로버트 갈루치 당시 미국 수석대표

런 상황을 지속해야 할지 모른다. 우리가 지금 여기 모인 이유는 북한의 핵무기 프로그램 때문이다. 더 이상 북한이 플루토늄을 생산하지 못하도록 막아야 한다.'"

갈루치 원장이 이뤄낸 제네바 합의를 파탄 나게 했던 사건은 2002년에 일어났다. 미 중앙정보국은 2002년 6월 조지 W. 부시 대통령에게 「국가정보평가(NIEs: National Intelligence Estimates)」 보고서를 제출했다. 이 보고서에는 파키스탄이 1997년부터 미사일 기술을 제공받는 대신 북한과 핵무기 개발 정보를 공유하기 시작했으며, 파키스탄은 북한에 초고속 원심분리기 샘플 및 제조 기술을 전수, 2001년경부터 북한이 우라늄 농축을 시작했다는 내용이 담겨 있었다.

콘돌리자 라이스(Condoleezza Rice) 당시 백악관 안보보좌관은 각 정보기관에 CIA 정보에 대한 평가를 지시했고, 각 정보기관은 2002년 8월 북한의 농축우라늄 개발이 상당히 진전되어 있으며 반드시 중단시켜야 한다는 결론을 내렸다. 이를 계기로 부시 행정부는 북한이 제네바 합의를 위반하고 있다는 결론을 내렸다.

부시 행정부의 정책이 갑작스런 것은 아니었다. 미 의회 내에서는 제네바 합의 이후에도 북한에 대한 의구심이 지속적으로 제기됐다. 1999년 당시 하원의장은 아홉 명의 하원의원들로 대북정책 그룹을 구성하고, 제네바 합의가 체결된 1994년 이후 상황을 보고토록 요청했다. 같은 해 11월에 발간된 보고서는 북한이 제네바 기본 합의를 위반하면서 고농축우라늄 프로그램처럼 플루토늄 생산이 아닌 다른 경로를 통해 핵무기 개발을 계속하고 있다고 결론지었다. 이런 기조가 2001년에 취임한 부시 행정부의 대북정책에 그대로 반영되었던 것이다.

미국은 이 문제를 확인하기 위해 2002년 10월 3일부터 5일까지 평양으로 제임스 켈리(James Kelly) 대통령 특사를 보냈다. 이때 열린 미북 고위급 회담에서 강석주 부부장은 우라늄 농축 계획 여부를 묻는 켈리 당시 미국 국무부 동아태 담당 차관보에게 "그렇다. 그것뿐만 아니라 더한 것도 가지게 되어 있다."라고 말했다. 미국은 이를 우라늄 농축 계획을 시인하는 발언으로 받아들였다.[10]

이 과정에 대해 최진수 주중 북한 대사는 2004년 「KBS스페셜」과의 인터뷰에서(11월 6일 방송) "우리는 미국 대통령 특사에게 농축우라늄 안보를 위한 핵무기보다 더한 무기를 만들 수 있게 돼 있다, 이렇게 이야기했습니다. 그리고 가질 수 있게 되어 있다, 이렇게 말했습니다."라고 말했다. 북한은 강석주 발언 이후 고농축우라늄 프로그램을 전면 부정했다. 하지만 전 과정을 보면 북핵 위기의 책임은 북한에 있다. 우라늄 농축 프로그램(UEP)을 인정한 듯하다가 다시 부정하는 북한의 태도는 핵 문제의 진실을 파악하기 어렵게 했다.

즉 켈리 특사 방북 및 북의 고농축우라늄 프로그램(HEUP) 폐기 요구 → '북, 고농축우라늄 프로그램 존재 인정'이라는 미국 정부의 발표(2002년 10월 16일) → 한반도에너지개발기구(KEDO)의 대북 중유 공급 중단 결정(2002년 11월 14일) → 북의 핵 동결 해제 선언 및 사찰관 추방(2002년 12월) → 북의 핵확산금지조약 탈퇴 선언(2003년 1월 10일) 등이 불과 두 달 만에 일사천리로 진행됐으며,

1994년의 제네바 합의는 폐기됐다. 그 결과 핵 문제는 북한이 핵확산금지조약 탈퇴를 선언한 1차 위기 때인 1993년 3월로 10년을 더 후퇴했다. 그러나 이후 북한은 이를 전면적으로 부인하며 미국이 자신을 압살하려 하기 때문에 핵 억제력이 필요하다는 이유로 제네바 합의상의 핵 동결을 파기함으로써 제2의 북핵 위기 상황을 초래했다.

북한의 우라늄 농축 시인의 진위를 놓고 통역상의 오류, 미국 네오콘의 음모설 등 대한민국 내에서는 숱한 논란이 있었다. 특히 당시 주미 한국 대사였던 양성철 교수는 "당시 켈리 차관보의 방북은 북한과의 대화 목적이 아닌 (북한을 몰아붙이기 위한) '기획 입북'이었고 나중에 실험실 수준으로 밝혀진 우라늄 농축 시설을 핵무기를 만들기 위한 고농축우라늄 프로그램으로 과장했다."라며, "당시 파키스탄에서 수입했던 원심분리기도 고작 20대 수준이었다."라고 말했다(《오마이뉴스》, 2007년 3월 21일). 부시 행정부가 클린턴 행정부의 대북정책을 뒤집기 위해 고의적인 증거 조작을 했다는 주장이었다.

진실은 파키스탄에서 확인됐다. 켈리 방북 직후 대북 핵무기 개발 지원을 부정으로 일관하던 파키스탄 당국은 2004년 3월 한·미·일 3국에 대해 압둘 카디르 칸(Abdul Qadeer Khan) 박사를 심문한 내용을 브리핑하면서 1980년대 말부터 칸 연구소가 북한의 우라늄 농축 프로그램에 관여해왔으며 농축우라늄 생산에 결정적인 원심분리기와 설계도를 제공해온 사실을 시인했다(《뉴욕타임스》, 2004년 4월 13일).

SECRET   BY HAND

Dr. A.Q.Khan
   Project Director
   K.R.L.   Ref No. 1998/01
                                                    Date: July 15, 1998

Excellency,

I am hoping you and your family are fine

Gen. Kang Tae Yun came back with the body of his wife. I am thanking
you for all your support to him. How kind of you to send Mr. Badrul and
Mr. Farooq and arrange the Airforce Boeing plane. I am certain that Gen.
Kang was the target and I have no doubt that the CIA, South Korean
intelligence agents and your ISI were involved. I have come to hear that the
murderer was set free by the ISI after just a short time. Since Gen. Kang's
life is in danger I am sending Mr. Yon in his place. Mr. Yon has served in
Iran, Egypt, Syria and Libya and is very competent.

Gen. Kang told me that the 3 millions dollars have already been paid to
Army Chief Gen. J. Karamat and half a million dollars and 3 diamond and
ruby sets have been given to Gen. Zulfiqar Khan. Please give the agreed
documents, components etc. to Mr. Yon to be flown back when our plane
returns after delivery of missile components.

Excellency, please be accepting our heartiest felicitations on the recent
success of your nuclear tests. It was only possible because of your hard
work and team effort.

Excellency, I am wishing you good health, long life and success in your
important work.

Yours sincerely,

                              Jon Byong-Ho,
                              Secretary of the Workers Party of Korea,
                              D.P.R. of Korea

                                        1998. 7. 15

▲ 북한이 1998년 파키스탄의 핵기술을 확보하기 위해 군부 고위 수뇌부에 현금 350만 달러와 보석 등을 뇌물로 건넸다는 내용이 담긴 북한노동당 비서 명의의 영문 편지. 파키스탄 핵 개발의 아버지 압둘 카디르 칸 박사가 폭로한 서신이라고 미국《워싱턴포스트》가 2011년 7월 7일 보도했다. 이 서신은 북한이 제네바 합의에도 불구하고 몰래 파키스탄의 기술을 이용해 핵무기 개발을 하려고 했다는 사실을 보여준다.

또한 2011년 7월 파키스탄 핵 개발의 아버지로 불리는 압둘 카디르 칸 박사는 북한이 지난 1990년대 후반 핵무기 기술을 확보하기 위해 파키스탄 군 수뇌부에 거액의 뇌물을 제공했다고 밝혔다. 칸 박사는 자신의 주장을 뒷받침하기 위해 북한 전병호 전 노동당 비서 명의의 비밀서한을 공개했다. 《워싱턴포스트》는 2011년 7월 7일 자에 칸 박사가 제공한 북한 외교관의 서한도 게재했다. 칸 박사는 직접 300만 달러가 넘는 뇌물을 북한으로부터 파키스탄 군 수뇌부에 전달했으며, 이후 파키스탄군은 핵 관련 기술과 장비를 북한에 제공하도록 승인했다는 내용이었다.

칸 박사가 공개한 전병호 노동당 비서 명의의 서한은 1998년 7월 15일자로, 비밀로 분류돼 있다. 서한에는 300만 달러를 파키스탄의 한 군 관계자에게 전달했고, 이어 50만 달러와 보석을 또 다른 관계자에게 추가로 전달했다는 내용이 들어가 있었다. 또 북한이 파키스탄에 미사일 부품을 보내면 그 비행기에 핵무기 개발 관련 문서와 부품을 실을 수 있도록 도와달라는 요청까지 실려 있었다. 당시까지는 제네바 협정이 여전히 유효한 시점이었고 이 같은 시도는 북한이 플루토늄은 동결하면서도 우라늄 농축이라는 새로운 방식으로 핵무기를 개발하려고 했다는 것을 보여주는 대목이다.

칸 박사의 진술과 관련해 2008년 5월 미국 ABC TV와의 독점 인터뷰에서 칸 박사가 북한 관련 부분을 부인했다는 주장이 나왔지만,[11] 실제 당시 인터뷰 내용을 보면 칸 박사는 "이란과 리비아에는 가지 않았지만 북한에 두 차례 간 것은 사실이며 가 보니까 이미 북한의 핵 개발 정도가 상당히 진척돼 있었다(I had twice traveled to North Korea but denied ever going to Iran or Libya. North Korean nuclear weapons program was "well-advanced" before he arrived, as part of an officially sanctioned trip by his government)." 라고 말했다. 그는 당시 파키스탄 정부가 미국의 지지를 얻기 위해

일부러 미국이 바라는 정보를 자백하라고 강요했다고 말했지만, 파키스탄 정부는 "모든 조사는 적절하게 이뤄졌고 이미 칸 박사에 대한 조사는 끝났다."라고 반박했다고 ABC는 보도했다.[12]

이후 북한은 2011년 11월 9일부터 13일까지 미국의 핵 전문가인 지그프리드 해커 박사를 초청해 그동안 베일에 가려졌던 우라늄 농축 프로그램의 실체를 공개했다. 해커 박사가 11월 12일 영변을 방문해서 1,000개가 넘는 원심분리기가 가동되는 것을 목격했다는 장소는 5메가와트 흑연 감속로의 핵연료를 생산하던 핵연료 제조 공장이었다. 북한은 이 시설의 내부를 걷어내고 원심분리기와 '초현대식 통제실(ultra-modern control room)'을 설치했다고 한다. 해커 박사는 현재 2,000개의 원심분리기가 이미 설치되어 가동 중이라는 북한 당국의 말도 전했다.

이어 2011년 11월 30일 북한 외무성은 저농축우라늄 농축 사실을 공표했다. "핵 에네르기(에너지)의 평화적 이용 권리는 우리나라의 자주권과 발전권에 속하는 사활적인 문제로서 추호도 양보할 수 없으며 그 무엇과도 바꿀 수 없다." 그간 미국과 남측이 6자회담 재개 전제조건으로 요구해온 우라늄 농축 프로그램 등 핵 개발 프로그램 가동 중단 요구를 사실상 거부한 것이었다.

제네바 협정 이후 미국과 북한 중 '누가 협정을 위반했는지'는 매우 오랜 설명이 필요한 대목이지만, 분명한 것은 제네바 협정 이후 미북관계 정상화의 기회를 놓친 것은 북한이라는 점이다. 이와 관련해 김계관 북한 외무성 제1부상이 버락 오바마 대통령 집권 이후 처음으로 미국을 방문했을 당시 《한겨레신문》의 사설(「북한 책임론도 생각해야」, 2011년 7월 28일)은 여러 가지로 시사하는 바가 많다.

"북은 머뭇거리며 시간을 끌다가 북미 정상회담 직전까지 갔던 절호의 기회를 놓쳐버린 2000년의 실패를 되풀이해선 안 된다. 그동안 남북관계나 북미관계가 제대로 진척되지 못한 데는 미국과 남쪽 못지않게 북쪽도 책임이 있다. 기아선상을 헤매는 북쪽 주민들의 생활 개선과 북의 체제 안정을 위해서도 한반도의 평화 정착이 긴요하다는 점에서 진지하고 성의 있는 자세로 협상 상대의 신뢰를 얻기 위해 노력해야 한다. 김 부상의 '지금은 … 화해해야 할 때'라는 말이 빈말로 끝나서는 안 되며 6자회담의 재개로 이어지도록 해야 한다. …"

앞서 이 신문은 7월 25일에도 「김계관 맞는 오바마 정부 전략적 인내 접고 전략적 초청?」이라는 워싱턴 특파원발 기사를 통해 미북 간의 외교적 접촉 상황을 전했다.

"또한 내년 대선을 앞둔 오바마 행정부는 북한이 추가 도발을 할 경우 외교정책 실패라는 공화당의 비판에 직면하게 된다. 따라서 북한을 안정적으로 관리해야 할 필요가 점점 커지고 있다. 합리적 대북 포용론자인 웬디 셔먼(Wendy Ruth Sherman)을 국무부 정무차관으로 기용한 것에서도 이미 미국의 정책 변화 조짐이 엿보였다. … 그러나 속도 문제는 여전히 남아 있다. 미 정부 안에서 북한이 핵을 쉽게 포기하지 않을 것이라는 게 중론이고, 북한의 비핵화 조처 없이 미국만 속도를 낸다면 대선에서 공화당으로부터 '퍼주기' 비난에 직면할 수 있다는 판단이 강하다. 힐러리 클린턴(Hillary Rodham Clinton) 국무장관을 수행해 홍콩을 방문 중인 커트 캠벨

(Kurt M. Campbell) 국무부 동아태 차관보도 25일(현지 시각) '상황을 진전시키기 위해선 북핵 및 비확산 의제와 관련해 북한의 분명한 입장 표명이 필요하다'고 밝혔다. … 또한 미국이 '제한적 관여'로 돌아선 상황에서 공은 북한으로 넘어왔다는 게 미국 쪽 분위기다. 북한이 '제한적 북미관계 개선'만 시도하며 시간 끌기를 통해 핵보유국 지위를 굳히려는 전략으로 나아간다면 협상은 또다시 지지부진하거나 정세 악화로 이어질 수 있다. 그러나 북한이 2012년 강성대국을 목표로 주변국과 외교적 관계의 전면적 재설정을 시도한다면 정세는 빠르게 호전될 수 있다. 《워싱턴포스트》가 24일(현지 시각) '최근 몇 주간 미국이 남북한 양쪽에 '관여' 정책을 강하게 밀어붙였지만, 미 관리들은 여전히 '재관여' 정책이 별다른 성과를 내지 못할 것에 대해 우려하고 있다'고 보도한 것도 향후 북한의 행보에 대한 불투명성 때문으로 풀이된다."

미국의 영변 원자로 폭격 계획, 어디까지 갔나

미국은 1994년 여름 북한과 전쟁 직전까지 갔었다. 윌리엄 페리미 국방장관은 북한 영변 원자로에 대한 선제공격 계획을 검토하라고 지시했다. 결국은 계획을 포기했지만 1990년대 중반 한반도는 가장 위험한 상황으로 치닫고 있었다. 당시 미 국방부는 한국에 미군을 며칠 내에 증파하기로 했었고 한국에 살고 있는 미국인들을 떠나도록 할 참이었다. 당시 미군은 영변 원자로 폭격으로 인한 방사능 오염의 위험 없이 작전을 할 수 있었다고 확신했다. 하지만 만일 폭격했을 경우 전면적으로 나갔을 것이다.

페리 장관은 군사작전 대신에 클린턴 대통령에게 보다 강력한 유엔 제재를 취하자고 건의했다. 하지만 유엔 제재 역시 북한의 도발을 불러일으킬 수 있었다. 페리는 CNN과의 인터뷰에서 "대통령에게 모든 옵션이 결국 불가능하다고 말하면서도 아무런 조치를 취하지 않는 것 또한 재앙적인 결과를 가져올 것이라고 말했다(그야말로 진퇴양난이었다)."라고 전했다.[13]

로버트 갈루치 당시 미북 제네바 협상 미국 측 수석대표 역시 같은 인터뷰(CNN, 1999년 10월 4일)에서 이렇게 밝혔다.

"거의 전쟁이 날 뻔했다. 만약 미국이 영변을 공격했으면 한반도에는 새로운 전쟁이 터졌을 것이다. 만약 필요하다면 우리는 군사적인 방법도 불사한다는 것을 보여주려고 했지만 실제로 그것은 우리가 원하던 길은 아니었다. … (페리 장관이 건의했던) 유엔 제재도 위험하기는 마찬가지였다. 나는 (제네바 회담의) 북한 대표로부터 '만약 제재 결의를 하거나 제재를 이행할 경우 우리는 이를 전쟁 행위로 간주할 것'이라는 얘기를 들었다. 실제로 지금은 휴전 상태지만 유엔은 한국전쟁에서 북한의 교전 상대방이었다."

CNN은 페리 장관과 갈루치 특사, 그리고 국방부 고위 관리들과의 인터뷰를 통해 미국의 영변 원자로 폭격 계획을 보도했다. 당시 미 행정부는 북한이 영변 원자로에서 플루토늄을 추출해 핵무기를 만들려는 계획에 경악했고, 이를 저지하기 위한 수단을 강구하고 있었다.

"1994년 6월 15일, 백악관에서의 긴장된 순간. 페리 국방장관과 존 셸리캐슈빌리 합참의장이 클린턴 대통령과 고위 관료들에게 브리핑을 하고 있었다. 3만 7000명의 주한미군을 실질적으로 보강하는 세 가지 방안에 대한 브리핑이었다. 펜타곤은 '중간안'을 주장했다. 병력 1만 명을 증파하고 F-117 스텔스기를 발진시키며 장거리 폭격기와 함께 항공모함을 한반도 또는 부근에 추가 배치하는 방안이었다."(《연합뉴스》, 1999년 10월 27일)

한국에 거주하는 미국인들을 떠나게 하는 조치를 취하기 며칠 전이었다. 문제는 미국인 소개(疏開)를 준비하고 시작하는 것을 북한이 포착하면 '미국의 공격이 임박했다'는 신호로 해석하고 남한을 먼저 선제공격할 것이라는 점이었다. 북한이 1991년 페르시안걸프전쟁에서 확실한 교훈을 배웠을 것으로 미 정보 분석가들은 판단했다. 미국이 대규모 군사력을 움직일 틈을 주지 말라는 것이었다. 북한이 남한을 공격할 경우 미 정보 당국은 100만 명 정도가 희생될 것으로 예상했다.

어떤 옵션도 위험하기는 마찬가지인 난감한 상황이었다. 클린턴 대통령이 어떠한 옵션이든 정해야 할 바로 그 순간에 평양을 방문 중이던 지미 카터 전 대통령의 전화가 걸려왔다. 당시 대통령 집무실의 문을 열어두고 논의하고 있었는데 전화를 받은 직원이 '지미 카터 전 대통령이 갈루치와 통화하고 싶어 한다'고 전했다. 지미 카터는 북한 지도자 김일성과 만나 얘기한 결과 핵 문제를 해결할 돌파구(breakthrough)가 열렸다고 보고했다. 이로써 그날 긴박했던 백악관 회의는 끝났다. 대신 카터 대통령이 CNN과 전화 인터뷰하는 방송을 지켜보았다. 며칠 뒤 북한은 핵 프로그램을 동결하는 데 동의했고 대신 에너지 지원(중유 공급)과 핵무기급 플루토늄을 생산하지 않는 (경수로) 원자로를 제공해달라고 요구했다.

북한의 공격에 맞서기 위한 미군의 작전계획 5027(Op plan 5027)은 다시 서랍 속으로 들어갔다. 하지만 군 소식통에 따르면 1994년 이 사건 이후 미군 계획은 전면 수정되었다. 만약 북한과 전쟁을 하게 되면 일본의 기지를 사용할 수 있도록 하는 (미일 양국의) 새로운 합의가 마련되었다.[14]

1994년 '1차 북한 핵 위기' 당시 클린턴 행정부가 만든 전쟁 수행 시나리오에 따르면, 폭격기를 동원해 북한 핵시설을 폭격할 경우 북한은 전면전으로 대응한다. 시뮬레이션 결과 개전 24시간 안에 군인 20만 명을 포함해 수도권 중심으로 약 150만 명이 사상할 것이라고 나왔다(《시사IN》, 2010년 11월 29일).

1차 북핵 위기는 제네바 합의로 평화적·외교적으로 마무리됐기 때문에 일어나지 않았지만, 1998년에는 문제를 근본적으로 다시 검토해야 했다. 북한은 국제원자력기구 사찰이 이뤄지던 영변 아닌 다른 곳에서 비밀리에 또 다른 핵 프로그램을 추진하고 장거리 미사일 시험까지 감행했다.

클린턴 행정부의 국방차관보를 지낸 애슈턴 카터(Ashton Baldwin Carter) 교수(하버드 케네디스쿨, 2012년 1월 현재 국방부 부장관)는 지난 1998년 북한의 대포동 1호 미사일 발사 이후 윌리엄 페리 대북정책조정관(1994년 영변 위기 당시의 국방장관)과 함께 클린턴 대통령의 지시를 받아 대북정책을 전면 재검토했었다. '페리 프로세스'라는 포괄적 대북정책 보고서의 공동저자인 셈이다.

페리 보고서를 만들면서 두 사람은 북한 정권 정복을 비롯해 모든 계획을 다 검토했다. 실제 그들은 1994년 국방부 장관·차관보로 일할 당시 북한 원자로가 있는 영변 폭격 계획을 세우기도 했었다. 하지만 영변을 폭격할 경우 북한의 장사정포와 미사일 공격으로 주한미군과 수도 서울의 시민 수십만 명이 살상될 것이 뻔했다. 빌 클린턴 당시 대통령은 2004년 6월 발간된 자서전 『마이 라이프(My Life)』에서 당시 상황을 회고했다.

"1994년 3월 하순 북한의 심각한 핵 위기가 시작됐다. 윌리엄 페리 국방장관이 3월 30일 언론에 말한 대로 나는 전쟁을 불사하고라도 북한의 핵무기 개발을 중단시켜야 한다고 결심했다. 나는 이런 메시지를 통해 우리가 얼마나 심각한지 북한이 깨닫기를 기대했다. … 하지만 북한 사태는 그 후에도 악화돼 북한은 5월 사찰단의 활동을 막은 채 원자로에서 핵연료를 빼냈다. 6월 1일 지미 카터 전대통령이 나에게 전화를 걸어 핵 문제 해결을 위한 북한 방문 용의를 밝혔다. 나는 앨 고어 부통령 및 국가안보팀과 협의 후 시도해 볼 만하다고 결정했다. 그에 3주 앞서 나는 전쟁이 일어날 경우 양측이 입을 막대한 피해 규모에 관해 정신이 번쩍 드는 보고를 받았다."[15]

저자와 인터뷰 그리고 두 차례 만남에서 카터 교수가 전한 바에 따르면, 당시 첫 번째로 검토한 대북정책은 북한 정권을 무너뜨리는 방안이었다. 하지만 북한 권력을 흔들 만한 내부 반대 세력이 존재한다는 흔적이 없었다. 차근차근 전복을 시도할 시간도 없었다.

대량살상무기(WMD) 확산을 빨리 막아야 했기 때문이었다. 우방국도 이 방안을 지원하지 않을 터였다. 두 번째 방안은 북한을 덩샤오핑의 중국처럼 경제개혁으로 끌어내자는 전략이었다. 하지만 희망은 정책이 될 수 없었다. 미국은 보다 단기간 내에 핵 문제를 해결해야 했다.

세 번째 방안은 핵 포기에 대한 경제적 보상 방안이었다. 하지만 이는 미국의 기본적인 정책 기조와 상치됐다. 페리 보고서에서도 지적됐지만 미국은 결코 북한에 물질적 보상을 해 줘서는 안 된다는 것이었다. 만약 북한에 경제적 보상을 해줄 경우 앞으로 미국은 더 많은 외부의 적으로부터 더 큰 협박에 직면하게 될 것이기 때문이었다. 미국은 실제 이 같은 원칙에 매우 확고하다.

페리와 그의 결론은 한국, 일본과 함께 분명하게 조정된 협상 원칙을 갖고 북한과 대화하자는 것이었다. 검증 가능한 방식으로 북한의 핵무기를 폐기한다는 것이 지상 목표였다. 미국이 북한을 전복하지 않고 북한을 침공하지 않는다는 약속이 대북 협상의 주요 지렛대였다. 따라서 북한 역시 핵무기를 개발해서는 절대 평화 공존을 유지할 수 없다는 것을 분명히 해야 했다. 북한이 핵과 미사일 프로그램을 검증 가능하게 폐기하면 미국은 북한의 안전보장을 위한 정치적 조치들을 취해나간다는 것이 결론의 핵심 구조였다.

그는 1998년 페리 보고서 당시의 경험을 종합하면서 해결책은 상호 불가분의 두 가지 원칙에서 나온다고 강조했다. 하나는 신뢰, 또 하나는 용기였다. 전쟁 위험을 감수하더라도 핵 위협을 제거하겠다는 확고한 결심, 그리고 전쟁을 피할 수 있는 외교적 창의력과

노력이야말로 북미관계를 해결할 핵심적인 요소였다.[16]

갈루치가 타결하고 페리와 카터가 지켜낸 제네바 합의 이후 둘은 공화당 사람들, 특히 당시 차기 대권 주자인 존 매케인(John McCain) 상원의원으로부터 '배신자'라는 비난까지 받았다. 당시 공화당 측은 제네바 합의에 대해 "미국이 북한의 핵무기 개발 협박에 굴복하고 선물까지 주었다."라며 비판했다. 미국이 불량 국가에 유화정책을 쓴 것은 잘못이며 더욱이 우리를 속이는 북한과 거래할 수 없다는 얘기도 있었다. 그러나 북한은 2009년 민주당의 버락 오바마 행정부 출범 때까지 협상에 나서지 않았다.

이처럼 페리 프로세스라는 대북 협상론을 입안했던 페리와 카터 두 사람은 2006년 6월 북한이 또다시 미사일 시험발사 계획을 밝히자 그달 22일자《워싱턴포스트》에「북한의 미사일을 선제공격하자」라는 공동 기고문을 실었다. 북한에 계속 협박당할 것이 아니라 잠수함에서 발사하는 미사일로 북한의 미사일만 없애자는 아이디어였다. 그러자 오히려 강경해 보이던 부시 행정부 사람들이 '외교적 해결책'을 제시할 정도였다. 카터 교수는 저자와 2006년 6월 26일 인터뷰에서 "외교로 (북한 미사일 문제를) 사전에 막을 수 있었겠지만, 지금은 외교가 실패한 상황"이라며, "미사일 선제공격 주장은 우리로서도 피하고 싶었지만 피할 수 없었던 결론"이라고 말했었다.

민족인가 동맹인가
: 북핵 문제를 둘러싼 한미 갈등

북핵 문제는 북한과 미국 간의 문제를 넘어 한국과 미국 간의 관계도 갈라놓았다. 특히 2007년 9월 7일 호주 시드니에서 열렸던 한미정상회담에서 양국 정상이 보인 엇박자는 텔레비전으로까지 중계되었다. 아시아태평양공동체(APEC) 정상회담 당시에 열린 한미정상회담에서 노무현 대통령은 부시 대통령에게 종전 선언을 종용했다. 노 대통령은 부시에게 '기자들 앞에서 북한이 핵을 포기하면 미북관계를 정상화할 용의가 있다는 말을 해주었으면 한다'고 부탁했다.

그 내용은 이미 2005년 9월 19일의 6자회담 합의에 들어 있는 내용이라, 새로울 것이 없었다. 기자회견에서 부시는 충실하게 그 말을 되풀이했다. 갑자기 노무현 대통령이 이렇게 질문했다. "내가 잘못 들은 것인지 모르겠는데, 부시 대통령께선 지금 6·25전쟁 종전 선언을 언급하시지 않은 것 같습니다. 부시 대통령, 그렇게 말했습니까?"

부시 대통령은 노 대통령의 갑작스런 말에 놀랐지만 설명을 반복했다. "김정일이 검증 가능한 방법으로 핵무기와 핵 개발 계획을 포기해야만 미국은 평화협정에 서명할 수 있습니다." 그러나 노 대통령은 멈추지 않았다. "김정일 위원장이나 한국 국민은 그다음 이야기를 듣고 싶어 합니다." 모두가 당혹스러워했다. 놀란 통역자가 통역을 멈추고 있으니, 노무현 대통령은 그녀를 보고 계속하라고 밀어붙였다. 당시 부시 대통령은 답변을 되풀이 강조했다. "더 이상 분명하게 이야기할 게 없습니다. 대통령 각하, 우리는 한국전쟁을 끝낼 것을 학수고대합니다. 김정일이 검증 가능한 방법으로 그의 핵무기를 없애야만 전쟁을 공식적으로 끝낼 수 있습니다."

한국 측 통역이 끝나자마자 부시는 어색한 분위기에서 벗어나기 위해서인지 먼저 자리에서 일어나 "생큐, 서!"라고 말하면서 노무현 대통령에게 악수를 청했다. 노 대통령은 웃으면서 부시 대통령의 손을 잡았다. 라이스 당시 국무장관은 "노 대통령은 그 순간이 얼마나 괴상했는지(bizarre) 모르는 듯했다. … 그의 예측 불능 행태(unpredictable behavior)를 알고 난 이후엔 솔직히 말해서 한국으로부터 무엇을 기대할 수 있을지 모르게 되었다."라고 회고했다.[17]

북핵을 둘러싼 한미 간의 마찰은 김영삼, 김대중 정부에서도 빚어졌다. 북핵의 위험성에 대한 판단에서 한미 간의 체감도는 서로 달랐다. 제네바 협상 당시 미국의 수석대표 로버트 갈루치는 당시 김영삼 대통령 정부의 견제를 받았다. 한국 정부는 미국이 북한과 협정을 맺으며 북한에 대해 너무 유화적인 정책을 사용한다고 우려했다. 김대중 대통령 시절이나 노무현 대통령 때는 미국이 무력 사용 가능성이나 대북 제재에만 열중한다는 한국 정부의 걱정에 직면했다.

한국 사람들은 북한을 더 이상 위협으로 인식하지 않는 반면, 미국은 북한을 위협으로 여기고 있었다. 미국은 최악의 경우 북한이 핵물질이나 심지어 핵무기를 테러 단체에 팔 가능성을 우려하고 있다. 이럴 경우 테러범들은 미국에 이런 폭탄을 갖고 들어와 미국 사람들의 생명을 앗아갈 것이었다. 이 때문에 미국 사람들은 북한 핵에 대해 정말로 참을 수가 없었다. 북한 문제는 미국과 한국의 동맹 관계에서 쐐기로 작용하고 있었다. 갈루치 당시 수석대표는 2006년 12월 19일 저자와 인터뷰에서 이런 우려를 털어놓았다. "나는 북한이 테러 단체에 핵물질을 판매할 가능성이 높다고 얘기하는 것이 아니다. 하지만 북한이 팔 가능성은 있다. 북한은 수출할 물품이 많지 않은 나라이다. 그 때문에 북한은 다른 나라들이 팔지 않는 매우 정교한 위조 미국 달러, 불법 마약, 탄도미사일 부품이나 기술, 그리고 미사일을 판매하고 있다. 북한이 팔지 않을 것이라고 가정하는 것은 어리석은 일이다. 우리는 북한의 핵물질 판매 가능성을 걱정해야 한다."

브렌트 스코크로프트 전 국가안보보좌관(조지 H. W. 부시 행정부) 역시 2008년 4월 8일 게재된 저자와 《문화일보》 인터뷰에서 이렇게 지적했다.

"오랜 동맹 관계였던 양국 간의 사이를 멀어지게 했던 문제는 특히 대북정책이었다. 어떻게 하는 것이 북한을 가장 잘 다루는 것인가를 둘러싸고 양국 사이는 한때 점점 크게 벌어지기도 했지만, 이명박 대통령 취임 이후에는 그런 문제가 사라졌다."

로버트 스칼라피노도 저자와 가진 인터뷰에서 북한에 대한 태도를 분명히 할 것을 권고했다.

"한국 내에서 북한에 대한 동정론이 커지고 있다는 것은 이해할 만하다. 민족주의 감정 자체는 한국뿐 아니라 일본, 중국에서도 커지고 있다. 경제적 파워가 커지고 민족주의적 감정이 고조되면서 반미 정서도 강해질 수 있을 것이다. 하지만 최근(2006년) 북한의 미사일 발사 이후 남북회담에서 '북한의 선군정치 때문에 남한이 덕을 보았다'고 북한 관리가 주장하는 것 등을 듣고서 새로운 의문도 갖게 됐을 것이다. 남북이 같은 민족이라고 하더라도 남북의 체제는 금방 통일되기 매우 어렵다. 북한의 갑작스러운 붕괴나 짧은 기간 내의 통일은 남한에 정치·경제적 재앙이 될 것이다. 그런 의미에서 '민족끼리'라는 말은 매우 비현실적이다. 경제적으로 피폐하고 정치적으로는 1인 체제밖에 경험하지 않은 북한 주민들이 아직도 일부 취약한 남한의 민주주의 체제에 끼어들게 되면 남한은 물론이고 이웃 국가들도 간접적인 어려움을 겪게 될 것이다. 한국은 남북경협과 사회문화적 교류를 해나가면서 중국, 미국과 함께 대북정책을 조율해가는 것이 좋다. 중국, 일본 등과의 역사적 관계를 감안하면 한국으로서는 미국과의 관계를 적극 이용하는 것이 도움이 될 것이다. … 한국은 중국, 러시아와 우호적 관계를 만들어가야 한다. 하지만 중국은 지금 세계적인 파워로 떠오르고 있기 때문에 미국과도 균형 잡힌 관계를 유지해야 한다. 한국은 주변국과 골고루 좋은 관계를 유지하고 싶겠지만 과거의 경험으로 보면 중국, 일본에 의해 압도당하고 말았다. 그런 의미에서 한국은 '멀리 있고 침략 위협이 없는' 미국과 동맹 관계를 확고히 하는 것이 중요하다."(《문화일보》, 2006년 8월 16일)

조지 W. 부시 행정부의 첫 국가안보보좌관이자 두 번째 국무장관이었던 콘돌리자 라이스는 회고록 『최고의 명예(No Higher Honor)』에서 당시 한미관계의 이면을 설명했다. 2001년 3월 7일 김대중 대통령이 취임 2주 만에 미국을 방문해 부시 대통령과 처음 회담하기에 앞서 라이스는 미리 관계자 회의를 통해 회담에 임하는 미국의 입장을 정리했다. 햇볕정책을 공개적으로 비판하지는 않겠지만 북한에 대해 전임 클린턴 정부와는 다른 접근법을 택한다는 방침을 정해 부시 대통령에게 보고, 동의를 얻은 상태였다. 라이스는 2001년 3월 한미정상회담에 대해 "미국과 아시아의 가장 가까운 동맹국이 균열하는 식으로 끝났다."라고 평했다.

"조지 W. 부시─김대중 대통령의 정상회담 분위기는 정중했으나, 북한을 다루는 방향에 대하여는 서로 다른 세상에 있다(we were worlds apart)는 것이 명백해졌다. 김대중 대통령은, 어떤 경우에도 북한과의 사이가 틀어지게 하지 않겠다(would never challenge)는 인상을 주었다. 우리는 (클린턴 정부가 북한과 합의한) 제네바 협정은 북한의 핵무기 개발에 대하여는 아무 효과가 없고, 남한이 북한 정권을 지탱해주는 수단으로 사용되고 있다고 믿었다. 부시 대통령은 김정일의 폭정(暴政)에 화가 나 있었는데, 왜 한국 정부는 이런 데 반응이 없는지 이해하지 못했다. 김대중 방미는 미국과 아시아의 가장 가까운 동맹국이 균열하는 식으로 끝났다."[18]

실제 부시 대통령의 회고록 『결정의 순간(Decision Points)』에는 이런 대목이 나온다.

"내가 재임 시절 읽은 책 중 가장 감명 깊었던 것은 북한 강제수용소 출신 탈북자 강철환 씨의 수기 『평양의 수족관』이었다. 강 씨의 이야기를 읽고 많은 생명을 파괴한 폭군에 대한 거부감이 가슴 깊은 곳에서부터 올라왔다. … (나는) 도널드 럼스펠드(Donald

Henry Rumsfeld) 국방장관이 보여준 한반도의 야간 위성사진에도 큰 충격을 받았다. 남한은 불빛이 훤한데, 북한은 암흑뿐인 사진이었다. 그는 북한 주민들을 굶겨서 난쟁이로 만든 자가 비싼 코냑을 마시고 벤츠를 좋아하고 외국 영화를 즐기는 호화판 생활을 하고 있다며 분노했다."[19]

노 대통령이 부시 대통령을 만나 김정일을 향해 한국전 종전 선언 약속을 해달라고 요청하던 2007년 9월 7일은 이스라엘 공군기가 시리아 핵시설을 폭격한 다음 날이었다. 이스라엘 정보기관과 미국 CIA는 한국의 국가정보원에도 북한이 시리아에서 원자로를 짓고 있다는 정보를 알렸다.

시드니 정상회담은 노무현–김정일 회담(10월 4일)을 앞두고 이뤄졌다. 그때 노무현 대통령은 6·25전쟁 종전 선언을 이루기 위해 애썼다. 노 대통령은 임기 마지막 해인 그해 2월 13일 6자회담에서 합의된 3단계 핵 폐기 로드맵을 만들었고 10월 남북정상회담에서 종전선언을 통해 3단계 핵 폐기를 담아내기 위한 합의를 포함시켰다. 즉 남과 북은 현 정전 체제를 종식하고 항구적인 평화 체제를 구축해나가야 한다는 데 인식을 같이하고 직접 관련된 3자 또는 4자 정상들이 한반도 지역에서 만나 종전을 선언하는 문제를 추진하기 위해 협력해나가기로 하였다는 조항이다. 하지만 미국은 '검증 가능한 핵 포기' 이후에만 종전 선언을 할 수 있다는 입장이었다.

한미 정상 간의 대북정책에는 큰 격차가 있었다. 앞서 노무현 대통령은 2006년 8월 13일 진보 성향의 언론사 간부들과의 만찬에서 "미국은 북한을 악랄한 존재로 여겨 문명의 규정(민주주의와 시장경제 등)을 강요할 것"이라며 "여기서 중요한 것은 공정성(公正性)의 문제인데 상황이 비슷한 인도는 핵 보유가 용인되고 북한은 왜 안 되는지 이해하기 어렵다."라고 말했다.[20]

앞서 알렉산더 버시바우(Alexander Vershbow) 주한 미국 대사는 2005년 11월 경주에서 있었던 한미정상회담도 역대 한미정상회담 중 최악이었다고 평한 바 있었다. 버시바우 대사는 퇴임 이후 2008년 12월 5일 워싱턴의 한미경제연구소에서 "2005년 한미정상회담 당시 노 대통령은 부시 대통령을 상대로 한 시간 넘게 논쟁을 벌였다. 노 전 대통령은 방코델타아시아 은행의 북한 계좌에 대한 미국의 동결 조치에 대해 크게 우려하여 부시 대통령과 심한 논쟁을 벌였는데, 역대 한미정상회담 중 최악이었다."라고 말했다.

버시바우는 귀임을 앞두고 김해로 내려가 노무현 전 대통령을 만나 이한 인사를 하고 대화를 나눴다. 노 전 대통령은 버시바우에게 북한에 대한 견해를 말했다.

"북한이 무너지더라도 남북한의 통합은 불가능할 것이다. 남북한 관계를 개선하기 위한 최선의 방법은 미국이 북한을 공격하거나 정권을 흔든다는 공포심을 제거해주는 것이다. 이게 북한으로 하여금 보다 개방적인 사회로 나아가도록 하는 최선의 길이다. 유일한 방법은 북한의 불안감을 줄여주는 것이다."

이에 대해 버시바우 대사는 "우리는 북한을 공격할 의사가 없다는 사실을 확신시키기 위해 많은 노력을 기울였으나, 우리는 북한 정권의 생존까지 보장할 순 없다. 그 문제는 정치적·경제적 개혁의 필요성에 직면한 북한 지도자들에게 달렸다."라고 대답했다.[21] 이런 배경 속에서 한미 간에 대북정책을 둘러싼 갈등은 곳곳에서 빚어졌다. 그 양상은 1966년부터 2011년까지 미국 국무부와 재외공관 사이에 오간 외교 전문 가운데 위키리크스가 입수 공개한 한국 관련 전문 1만 4000여 건에서 드러났다.

2006년 7월 5일 북한은 국제사회의 경고를 무시하고 미사일 시험발사를 강행했다. 이로 인해 11일로 잡혀 있던 남북 장관급 회담을 예정대로 개최할지 여부가 당장의 현안으로 떠올랐다. 미사일 발사 당일 주한 미 대사관이 워싱턴으로 보낸 전문에 따르면, 반기문(현 유엔사무총장) 당시 외교통상부 장관과 알렉산더 버시바우 당시 주한 미 대사가 이 문제로 신경전을 벌였다. 반 장관은 "회담을 예정대로 개최할 경우 북한에 강한 항의 메시지를 전달하는 기회로 삼을 수 있다."라고 말했다. 버시바우 대사는 "남북회담을 예정대로 열면 아무 일도 없었다는 듯이(business as usual) 대응하는 것으로 보일 수 있다."라며 회담 연기를 주장했다. 남북 장관급 회담은 11일 예정대로 열렸다.

이런 상황에 대해 조셉 윤 당시 주한 미 대사관 공사참사관은 강한 불만을 표출했다. 그는 2006년 7월 27일 본국으로 보낸 전문에서 "북한 미사일 발사에 대한 노무현 정부의 대응은 혼란스러웠다."라며, "처음부터 한국 정부는 김정일 국방위원장이 실제로 발사를 명령했다고 믿고 싶어 하지 않았다."라고 썼다. 그는 이어 "한국의 외교부와 국방부는 남북 장관급 회담의 연기와 강력한 유엔 안보리 결의문에 대한 적극 지지 등을 관철하려 했지만, 통일부는 그런 조치가 남북 대화를 단절시킨다는 이유로 반대했다."라고 보고했다. 그는 "(이 때문에) 평소 침착하고 정중한 반기문 장관이 관계장관회의에서 화를 내고 자리를 박차고 나간 일도 있었다고 들었다."라고 덧붙였다.

미사일 발사로부터 3개월여 만인 2006년 10월 9일 북한은 핵실험을 강행했다. 이번엔 금강산 관광 중단과 대량살상무기 확산방지구상(PSI) 전면 참여 문제가 현안으로 부각됐다. 당시 미국의 북핵 6자회담 수석대표를 겸하던 크리스토퍼 힐(Christopher Hill) 국무부 차관보가 17일 방한해 이종석 당시 통일부 장관을 만났다. 힐 차관보는 금강산 관광 중단과 PSI 참여 등 강력한 대북 압박을 주문했다. 하지만 이 장관은 "북한 내부의 불안이 계속되고 있는 상황에서 한국 정부가 강한 대북 압박에 가세하면 북한이 추가 핵실험 등으로 대응할 수 있다."라며, 반대 입장을 밝힌 것으로 20일자 외교 전문에 기록돼 있다.

이 장관은 또 힐 차관보에게 "대북 제재뿐 아니라 외교적 해결을 위한 구체적 조치도 병행할 것을 콘돌리자 라이스 국무장관에 강조해달라."라고 요구했다. 이후 노무현 정부는 PSI에 대한 참여 수준을 그 전보다 높이긴 했지만 전면 참여는 유보한다고 결정했다. 이에 대해 버시바우 대사는 11월 1일 워싱턴으로 보낸 전문에서 "실망스러운 결과"라고 평가하면서 "한국 정부에 불만을 제기하고 PSI 전면 참여를 압박하라는 훈령을 보내달라."라고 제안했다.[22]

노무현 정부 당시 이종석 통일부 장관은 미국 측이 개성공단 금강산 관광에 대해 북한의 돈줄이라고 문제 삼자 "미국도 미군 유해 발굴을 하면서 북한 군부에 2,500만 달러를 직접 줬다."라면서

형평성 문제를 제기했다. 너희는 북한에 돈 줬으면서 우리는 왜 안 되느냐는 반박인 셈이었다. 그러나 미국의 전사자 유해 송환 작업은 '우리는 국민을 반드시 집으로 데려온다'는 국가적 차원의 약속에서 이뤄진 것이었다. 하와이 히컴 미군 기지에 있는 미군 포로, 실종자 유해 발굴 합동사령부도 미국 대통령 직속이었다. 미국 사람들이 가장 중요하게 생각하는 문제를 반격의 소재로 삼은 셈이었다. 이 장관은 "쥐도 궁지에 몰리면 고양이를 문다."라고도 덧붙였다.

차라리 "당신들이 수십 년 전 유해를 찾기 위해 북한에 돈을 지급하듯 우리도 이산가족들이 죽기 전에 고향 땅 근처에 한 번 가보고 거기서 북한의 가족이라도 만날 수 있도록 하기 위해 부득이 돈을 지불해야 했다."라고 말했다면 미국을 오히려 감동시킬 수도 있는 대목이었는데 양국 간의 감정이 너무 엇나가 있었다는 것을 보여주는 대목이다.

브루스 커밍스 교수는 북한의 미사일 발사 같은 강경책은 결과적으로 미국, 일본의 강경파에 이용당하고 있다고 분석했다. 저자에게 직접 한 말이다. "도널드 럼스펠드 국방장관 등에게 북한의 미사일 발사는 미사일방어체제(MD) 강화의 좋은 명분이다. 또 북핵 문제 등은 미국이 중국을 간접 압박하는 지렛대 역할도 하고 있다."(2006년 8월 14일)

미국 전략국제문제연구소(CSIS)의 존 햄리(John Hamre) 회장은 2007년 11월 6일 《문화일보》에 게재된 저자와 인터뷰에서 대북정책을 둘러싸고 '북핵 문제 집중론'과 '인권 문제 등 폭넓은 개혁 압박론' 사이의 정책적 균형점에 대해서는 "북한에 대한 이상주의적 견해, 그리고 현실로서의 북한에 대해 균형 감각을 찾아야 한다."라고 말했다.

"북한은 지금도 매일 서울을 파괴하기 위한 준비를 하고 있다는 현실을 알아야 한다. 냉전 시대의 강경 정책으로 돌아가자는 얘기가 아니다. 비현실적인 이상주의에서 벗어나 균형을 찾아야 한다. 이런 문제 등 때문에 지난 몇 년간 한미관계가 나빴다. 물론 미국 잘못도 있다. 우리는 보다 현실주의적일 필요가 있다. 북한은 주변 국가를 위협하기 위해 핵실험을 했다. 우리는 이런 문제를 직시해야 한다."

노무현 정부에서 6자회담 첫 수석대표를 맡았던 이수혁 전 국정원 1차장의 대북정책, 북핵 협상 회고는 한마디로 "자괴감이 든다."라는 것이었다.

"돌이켜보면 노무현 정부가 뼈아픈 성찰을 하지 않았다. 우리 조치가 가져올 결과를 치열하게 고민한 뒤 대응했어야 했는데 책임자들이 그런 두려움을 직접 느껴봤는지 잘 모르겠다. 우리 정부는 일시적·국내적 조치를 했고 안보리 제재에 심혈을 기울였는데 2차 핵실험을 막는 데 아무 도움이 되지 않았다. 6자회담 수석대표도 교체하고, 조금 아팠더라도 더 단호하게 대응했어야 했다. '북한을 응징하면 전쟁 나는데'라는 생각은 우리에게 족쇄이다. 핵의 위험성을 생각하면, 국민 사이에 피해를 감수하는 컨센서스가 있었으면 좋겠다. 지도자들의 단호함도 있어야 하는데 위기 때마다 보여주지 못해 북한이 그걸 약점으로 보고 있다. 예를 들어 연평도 사건 때

슈퍼에서 사재기할 정도는 돼야 하지 않나."(《중앙일보》, 2011년 11월 28일)

한미 양국의 균열을 막아준 것은 북한의 잇따른 핵실험, 미사일 발사 시험 같은 도발이었다. 라이스 장관은 회고록에서 "(사실은 한국에 대해) 걱정할 필요가 없었다. 북한의 도발이 한국의 입장을 강경하게 만들었다. 대북 제재에 대해 한미 간 균열의 여지가 없었다."라고 말했다.

김대중 대통령에서 노무현 대통령으로 이어진 10년 동안 미국과 마찰을 빚으면서 추진한 온건한 대북정책은 북한으로부터 도전을 받았다. 2000년 남북정상회담이 열리고 햇볕정책이 온기를 더하던 시기에도 북한은 잠수정으로 공작원을 계속 남파시켰다. 당시 정부 고위 당국자가 북측에 "잠수정을 내려보내면 우리가 모두 잡아낸다. 북한이 잠수정을 내려보낸다는 사실은 한국 내 여론을 악화시키고 평양과 대화를 하고자 하는 서울의 입장을 어렵게 만든다. 그러니 제발 내려보내지 말아달라고 사정했다."라고 말할 정도였다.[23]

실제 1998년 6월 22일 강원도 속초 해안에서 북한 잠수정이 발견됐다. 속초 동남방 11.5마일(약 18킬로미터) 해상에서 어민이 어망에 걸린 잠수정을 발견하고 신고했고, 군경 합동작전으로 잠수정을 예인한 결과 자폭 시체 아홉 구를 인양했다. 조사 결과 무장간첩으로 확인됐다. 그해 12월 18일에는 전남 여수에서 침투 중이던 북한의 반잠수정을 발견했다. 해군과 해경은 욕지도 남방 56마일(약 90킬로미터) 해상에서 격침했고 공작원 한 명을 포함 사체 여섯

구를 인양했다. 간첩 장비 1,209점도 노획했다고 군경은 밝혔다.

북한은 1999년 6월 도발한 제1연평해전도 "김대중 반역 집단이 옷 로비 사건과 IMF 사태 등 위기를 탈피하기 위해 조작한 무장 도발"이라고 주장했다. 조선중앙통신 등 북한 선전 매체 기자 교육을 위한 자료집 「기자활동상식」에 따르면, 북한은 1999년 6월 발생한 제1연평해전을 "우리 공화국(북한)을 노린 미 군부 호전 계층의 비호 하에 남조선 괴뢰 군부(김대중 정부)가 계획적으로 일으킨 무장 도발 사건"으로 규정했다. 이어 "김대중 반역 집단은 옷 로비 사건, 보궐선거 참패, 여권 내 갈등, IMF 사태 등 (경제) 위기를 탈피하기 위해 무장 도발을 조작했다."라고 덧붙였다.

북한 장거리 미사일 발사, 너무나 달랐던 한미 대응

한미 간의 북한 위협에 대한 인식도 크게 달랐다. 2006년 7월 5일 북한의 장거리 미사일 발사 시험에 대한 반응이었다. 북한 미사일 발사 직후 '동해(East Sea)'는 사라졌다. 미국 시간으로 독립기념일인 4일 북한이 미사일 무더기 시험발사를 감행하자 전 세계 언론들은 북한이 발사한 미사일이 '일본해(Japan Sea)'에 떨어졌다고 보도했다. 그날 조지 W. 부시 미국 대통령은 독립기념일과 60회 생일을 맞아 노스캐롤라이나주 노포트브래그 군 기지에 머물다가 도널드 럼스펠드 국방장관으로부터 보고를 받았다. 그는 최근 CNN 인터뷰에서 당시 "북한 미사일이 일본해에 떨어졌다."라는 연락을 받았다고 소개했다.

독립기념일 불꽃놀이를 즐기려다 서둘러 백악관으로 나온 고위 관리들이나 미국 기자들도 일제히 미사일 낙하 지점을 일본해라고 말했다. 전 세계에 생중계되다시피 한 백악관 브리핑에서 토니 스노 백악관 대변인도, 스티븐 해들리 백악관 국가안보보좌관도, 백악관 출입 기자들도 북한 미사일 발사 해역을 일본해라고 불렀다.

물론 동해를 일본해로 부르는 사람들도 그 바다가 모두 일본 영해가 아닌 것은 알겠지만, 낙하 지점이 일본해로 되풀이돼 불리는 순간 국제적인 인식은 달라진다. 일본 사람들이 마치 자신의 영토를 폭격당하기나 한 것처럼 법석을 떨더라도 일본의 과잉 반응이 국제적으로는 용납될 수 있었던 것이다.

동해라는 명칭을 지키기 위해 한국 정부와 뜻있는 시민들이 많은 노력을 기울인 결과 얼마 전까지 《뉴욕타임스》 같은 주요 언론들이 동해와 일본해를 병기하고 있었다. 하지만 이들조차 결정적인 순간에 일본해라고 명칭한 데는 이유가 있었다. 북한 미사일 발사를 처음 보도한 곳은 일본 언론이었다. 한국 시간으로 이날 오전 4시 58분 AP통신이 일본 NHK방송을 인용해 북한의 미사일 발사 소식을 타전한 데 이어 오전 5시 5분에 AFP통신, 5시 7분에 로이터통신이 각각 이 소식을 전했다. 미국 CNN, 영국 BBC 등도 긴급뉴스 화면을 내보냈다.

일본 언론들이 특종 보도를 전할 수 있었던 것은 일본 정부의 발 빠른 움직임 때문이었다. 지난 1998년 대포동 1호 미사일이 일본 상공을 넘어 태평양까지 날아간 데 놀란 탓도 있었겠지만, 일본 정부는 북한의 미사일 발사 움직임 이후 준비상 체제로 움직이다 미사일 발사 직후 새벽 4시에 고이즈미 준이치로(小泉純一郎) 총리 관저에서 관방장관, 외무상, 방위청장관이 모여 긴급대책회의를 열기까지 했다. 한국 정부도 비슷한 시각에 사태를 파악했지만 해 뜨고도 한참 뒤에 대통령에게 보고한 것과는 속도가 달랐다.

일본은 처음부터 북한 미사일 발사 이후 상황 주도를 위한 치밀한 도상 훈련을 한 것 같다. 반면 북한 단거리 미사일뿐 아니라 재래식 장거리포의 사정권 아래 일상적으로 노출돼 있는 한국은 너무 둔감했다. 만약 한국 정부가 발사 직후 먼저 청와대에서 비상대책회의를 하고 한국 언론을 통해 '북한 미사일 동해로 발사'라는 첫 보도를 내보냈다면 어땠을까. 분초를 다투는 AP나 CNN은 한국 언론의 보도와 화면을 곧바로 인용하며 '북한 미사일 동해로 발사'라고 전했을 것이다.

지금 한국 정부는 일본 정부가 과잉 대응을 했다고 반박하지만 국제적인 이해를 얻기에는 역부족이다. 13일 미국의 최대 유력지《월스트리트저널(The Wall Street Journal)》사설은 한국 정부의 우유부단한 대북정책이 일본의 안보 불안감을 가중시켜 핵무장 명분을 제공할 가능성이 있다고 지적했을 정도이다. 이 신문은 앞서 12일에는 한국 주식시장이 이미 선진 시장인데 북한의 미사일 같은 지정학적 위험 때문에 발목이 잡혀 있다고 소개한 바 있다. 문제는 그런 위험을 한국 정부가 얼마나 잘 다루느냐에 달려 있다. 북한 미사일을 위성발사체라고 얘기한다면 이는 한국 정부가 위험을 감추는 것으로 오인돼 더 큰 신뢰의 위기를 부를 것이다.[24]

전시작전통제권 전환의 내막
: 주한미군 입장 뒤바뀐 미국의 진보와 보수

노무현 대통령 시절 한국군이 미군으로부터 전시작전권을 돌려받기 위한 협상을 벌이자 한국 내에서는 '미국이 한국을 군사적으로 지배하고 싶어 하기 때문에 내놓기 싫어할 것'이라는 시각도 있었다. 그 때문에 이를 전작권 이양이라는 표현을 써가며 노무현 정부의 군사외교적 업적으로 평가하려는 시각도 존재했다. 하지만 뜻밖에 미국은 '기다렸다'는 듯한 반응을 보였다. 당시 미국의 도널드 럼스펠드 국방장관의 생각에는 어떤 복선도 없어 보였다.

"알다시피 한국의 새로운 대통령 당선자(노무현 전 대통령)는 한미관계에 대해 재검토하길 원한다고 말해왔다. 내 생각에 (이를) 미루기보다는 그의 견해를 좋은 아이디어로 받아들여야 한다고 생각한다. 우리가 한미관계를 재정립하자고 먼저 제안했다면 미국이 한반도 정세를 불안하게 한다는 비난을 받을 수도 있겠지만, 노 대통령 당선자가 먼저 이를 제안했다. 나는 이것을 기회라고 생각한다. 우리는 그의 의견에 찬성해야 하고 즉각 양국 관계를 재정립할 프로세스를 시작해야 한다. 또 이 과정을 추진하면서 한반도를 불안정하게 할 수 있는 어떤 일도 하지 말아야 한다. 우리는 한반도에 관한 모든 정책을 주의 깊게 검토하면서 이 일을 조율해야 하지만, 이일은 완료할 수 있을 것이다.

우리는 1950년부터 한국에 주둔해왔다. 이제는 한미관계를 재정립하고, 한국 국민에게 그 짐을 넘겨주어야 한다. 만약 북한이 갈등을 유발한다면 우리는 한국에 병력을 강화할 수 있겠지만 이제 더 이상 미군을 한국 중심으로 묶어두어서는 안 된다. 대신 미군의 임무를 보다 (아시아 등의) 지역 지향으로 변화시켜야 한다. 구체적으로 말하자면 나는 (아시아 등의) 지역에 배치될 수 있는 해군력과 공군력을 생각하고 있다. 그뿐만 아니라 이는 문제가 생겼을 경우 한국을 지원하는 강력한 군사 억지력도 될 수 있을 것이다. 나는 이를 좋은 기회(fine opportunity)라고 생각한다.

우리는 진짜로 미군 병력을 재조정할 필요가 있다. 우리는 한국 사람들을 짜증 나게 하고(irritating) 있다. 우리에게 필요한 것은 미군 감축을 통해 보다 적은 미군만 남기는 것이고 또한 사람이 붐비는 (도시) 지역이 아닌 곳으로 부대도 옮겨야 한다. 지난 일요일 나는 (주한미군 사령관인) 라 포트 장군에게 이 문제를 얘기했다. 그도 이번 주부터 이 일을 시작할 것이다."[25]

노무현 대통령 당선자가 선거에서 이긴 뒤 채 며칠이 지나지 않았던 2002년 12월 23일. 도널드 럼스펠드 미 국방장관은 한국과의 관계를 재정립하기 위한 국방부 핵심간부회의를 요청하는 메모를 더글라스 페이스 차관에게 보냈다. 폴 울포위츠 부장관, 리처드 마이어스 합참의장도 공동의 수신자였다. 럼스펠드 장관은 메모에서 피터 로드맨 국방부 국제안보차관보, 리처드 롤리스 아시아태평양 담당 부차관도 함께 모일 수 있을 것이라고 덧붙였다.

그 후 2년 동안 럼스펠트가 이끄는 미 국방부와 노무현 정부의 국방부는 주한미군을 3만 9000명에서 2만 8000명으로 감축하는 사안에 대해 협상을 진행했다. 또한 2006년 양국은 한국군에 대한 전시작전통제권을 한국에 이양하는 것에 대한 논의를 시작했다. 1950년대 6·25전쟁 이래로, 한국군에 대한 전시작전통제권은 주한미군 사령관에게 있었다. 한국 내 미국의 위치에 대한 변화를 원하고 있던 럼스펠드 미 국방장관은 2005년 노무현 전 대통령의 전시작전통제권 이양 요청에 신속하게 합의했다. 당시 럼스펠드 미 국방장관은 대한민국 국방장관에게 "활짝 열린 문으로 돌진해나가는군요."라고 말했다.

노무현 전 대통령은 당초 2009년에 전시작전통제권을 넘겨받기를 원했으나, 군 지도자들과 보수 여론의 우려 때문에 결국 2012년에 전환키로 합의했다. 2007년 12월 대통령 선거에서 500만 표 차이로 당선되었던 이명박 대통령은 2015년 12월 전시작전통제권을 전환키로 미국과 새로운 합의를 마련했다. 데이비드 스트라우브 전

▲ 2002년 12월, 노무현 대통령이 당선된 직후 도널드 럼스펠드 미 국방장관은 "한국의 대통령 당선자가 한미관계를 재검토할 것을 바라고 있다."라며, "주한미군 감축과 재배치를 논의할 좋은 기회"라는 정책 메모를 작성해 차관 등에게 회람시켰다.

국무부 한국과장은 2007년 한국 대선에서 전시작전통제권 전환 문제가 쟁점이 되었을 때 저자에게 이렇게 말했다. 그는 한국과장으로 있을 때 전시작전통제권 전환 논의에 직접 연관되어 있었다.

"적어도 한미군사동맹 재편을 둘러싼 도널드 럼스펠드 장관의 판단은 옳은 것이었다. 한국의 재래식 전력과 대북 억지력에 대한 한미 간의 판단도 일치했다. 한미연합사는 물론 중요하지만 더 중요한 것은 한미동맹의 전반적인 관계이다. 로버트 게이츠 국방장관은 럼스펠드 장관보다는 동맹을 더 배려하는 성격이다. 그런 차원에서 일정 등에 관해 부분적인 조정을 할 것이다. 하지만 전시작전통제권은 한국 측으로 넘어갈 것으로 본다. 시기는 아마도 2009년부터 2012년 중 마지막 연도로 조정되지 않을까 싶다."(2007년 2월 22일)

브렌트 스코크로프트 전 국가안보보좌관(조지 H. W. 부시 행정부)도 저자와 가진 인터뷰에서 같은 입장을 피력했다.

"동맹의 조건이 바뀜에 따라 동맹 역시 진화해야 한다. 한국의 국력은 정전협정 체결 당시와 비교하면 엄청나게 성장했다. 하지만 이런 과정은 급작스러운 변화나 폐기보다는 양측의 합의에 의해 자연스럽게 이뤄져야 한다. 현재 로버트 게이츠 국방장관은 잘하고 있으며 올바른 미덕도 갖췄다고 생각한다."(《문화일보》, 2008년 4월 8일)

게이츠 장관의 전임자인 도널드 럼스펠드 국방장관이 한국 측에 대한 불만 때문인지 전작권 이전 문제를 엄청나게 밀어붙였다는 한국 내 보수파의 해석에 대해서는 이렇게 설명했다. "아마도 럼스펠드 장관이 중동 상황에 신경이 곤두서 있었기 때문일 것이다. 그로서는 한국과의 긴장이라도 줄이고 싶었을 것이다. 후임인 게이츠 장관 이후 이 문제는 제대로 가고 있다고 생각한다." 그는 럼스펠드 장관의 후임이었던 로버트 게이츠 전 국방장관과 가까운 사이였다. "1970년대 중반 포드 행정부 시절 내가 국가안전보장회의 스태프로 뽑았었다. 당시 그는 중앙정보국(CIA)에서 일하고 있었다(이후 게

이츠 장관은 CIA로 복귀했고 스코크로프트가 다시 아버지 부시 대통령의 안보보좌관을 할 시절 CIA 국장이 됐다)."

주한미군에 대한 미국 내 입장도 과거와 달라졌다. 이전에는 보수파를 중심으로 주한미군이 주둔해야 한다는 주장이 우세했고 진보파는 철수를 요구했다면 이제는 분위기가 달라졌다. 미국 내 한국 전문가 중 대표적 진보좌파인 커밍스 교수는 2006년 8월 14일 저자와 인터뷰에서 "2000년 남북정상회담 때 김정일도 주한미군 주둔에 대해 반대하지 않았다. 주한미군이 장래 중국과 일본의 위협을 상쇄할 수 있다는 판단 때문이었던 것 같다. 이럴 경우 주한미군은 미국, 한국, 북한 모두에게 이익이다. 주한미군은 그야말로 지역 내 균형자 역할을 하는 셈이 되는 것이다."라고 말했다.

"지난 1970년대에 미국에서도 격심한 논쟁이 있었다. 내 생각으로는 미 지상군이 한국 방위를 위해 주둔할 필요가 없다고 보지만, 이제는 주한미군 철수가 한미관계의 뜨거운 감자이기 때문에 철수하기 어렵게 됐다. 미 국방부 등에서는 노무현 정부에 압박을 가하기 위해 미군 철수 위협을 가하곤 하지만 실제 부시 행정부의 레임덕 현상이나 낮은 인기를 생각하면 주한미군 철수 등은 일어나지 않을 것이다. 7~8년 전 클린턴 행정부 당시에 미 국방부에서는 남북한의 화해 이후에도 주한미군을 계속 주둔시킨다는 계획이 논의됐다."

역시 1980년대 한국의 민주화운동을 후원하며 김대중, 김근태, 이부영 등을 하버드대학교에 초청하며 보호해온 에드워드 베이커 하버드 옌칭연구소 전 부소장은 북핵 위기에 대한 미국 내 여론과 주한미군 철수 문제에 대해 뚜렷한 소신을 갖고 있었다. 2002년 말 《뉴욕타임스》나 《워싱턴포스트》에 등장한 미군 철수 주장 칼럼에 대해 그는 "과거에는 미국 내 진보적 지식인들이, 오늘날은 보수적 관점의 우파들이 주한미군 철수를 주장하고 있다."라고 분석했다.

실제 미국의 보수적 칼럼니스트들은 주한미군이 오히려 북한의 인질처럼 되어버려 미국이 북핵을 응징해야 한다고 생각해도 북한을 공격할 수 없다는 논리를 펴고 있다. 또 한국인들이 더 이상 주한미군 주둔을 원하지 않는데 왜 우리가 많은 비용을 들여가며 주한미군을 주둔시켜야 하느냐는 감정론도 가세하고 있다. 베이커는 "원칙적으로 주한미군 철수에는 찬성하지만 당장은 아니라고 생각한다. 주한미군 철수 이전에 미국과 남북한 간에 안정된 틀, 즉 평화조약, 불가침협정 같은 장치가 마련돼야 한다. 비무장지대에서의 긴장이 줄어든 뒤 철수하는 것이 바람직하다."라고 말했다.

2002년 6월 미군 궤도 차량에 여중생이 치여 사망한 사건 이후 우리나라에서 개정 여론이 높은 한미주둔군지위협정(SOFA)에 대해 그는 "그 문제는 로스쿨의 교수들에게 물어봐야 할 것"이라고 답했다. 다만 개인적 의견임을 전제로 한국 내 반발 여론은 사고 미군에 대한 무죄 평결이 미군 법정에서 내려졌기 때문에 더욱 높아진 것 같다고 말했다. "아마도 한국 법정에서 재판이 열렸더라도 사고 미군의 '고의과실'에 대해 비슷한 판결이 나왔을 수 있지만 미군의 재판관할권 때문에 문제가 더욱 심각해진 것 같다. SOFA가 얼마 전 개정되기는 했지만 양측이 개선할 수 있는 여지를 찾아야 한다고 생각한다."라고 전했다.[26]

브렌트 스코크로프트 전 국가안보보좌관은 보수파 중 비교적 온건한 입장이다.

"북한의 공격을 억지하기 위해 주한미군이 존재할 필요성은 줄어들었다. 한국군의 전력이 그만큼 나아졌기 때문이다. 주한미군은 이제 동북아 지역 내 안정을 위한 역할의 의미가 커졌다. 동북아 지역 내에 미군이 주둔한다는 자체가 지역 내 안정 효과(calming influence)를 불러일으키고 있다. 미군이 북한에서 발생할 수 있는 모든 상황에 대처하기 위해 존재할 뿐 아니라 전체 지역 내의 잠재적 분쟁을 억제하고 진정시킬 수 있는 존재로 기능할 수 있다는 점은 한국에게도 좋은 일일 수 있다. 한국은 동북아 안정을 위해 두 가지 일을 할 수 있다. 하나는 미군을 주둔시키는 일이고, 다른 하나는 한국 역시도 누구 편을 들지 않으면서 지역 내 안정을 위한 큰 역할을 하는 것이다."

중국과 대만 간의 갈등이 악화될 경우 주한미군의 역할에 대해 그는 이렇게 설명했다.

"최근의 대만 상황은 매우 긍정적이다. 대만 대선 이후 새로운 대만 대통령은 중국과 대화를 다시 발전시키고 긴장 완화, 협력 강화 쪽으로 나아가고 있다. 양안 관계 발전에는 시간이 좀 걸리겠지만 나는 낙관적이다. 한국을 대만해협 갈등에 끌어들이는 일은 없을 것이다. 미국과 중국 역시 대만을 둘러싼 대립을 바라고 있지 않다."(《문화일보》, 2007년 4월 8일)

하지만 미국의 보수파는 이제 '한국과 이혼하라'는 목소리를 공공연히 높이고 있다. 미국의 대표적인 보수주의적 성향 싱크탱크인

케이토연구소의 연구원들이 쓴 대한반도 정책 보고서의 제목부터가 그렇다. 먼저 이들은 한미 간의 어려웠던 역사를 시작으로 최근 급증하는 긴장 관계를 살펴본 뒤 북한 핵 위기의 과거와 현재, 북한을 다루는 각종 옵션들, 북한과 북한 핵 문제를 바라보는 한미 간의 시각차, 안보 무임승차자로서의 한국 등을 이야기하며, 미국이 이제는 한국과 '합의이혼'해야 할 때라고 말한다.

즉 현재와 같은 한미동맹 유지는 곤란하며, 더 늦기 전에 우호적인 결별을 준비할 때라고 주장하는 것이다. 또한 이를 위해 한국에 주둔한 미군을 점진적으로 철수시켜야 하며, 한국은 지금이야말로 완전한 '자주국방'을 실현할 때라는 점을 강조한다. 그리고 더 나아가 미국이 한국과 이혼하는 것을 넘어서, 그동안 책임지고 있던 동아시아 안보에도 손을 떼고 새로운 동아시아 전략을 짜야 한다는 점도 이야기한다.

즉 오랫동안 한국의 안보를 책임져 온 '보호국' 미국이 언제까지나 한국의 안보에 손을 대고 있을 순 없다는 얘기다. 특히 미국의 새로운 동아시아 전략과 관련, 전략적·경제적 이익을 분석한 뒤 이전처럼 미국이 동아시아에서 경찰 역할을 할 경우 한국 등과 마찰을 빚을 수 있다는 단점을 지적한 뒤 지속 가능한 전략을 다시 짜야 한다고 강조했다.[27]

주한미군 철수론은 미국 공화당 대선 주자의 공약이 되기도 했다. 2012년 미국 공화당 대선후보 경선에 나섰던 론 폴 하원의원은 2011년 11월 "한국과 일본에 주둔하고 있는 미군은 당장 철수해야 한다."라고 주장했다. 폴 의원은 12일 CBS방송에 출연해 "우리는 이를 감당할 수 없고, 철군하면 많은 돈을 절약할 수 있다."라면서 "해외 주둔 미군이 오히려 적을 자극해 국가안보에 위협이 되고 있다."라고 말했다.

그는 "미국이 130개국에 900개의 군 기지를 둬야 한다는 생각은 구식이고 말이 안 되는 것"이라면서 "더욱이 우리는 파산했기 때문에 이를 더 이상 감당할 수 없다."라고 지적했다. 그는 차기 대권 도전을 공식화한 지난 7월에도 PBS와의 인터뷰에서 "왜 우리가 한국과 일본에 군대를 두고 있느냐?"라고 반문했다. 실제 론 폴의 호소는 미국 공화당 경선에서 일정한 지지를 얻고 있으며, 자신의 홈페이지(www.ronpaul2012.com)에도 해외 미군 주둔 반대로 '군인들 사이에서 가장 인기 있는 정치인'이라고 자랑하고 있다.

이미 미국은 주한미군 3만 7000명 가운데 1만 2500명을 감축했으며 한강 이북의 2사단 병력을 1단계로 동두천, 의정부 지역으로 통합하고, 2단계로 2사단과 용산 기지를 오산 평택으로 이전하고 있다. 도널드 럼스펠드 장관은 "한국의 국내총생산(GDP)은 북한의 25~30배나 된다. 방위 책임을 한국으로 이전하면서도 강한 억제력을 유지하는 방안을 협의하고 있다."라고 밝혔으며, 이는 "미국의 범세계적 방위 태세 검토에 따라 테러와 대량살상무기 확산 가능성이 높은 지역, 즉 중앙아시아와 중동, 남아시아, 동남아시아 가까운 곳으로 해외 주둔 미군을 재배치하면서 미군을 신속화하겠다는 전략과 맞물려 있다."라고 전했다("KBS스페셜」, 2004년 1월 6일).

이 같은 미국의 정책은 버락 오바마 행정부 이후 오히려 가속화되고 있다. 미 의회는 2012년 1월 미국의 재정적자를 줄이기 위해 향후 10년간 4,870억 달러의 국방비를 삭감토록 했다. 2012년 1월 현재 미 의회는 추가로 5,000억 달러 삭감안을 논의 중이어서 합치면 1조 달러에 육박하는 규모이다. 미국의 보수파는 더 이상 현재 같은 대규모, 거대 예산의 미군을 한국에 주둔시킬 필요성에 의구심을 보이고 있다.

FTA는 매국인가 애국인가
: 한미 쇠고기 협상 내막

한미 자유무역협정(FTA) 체결은 매국적 행위인가, 아니면 한국이라는 시장을 노리는 미국의 압력에 굴복한 결과인가. 한미 FTA 협상과 체결, 비준에 이르기까지 이른바 진보좌파 여론은 통상교섭본부의 외교관들을 매국노로 비난하고 심지어 이를 지지하던 정치인까지 '이완용'으로 매도했다. 더 나아가 통일 한반도를 속국으로 남겨놓기 위한 심모(深謀)라는 주장까지 했다.

"한반도에서 장차 중국의 자장이 너무 강력해지는 걸 막고 통일 한반도를 계속 속국으로 붙잡아두는 방법은 통일 한반도의 주력군이 될 한국을 FTA 체결로 미일 동맹 체제에 단단히 묶어두는 것이다."(「FTA는 제2의 '조선책략'?」,《한겨레21》, 2007년 3월 27일)

그러나 미국 측 증언은 다르다. 데이비드 스트라우브 전 국무부 한국과장은 2007년 2월 22일 저자와 인터뷰에서 "한미 FTA는 노 대통령의 이니셔티브였다. FTA가 한미관계와 한국(경제)에 도움이 될 것이라고 노 대통령이 판단한 것이다. 노 대통령은 한미동맹을 유지하려는 기본적인 생각을 갖고 있는 것 같다.”라고 밝혔다. 『한 국전쟁의 기원』의 브루스 커밍스 교수도 FTA 음모론을 배격한다.

“FTA는 상호 이해관계에 따라서 추진하는 것이다. 여기에는 어 떤 음모가 개입할 여지가 없을 것이다. 미국과 한국 양측에서 FTA 를 반대할 수밖에 없는 이해 당사자도 있을 것이다. 미국도 과거 철 강 산업을 지키려고 철저히 보호무역적인 조치를 취해왔다. 나는 FTA로 한미 간의 경제적 관계가 나빠질 것으로는 생각하지 않는 다. 오히려 FTA 문제가 한미관계에 악영향을 끼치는 전조가 될까 걱정이다.”(《문화일보》, 2006년 8월 14일)

실제 FTA가 2011년 10월 13일 미 하원에서 찬성 278표, 반대 151표로 통과되었던 사실에서 알 수 있듯 FTA에 대한 미국 내 반 발도 만만찮았다. 미 의회에서 FTA가 통과할 때 워싱턴을 국빈 방 문 중이던 이명박 대통령이 의회 연설에서 16차례의 기립박수를 받 는 등 한미관계가 가장 밀접할 때였지만 반대표의 기세는 여전했 다. 한미 FTA 협상이 2007년 체결되고도 미 의회 비준이 3년 이상 걸릴 때까지 미국 내에서는 반대 여론이 비등했다.

하워드 버먼 미 하원 외교위원장은 2009년 저자에게 미 의회 분 위기를 이렇게 전했다.

“FTA에 대해서는 미국 내 분위기가 좋지 않다. 미국 내에서 자동 차 산업 지역인 미시간주 등에서 무역으로 인해 일자리를 잃고 있 다는 우려가 있다. 일단 미국 내에서 무역으로 인한 피해 계층을 보호할 수 있는 사회 안전망 등을 만드는 것이 필요하다. 그 때문에

FTA 비준은 몇 주 혹은 몇 달 만에 해결되지는 않을 것이다."(《문화일보》, 2009년 3월 13일)

존 햄리 미 전략국제문제연구소 회장은 2007년 정부 간 한미 FTA 협상이 타결된 이후 "대단히 미안하지만, FTA 비준은 가까운 장래에는 어려울 것"이라고 못 박았다.

"FTA는 미국의 국내 정치 문제에 걸려 있다는 것을 이해해야 한다. 이는 한국에 대한 인식 문제가 아니다. 지난 6~7년간 민주당은 공화당의 행정부와 의회가 주도한 FTA 협상에서 완전히 배제돼 있었다. 민주당의 지지 기반인 노조가 FTA의 피해자가 되었다. FTA는 미국 국내 정치의 전쟁터가 되었다. 분명 FTA는 미국에 좋은 일이지만 ⋯ 노조가 세계화와 자유무역에 불안해하며 반대 투쟁을 벌이고 있고 이런 힘이 미국 정치에 반영되고 있는 것이다. 만약 비밀투표를 하면 미 의회는 65~70퍼센트가 찬성할 것이다. 하지만 이 문제가 정치적 싸움의 한가운데 갇혀 있어서 운신하기가 어렵다. 민주당 내에서 소수파는 자유무역의 장점을 알지만 민주당은 노조의 압박을 받고 있다. 민주당 내에서 우선 이 문제가 해결돼야 한다. 따라서 문제는 대선 때까지 봉합될 것이다. 대선 때까지 모호하게 가져갈 수밖에 없다."(《문화일보》, 2007년 11월 6일)

공화당의 스코크로프트 전 국가안보보좌관은 2008년 4월 이명박 대통령의 첫 미국 공식 방문에 앞서 저자와 가진 인터뷰에서 "FTA는 미국에서 커다란 정치적 쟁점이 되었고 이는 한미관계와는 무관한 미국 정치를 양분시키고 있는 이슈"라며 부정적으로 전망했다.

국제정치학계의 거장이자 미국 민주당 진영의 원로 외교안보 전략가인 즈비그뉴 브레진스키(Zbigniew Kazimierz Brezinski) 박사(전 국가안보보좌관)는 한국과 미국이 불안정한 세계에서 서로 의지하고 협력할 수 있는 방안으로 뜻밖에도 한미 FTA를 제시했다. 한국처럼 강대국 틈새에서 불운한 역사를 보내야 했던 폴란드 출신인 그의 제안에는 남다른 통찰력이 있었다. 특히 민주당 인사로서 민주당 주류의 보호무역주의에 얽매이지 않는 그의 전략적 통찰력은 주목할 만했다.

"한미 FTA는 두 나라 간의 상호 보완적 관계를 잘 보여주고 있다. 한국과 미국의 공동 이해관계가 커지고 있다는 징표이다. 미국은 분명히 한국과의 강력한 관계를 유지하고 싶어 한다. 강국으로 둘러싸여 있는 지정학적 측면에서 보자면 한국으로서도 특별한 친구가 필요하다. 그 친구란 바로 매우 충실(loyal)하면서도 멀리 있는 (far away) 나라이다. 한국은 역사적으로 많은 친구들을 갖고 있었지만, 문제는 (중국, 일본 같은) 친구들이 충실하지도 않으면서 바로 옆에 붙어 있다는 점이었다. 미국은 멀리 있지만 한국에 충실한 친구이다."(《문화일보》, 2008년 1월 2일)

그러나 브레진스키 박사의 전략적 제안과 달리 미국의 여론과 정치권의 움직임은 2011년 의회 비준 직전까지 한미 FTA 반대가 우세했다. 이명박 대통령은 2008년 4월 첫 방미 중 한미 FTA 비준 문제를 진전시키고자 했지만, 당시 미국 민주당의 차기 대선 후보 경선은 이미 반(反)FTA 선명성 경쟁으로 치닫고 있었다.

특히 경선 분수령이었던 그해 4월 22일 펜실베이니아주 프라이머리(예비선거)를 앞두고 버락 오바마, 힐러리 클린턴 상원의원은 '블루칼라' 유권자를 집중 공략했다. 오바마 의원은 펜실베이니아에서의 열세를 만회하기 위해 "한국과의 FTA를 반대한다."라고 노동자들에게 다짐했다. 막판 역전승을 꿈꾸던 클린턴은 노동자들에게 300만 개의 일자리 창출을 약속하고 '노동자의 일자리를 앗아가는' FTA 반대를 확약했다.

오바마는 4월 2일 펜실베이니아 주도 필라델피아의 노동조합 집회에서 "나는 한미 FTA를 받아들여야 한다는 주장을 거부한다."라며, "이는 미국 노동자들에게 나쁜 것"이라고 말했다. 클린턴도 1일 전미노동조합총연맹(AFL-CIO) 펜실베이니아지부 집회에서 "미국에서 일자리를 앗아가는 북미자유무역협정(NAFTA) 체결 때 나는 확실히 반대했다."라고 주장하며 "도로·교량 건설로 300만 개의 일자리를 창출하겠다."라고 말했다.

이 시기에 이명박 대통령이 취임 후 미국을 공식 방문해 퇴임을 앞둔 조지 W. 부시 대통령과 한미 FTA 비준을 진전시키는 것은 불가능한 일이었다. 무엇보다 타이밍이 안 좋았다. 이 대통령의 첫 공식 방미 일정이 알려진 이후 2008년 3월 초 워싱턴의 아시아재단 스캇 스나이더 선임연구원은 "이 대통령의 4월 방미는 4월 초 한국의 총선, 4월 22일 민주당의 펜실베이니아 프라이머리와 맞물려 한미 양측에서 모두 한미 FTA를 꺼내기 어려운 시점에서 이뤄진다."라며, "한미 FTA가 가장 핵심 이슈로 삼을 수밖에 없는 것이 방미라면 차라리 한국에서도 총선의 여진이 가라앉고 미국에서 민주당 경선, 공화당 경선이 끝나는 6월 이후가 적합"하다고 저자에게 말한 바 있다. 워싱턴 특파원이던 저자는 당시에 이 같은 워싱턴 전문가들의 의견을 외교라인에 전했지만, 서울의 반응은 '문제없다'는 것이었다.

하지만 어차피 4월에 진전시키기 어려웠던 한미 FTA 비준 논의를 위해 한미 쇠고기 협상을 서둘러 마무리 지었던 것은 결정적인 오해와 패착을 낳았다. 이에 대해 문정인 연세대학교 교수는 《중앙시평》에 「FTA 비준이 꼬인 숨은 이유」라는 글을 기고(2011년 11월 21일)하면서, "따지고 보면 2008년 5월 촛불시위의 본질은 광우병의 진실 여부가 아니었다. '이 대통령이 부시 대통령의 환심을 사고 캠프 데이비드에서 하룻밤을 묵기 위해 미국산 쇠고기 수입을 양보했다'는 인식이 퍼져나간 것이야말로 근본적인 이유였다."라는 의견을 피력했다.

실제 저자가 당시 외교라인 관계자들에게 직접 물어본 결과 이명박 대통령의 첫 미국 공식 방문 일정을 4월 16일에서 19일까지로 잡은 이유는 '캠프 데이비드' 회담이 가능한 때가 그 시간대밖에 없었기 때문이었다고 전했다. 캠프 데이비드는 미국 대통령이 영국, 일본 등의 가장 친밀한 우방 정상들과 함께 머물며 회담하는 상징적 장소였고, 만일 성사된다면 한국 대통령으로서는 처음 있는 일이었다. 실제 캠프 데이비드 회담은 양국 정상 간의 우애를 한껏 과시한 성공적인 이벤트로 끝났지만, 국내에서는 '캠프 데이비드' 숙박의 대가로 얼마나 많은 국익을 양보했느냐는 의구심을 불러일으켰다. 한국 정부로서 보자면 진실 여부가 아닌 여론전의 참혹한 실패였다.

    2011년 10월 미 의회에서 마침내 통과된 한미 FTA는 그러나 국내에서 또 한 차례 역풍을 맞는다. 미국 정부의 요청에 의해 진행됐던 재협상에서 국익을 너무 양보했다는 민주당의 주장과 함께 반FTA의 여론이 다시 고조되었기 때문이었다. 노무현 대통령도 퇴임 후에는 FTA 반대로 돌아섰다는 주장까지 제기되었다. 하지만 노 대통령은 퇴임 후에도 입장을 바꾸지 않은 것으로 보인다.

    "한미 FTA는 결국 … 개방의 속도를 어떻게 할 거냐 이거 아닙니까? 난 그만한 속도가 필요하다고 봤다는 것이죠. 나는 현재 우리나라 경제가 발전해나가는 과정에서, 이것은 약간 도전적인 선택으로 적절하다고 봅니다. 또 하나 불가피한 측면이 있습니다. 중국과 FTA를 한다고 하면 언제가 적절하다고 생각합니까? 그걸 언제로 할지 전제를 해두고 … 경제의 체질 개선을 해야 하거든요. 아무 충격 없이 준비가 되느냐? 충격 없으면 준비를 안 해요. …"

    2008년 8월 27일 진보적 인터넷 사이트 '서프라이즈'가 경남 김해 봉하마을의 사저를 방문해 노 전 대통령과 인터뷰를 했다. 당시는 '대통령 기록물' 유출 논란으로 전·현 정부 간의 갈등이 고조되던 때였지만 반FTA론에 대해 거침없이 비판했다. "개방 반대론자들이 걱정했던 일은 여러 차례의 개방에서 한 번도 일어나지 않았습니다. … 한－칠레 FTA까지, 그렇게 떠들었던 사태는 다 발생하지 않았습니다." 노 전 대통령은 2007년 6월 2일 참여정부 평가 포럼에서도 한미 FTA에 대한 확신을 밝혔다.

    "세계의 역사는 통상 국가가 주도해왔습니다. … (주도국의) 지배력에 대항하려면 … 우리도 선진적 통상 국가가 돼야 된다는 것입니다. 개방하고, FTA도 하고, 세계무역기구(WTO)도 해야 됩니다. … 통상 관계에서 서로 요구 조건들을 내걸고 여러 주장을 하는 것이 국가 간의 보편적 현상인데, 왜 하필이면 미국 말만 나오면 압력이냐, 콤플렉스입니다. 미국 콤플렉스. 미국 콤플렉스는 뒤집으면 일종의 사대주의적 사고입니다."

노 전 대통령은 분명하게 얘기했다.

"개방의 문제를 이념의 문제로 볼 이유가 없다고 봅니다. 반미, 미국을 배타적으로 배척할 이유는 없습니다. 바로잡고 고칠 것은 냉정하게 고치되 한꺼번에 마음 상하게 해서는 좋은 일도 없고 또한 다 성취할 수도 없습니다. … 대화하는 진보, 타협하는 진보입니다. 대화와 타협은 민주주의의 요체입니다."[28]

노무현 대통령 시절 청와대 정책실장이었던 김병준 교수의 증언도 비슷하다.

"노무현 대통령도 2008년 11월 재협상을 거론한 일이 있었다. 이를 두고 FTA를 반대하는 분들은 노 대통령의 입장이 달라진 것이라고 이야기한다. 그러나 그렇지 않다. 미국이 (당시) 재협상을 요구하는 마당에 우리가 먼저 비준한 후 재협상을 거부하면 FTA가 폐기될 수 있기 때문에 그 경우에 대비해 우리도 다시 요구할 것을 정리해두어야 한다는 뜻이었다. FTA를 죽이자는 얘기가 아니었다. 어느 진보정당은 미 투기 자본이 대한민국을 접수하고 의료보험이 무너질 것이라고 했다. 미국 서비스 자본이 들어오면 도박 천국, 매춘 천국이 된다고도 했다. 반면 정부는 근거 없는 낙관론만 폈다. 피해가 예상되는 부분에 대한 설명 없이 일자리 수십만 개가 창출

될 것처럼 얘기했다. 두 가지 모두 왜곡과 과장 또는 근거 없는 낙관론이다."(《조선일보》, 2012년 2월 9일)

노무현 정부 당시 맺은 한미 FTA는 애초엔 이익 균형이 맞았지만 이명박 정부 이후 만들어진 협상은 균형이 무너졌다는 주장에 대해, 《한겨레신문》도 2012년 2월 2일 칼럼에서 "자동차 분야 재협상이 있었지만 실제 내용은 과거나 지금이나 거의 차이가 없고 대표적인 사례가 투자자-국가 간 소송 제도(ISD), 래칫(역진 방지) 등의 조항들"이라고 분석했다.

실제 2011년 10월 미 의회에서 한미 FTA가 비준된 뒤 한국의 민주당이 미국 측에 재협상을 요구한 협정문 10개 항목 중 9개는 노무현 정부 당시에 체결된 것이었다. 민주통합당이 2012년 2월 8일 버락 오바마 미국 대통령에게 보낸 공개서한을 통해 재협상을 요구한 한미 FTA 10개 항목 중 9개는 2007년 노무현 정부 당시 체결된 것이다.

우선 논란거리였던 ISD 관련 조항은 2007년 타결된 내용 거의 그대로이다. 당시 열린우리당의 '한미 FTA 평가위원회' 보고서는 ISD에 대해 "이미 우리가 체결한 경제협정 대부분에 ISD가 포함돼 있어 새로운 중대한 도전이 야기되는 것은 아니다."라고 평가했다. 이어 "오히려 향후 중국, 기타 국가와 협정을 맺을 때 정당한 ISD 규정 삽입을 통해 우리의 대외투자를 보호하고 활성화하는 계기가 돼야 한다."라며, "ISD는 국내 제도 선진화에 기여할 것"이라고 했다.

서비스 개방 분야를 지금의 네거티브 방식으로 두면 정부의 공적

규제가 어렵기 때문에 포지티브 방식으로 전환하자는 주장도 나왔지만, 2007년 협정문에도 네거티브 방식이었다. 민주당이 폐기를 요구하는 역진 방지 조항, 의약품 분야 허가·특허 연계 조항 등도 당시부터 있었다. 오히려 현 정부는 2010년 재협상에서 의약품 분야 허가·특허 연계 조항의 3년 유예를 얻어냈다.

또 민주당이 수정해야 한다고 주장한 주요 농축산 품목 과세 양허표, 금융 세이프가드 조항 등도 노무현 정부 때부터 있었다. 한미 FTA가 이대로 발효될 경우 중소기업과 소상공인을 위한 정부의 보호 또는 지원책이 협정에 위배될 소지가 있으므로 고쳐야 한다는 것이 민주당 주장이지만 이 부분도 지난 재협상 과정에서 크게 달라진 게 없다.

송영길 인천시장도 2011년 11월 17일 "우리(민주당)가 시작한 한미 FTA를 부정하면 안 된다."라며, "적극적인 자세로 책임 있게 처리해야 한다."라고 말했다. 송 시장은 이날 광주시청 초청 강연 이후 기자들과 만나 "미국 (전자제품) 시장의 50퍼센트를 삼성과 LG 등 국내 기업이 차지하고 있기 때문에 두려워할 필요가 없다."라면서, "논란이 되는 ISD도 미국이 우리에게 요구할 수 있지만, 우리도 미국과 다른 나라에 청구할 수 있는 양면성이 있다."라고 덧붙였다. 송 시장은 17대 국회 때 열린우리당 FTA 특별위원회 위원장과 국회 한미 FTA 체결 대책 특별위원회 간사를 지낸 대표적인 FTA 찬성론자였다.

FTA를 체결하면 한국도 NAFTA 이후 멕시코처럼 피폐해질 것이라는 반FTA론자들의 비판도 사실과 많이 달랐다. 저자는 워싱턴

특파원으로 있던 2008년 5월 멕시코와 미국을 24시간 넘나들 수 있는 국경도시 엘패소(El Paso)에 취재하러 갔었다. 옛 서부영화의 무대였지만 현재는 NAFTA 이후 멕시코 노동력과 미국 자본·기술이 공존·번영하는 곳이었다.

리오그란데강을 따라 이어진 국경 철책선의 통로인 코르도바~아메리카 다리는 종일 트럭, 승용차, 인파로 붐볐다. 강북의 엘패소가 부촌이라면, 강남의 멕시코 쪽 후아레스 시는 1970년대 한국의 수출공단을 연상시켰다. 늘어나는 일자리 때문에 멀리 멕시코시티, 그리고 남쪽의 차파스주 사람들까지 몰렸고 시내 곳곳에 활기가 넘쳤다. 한미 FTA를 반대하는 사람들은 '멕시코가 미국과의 FTA 때문에 지옥의 땅이 되어버렸다'고 주장하지만, 진실과는 거리가 있다. 《뉴욕타임스》의 칼럼니스트 폴 크루그먼(Paul Robin Krugman, 프린스턴대학교 교수)은 "멕시코의 GDP 규모가 미국의 4퍼센트에 불과해 미국이 NAFTA로 얻는 GDP 증가 효과는 미미한 반면, 멕시코의 이득은 당연히 훨씬 크다."라고 말했다.[29]

실제 무역수지를 보면 2001년 멕시코 대미수출은 1,313억 달러(무역흑자 300억 달러)에서 지난해는 2,299억 달러(흑자 664억 달러)로 크게 증가했다(미 통계국). NAFTA를 거치면서 수출액은 1.7배 늘었고 무역흑자는 2.2배 이상 증가했다. 한국에서 반FTA의 교과서로 떠오른 조지프 스티글리츠(Joseph E. Stiglitz, 컬럼비아대학교 교수)의 《뉴욕타임스》 기고 「NAFTA의 깨진 약속」에서조차 "1994년 12월 멕시코가 금융위기를 신속하게 극복할 수 있었던 것은 미국과의 무역 때문이었다."라고 인정했다.[30] 경제 규모 면에서

2011년 세계 10위로 대한민국보다 앞선 멕시코는 여러 문제를 안고 있지만 이는 국내 정치, 경제, 사회구조 탓이지 FTA 때문이 아니다.

빌 클린턴 미 대통령이 민주당의 극렬한 반대를 무릅쓰고 NAFTA를 추진했던 배경에는 경제개혁을 통해 성장과 안정을 이루려고 몸부림치던 멕시코의 카를로스 살리나스 데 고르타리(Carlos Salinas de Gortari) 대통령 정부를 도우려는 외교정책적 측면이 더 컸다.[31] 분명한 것은 FTA가 만악(萬惡)의 근원은 아니라는 사실이다.

노무현 대통령 때 한미 FTA 협상의 책임자였던 김현종 전 통상교섭본부장은 "FTA 전쟁에서 앞으로 나아가지 못하면 후퇴하는 것"이라고 말했다.

"한국과 중국의 100대 주력 수출상품 중 미국 시장에서 30여 개가 겹친다. 우리 수출품이 무관세로 들어가면 일본이나 중국 상품에 비해 경쟁력이 높아질 것이다. 한국은 주요 20개국(G20) 멤버로 초청받고 있고 근자에는 '코리아 디스카운트' 대신 '코리아 프리미엄'이 붙고 있다. 선진국들이 줄줄이 신용등급을 강등당하는 판에 한국은 상향됐다. 이 모두가 한미 FTA에 대한 기대 효과가 반영된 결과이다. 한국의 신용도가 올라가면 남북통일 이후 북한 땅에 인프라를 구축할 때 차입 비용을 줄일 수 있다. 버락 오바마 미 대통령은 지난해 '한미동맹은 한국과 미국뿐 아니라 태평양 전체 안보의 린치핀(linchpin)'이라고 표현했다."

하지만 그는 이명박 정부의 한미 FTA 재협상의 결과에 대해서는 나쁜 선례를 남겼다며 비판했다.

"2007년 6월 30일 한미 FTA 협정 서명 때 수전 슈워브 미 무역 대표가 공개적으로 '재협상은 없을 것'이라고 했다. 3년 후 미국이 '우리가 불리하다'며 추가 협상을 요구한 것은 적절치 않았다. 이명박 정부는 필사즉생(必死則生, 죽기로 싸우면 반드시 산다)의 자세로 나갔어야 했다. 한국이 유럽연합(EU)과 FTA를 맺어 농산물을 수입하기 시작하면 농산물을 수출하는 미국 35개 주 상원의원들이 나서서 미국이 한미 FTA를 비준하도록 압박했을 것이다. 농산물 수출국인 호주나 캐나다와 FTA를 맺어 미국을 전략적으로 압박할 수도 있었다."

김 전 본부장은 "추가 협상으로 '한국은 밀면 밀린다'는 나쁜 선례를 남겼다."라며 아쉬워했다. 그가 참여하지 않았기 때문에 추가 협상을 더 부정적으로 보는지도 모르겠다. 그는 "추가 협상을 할 바엔 반대급부를 제대로 챙겼어야 했다."라면서, 불평등한 한미주둔군지위협정(SOFA: Status Of Foces Agreement) 개정, 동해 표기, 우라늄 농축 및 재처리권 등을 꼽았다. 자동차 문제도 FTA 협정문에 손대는 대신에 우리가 장차관 관용차와 경찰용으로 캐딜락을 사주고 미국 차 소비 확대를 위한 태스크포스(TF)를 설치하는 식으로 마무리했더라면 좋았을 것이라고 그는 덧붙였다(《동아일보》, 2011년 11월 26일).

한미 무역수지는 1985년 대미수출 100억 1330만 달러, 수입 59억 5630만 달러(한국의 무역흑자 40억 5700만 달러)에서 2011년 수출 566억 3550만 달러, 수입 435억 500만 달러(무역흑자 131억 달러)였다. 대미 무역흑자는 2000년 이후 100억 달러를 넘어섰고 2004년에는 190억 달러를 넘기도 했다. 2011년 대미 무역흑자는 같은 기간 한국의 상품수지 흑자 333억 1100만 달러의 40퍼센트 가량을 차지한다(한미 무역수지 통계는 미국 통계청 http://www.census.gov/foreign-trade/balance/c5800.html, 2011년 무역수지는 지식경제부 2012년 1월 1일 「2011년 수출입동향보고서」 수출 5577억 7500만 달러, 수입은 5244억 6400만 달러).

제4장

숙명적 선린과 전략적 동맹, 글로벌 코리아와 한미관계의 미래

• • •

한반도에서 미국 트라우마 혹은 콤플렉스가 가장 심각하게 지배하고 있는 주제는 북한 문제이다. 우선 북한의 미국 트라우마가 미국과 북한의 관계 발전을 막는 가장 심각한 요인이다. 대한민국 내에서 반미를 주장하는 사람들도 "미국 때문에 북한이 늘 위협받고 있다."라고 말한다. 북한은 늘 미국의 침공 위협을 거론하지만 실제 6·25전쟁 이후 60년간의 흐름을 보면 오히려 실제 이상으로 과장된 트라우마적인 측면이 크다. 북한의 정권안보 차원에서든, 아니면 6·25전쟁 당시 남침 이후 미국의 반격으로 호되게 당하면서 생긴 악몽 때문이든 미국에 대한 북한의 피해의식과 적대감의 콤플렉스는 21세기 이후 북한의 국가적 행보의 폭을 좁히고 있다.

북한과 쿠바 상황을 비교해보면 북한이 느끼고 있다는 '미국의 침략 위협'은 실제적 근거가 희박해진다. 미국도 두 나라를 용납하려 하지 않았지만, 미국 펜실베이니아주보다 조금 작은 쿠바나 미시시피주보다 조금 작은 북한도 결코 미국에 대한 도전을 숨기지 않았다. 1970년대까지 쿠바와 북한은 전 세계에 사회주의 혁명을 수출하며 '미제의 각을 뜨자'고 선동했다. 《뉴욕타임스》의 칼럼니스트 토머스 프리드먼(Thomas Lauren Friedman)의 지적처럼, 어떤 의미에서 미국은 쿠바의 카스트로나 북한의 김일성·김정일 부자의 권력을 지켜준 주요 명분이었다.

하지만 쿠바를 보면 '미국의 침공' 명분을 내세워온 북한의 주장이 과장임을 알 수 있다. 미국은 1960년대 초 한때 쿠바 카스트로 정권 전복 작전을 시도했지만 그 이후에는 손댈 엄두도 못 냈다. 미국의 턱밑에 쿠바가 있고 쿠바섬의 남서쪽 끝에는 미군의 관타나모 기지가 있지만, 누구도 미국이 쿠바를 공격할 것이라고 생각하지 않는다. 국제정치의 역학 때문이고 미국 국내 정치가 허용하지 않기 때문이다. 미국이 북한을 공격할 경우엔 중국이 가만히 있을 수 없게 돼 있다. 바로 중국의 안보와 직결된 문제이기 때문이다.

1970년대 판문점 도끼 만행 사건 때도 미국은 북한을 공격하지 않았고 오히려 한국군의 대북 공격 가능성을 제어하려고 했다. 1980년대 아웅산 사건 때도 전두환 대통령에게 '한국군의 대북 보복공격'을 자제토록 요청했다. 2010년 북한의 천안함 폭침, 연평도 포격 사건 때도 미국은 한국군의 보복공격을 제어하는 데 신경을 곤두세웠다.

2010년 12월 16일 미국 CNN 방송에 따르면, 제임스 카트라이트(James Cartwright) 미 합참 부의장은 16일 국방부에서 기자들과 만나 한국군이 오는 18일부터 21일 사이에 재개키로 한 연평도 해상 사격훈련과 관련해 "만약 북한이 이것에 부정적으로 반응해 연평도의 사격 지점을 향해 대응사격을 할 경우 연쇄반응을 일으킬 우려가 있고 이로 인해 통제를 잃는 일이 일어나서는 안 된다."라고 말했다. 그는 또 연평도 훈련 지역에 미국 감시요원 21명을 파견해 한국군의 행동을 지켜보겠다고 밝혔다.

CNN은 이와 관련해 "미국은 긴장 완화를 모색하고 북한에 대한 대응을 협의하기 위해 다수의 고위 관리를 이 지역에 파견하고 있다."라며, "아이크 멀렌 합참의장은 한국을 방문해 자제를 촉구하고, 중국에서는 미 국무부의 대표단이 남북한 문제를 협의 중이며, 뉴멕시코주의 리처드슨 주지사는 북한의 초청을 받아들여 15일 평양에 들어가 긴장 완화를 위해 북한 정부 당국자와 회담 중"이라고 보도해 미국이 국지전 발발을 막기 위해 바쁘게 움직이고 있음을 시사했다.

미국이 이처럼 한국군의 훈련에 민감했던 이유는 수많은 미군을 희생시킬 수 있는 한반도 교전 사태를 원치 않기 때문이다. 침략 위협이 없다면 냉전이 끝난 이후까지 '미제'에 맞서온 북한의 선택은 잘못된 것이다. 강국은 약국을 괴롭힐 수많은 수단과 계책을 갖고 있지만 약국은 강국의 하품에도 긴장해야 한다. 미국과 싸워 이겼던 베트남이 미국과 다시 가까워지고 있는 것도 그 때문이다. 만일 북한이 핵을 포기하고 한국과 중국 등의 경제 지원 속에서 주민들의 생활 수준 향상을 위해 노력한다면 미국의 '북한 혐오'도 더 이상 지속되지 않을 것이다. 미국의 태도가 변하지 않는다면 한국과 중국을 믿고 북한이 먼저 악순환의 사슬을 끊어버리면 된다. 중국과 한국의 반대를 무릅쓰고 미국이 북한을 공격하지는 않을 것이기 때문이다.

그네 같은 미국의 대외정책,
집중력 떨어지는 한반도 정책

"시간은 자꾸 흘러가는데 최종 결론은 미뤄졌다. 중동 협상이 위기에 봉착하면서 일정 잡기가 어려웠다. 크리스마스 휴가가 다가오면서 대통령은 북한을 방문하느냐, 이스라엘−팔레스타인 문제를 밀어붙여서라도 매듭짓느냐를 놓고 고민했다. 이 어려운 선택에서 벗어나기 위해 우리는 김정일 위원장을 워싱턴으로 초청했다. 하지만 북한은 이 초청을 받아들일 수 없다고 답했다."[1]

빌 클린턴 행정부 당시 국무장관이었던 매들린 올브라이트(Madeline Albright)가 회고록에서 2000년 북미관계가 극적으로 개선되기 직전 북미 정상 간의 만남이 무산되는 과정을 안타깝게 설명했다. 클린턴도 자서전 『마이 라이프』에서 당시 상황을 전했다.

"(2000년 11월 미국 대선에서 플로리다주 개표 논란으로) 내 후임자가 누구인지 정해지지 않은 상황에서 나는 아라파트를 백악관 집무실에서 만났다. 이스라엘과 팔레스타인의 분쟁은 줄어드는 상황이었고 아라파트는 평화 협상을 원할 것이라고 생각했다. 나는 그에게 '이제 이 협상을 마무리할 기회도 10주밖에 안 남았다'고 말했다. 나는 그의 팔을 붙들고 눈을 바라보며 '나는 북한과도 장거리 미사일 등에 대한 합의를 할 수 있는 기회를 갖고 있다'며 '그러기 위해서는 그곳으로 가야 한다'고 말했다. … 북한 방문 일정은 방북 뒤 한국, 일본, 중국도 들러 방북 설명까지 하게 되면 최소 일주일이 걸리는데 그럴 시간이 없었다. … 팔레스타인 지도자 야사 아라파트는 중동 평화 협상을 타결 지을 수 없다고 나에게 매달렸다. 그러나 나는 가끔 그가 그런 엄청난 실수(중동 평화안 거부)를 저질렀다고 믿을 수 없었다. 그가 당시 이스라엘 수상 바락이 동의한 내 협상안을 거부한 것은 역사에 기록될 만한 큰 잘못이었다. … 다음 정부가 그때까지 북미 간의 좋은 협상 결과물을 물려받아 마무리를 잘 지을 것으로 믿었는데 결과적으로 북한 미사일 프로그램을 종식시키지 못한 것을 안타깝게 생각한다."[2]

2000년 6월 김대중 대통령과 김정일 북한 국방위원장의 역사적 남북정상회담 이후 북미 간에도 새로운 돌파구가 마련되었다. 2000년 10월 9일부터 12일 북한 군부 2인자 조명록 차수가 북한의 특사로서 워싱턴을 방문해 빌 클린턴 대통령과 매들린 올브라이트 국무장관을 만났다. 이에 대한 화답으로 같은 달 23일에서 25일까지 올브라이트 장관은 평양을 방문해 김정일을 만났다.

방북 이후 올브라이트 장관과 샌디 버거 국가안보보좌관은 만약 북미정상회담으로 북한 미사일 문제를 만족스럽게 타결할 수 있다면 클린턴 대통령이 북한을 방문해야 한다고 건의했다. 올브라이트 장관은 "클린턴 대통령 본인은 평양 방문길에 오르고 싶어 했지만 우리는 북한의 외교 스타일, 우리의 동맹국, 국내 정치, 다른 긴급한 사안 등을 함께 고려하며 가장 적절한 결정을 내리려 노력했다."라고 회고록에서 밝혔다.[3]

실제 클린턴 행정부 말기에 올브라이트 장관팀은 온통 북한 문제 해결에 몰두해 있었다. 올브라이트 장관은 조지 W. 부시 대통령 당선 이후 직접 콘돌리자 라이스 백악관 안보보좌관 내정자에게 전화를 걸어 북한 관련 브리핑을 하겠다고 말할 정도였다. 실제 라이스는 콜린 파월 국무장관 내정자와 함께 올브라이트 장관팀의 웬디 셔먼 대북정책조정관, 잭 프리처드 대북 특사 등을 만나 클린턴 행정부의 대북 협상 결과와 진행 상황을 브리핑 받았다. 라이스는 "클린턴 행정부 사람들은 (2001년 9·11 테러를 일으킨) 알카에다(Al-Qaeda) 같은 시급한 테러리즘 문제보다도 북한 미사일 문제 등을 가장 시급한 현안으로 여기고 있는 것 같았다."라고 말했다.

북한으로서는 미국과 관계를 정상화할 수 있는 기막힌 기회였다. 1994년 제네바 합의 이후 사찰 문제와 북한의 장거리 미사일 발사 시험, 또 다른 핵무기 개발 의혹 등으로 인해 북미 간 사이는 악화된 상태였다. 북한이 미국의 정치를 이해하지 못하고 너무 밀고 당기기에 매달리면서 시간을 놓쳤다는 평가가 지배적이었다. 그로부터 몇 개월 뒤 2001년 1월 조지 W. 부시 행정부가 들어서면서 미국의 대북정책은 급변했다.

공화당 행정부라고 꼭 대북정책에서 강경한 것은 아니었다. 북한 입장에서 보자면 기회는 1990년대 후반에도 있었다. 미국이 대한민국에서 모든 핵무기를 철수한다고 발표한 뒤 남북한은 1991년 12월 13일 「남북화해와 불가침 및 교류협력에 관한 합의서」에 서명하고 그해 12월 31일 남북한 비핵화 공동선언에 합의하게 된다. 이같은 남북관계 진전에 힘입어 1992년 봄 한미합동군사훈련인 팀스피리트가 취소됐다.

하지만 영변 원자로의 플루토늄 농축 의혹을 조사하는 국제원자력기구 사찰단의 현장 조사 과정에서 북한이 핵무기 개발의 중요한 시설과 농축 기록을 은폐한다는 의혹을 받으면서 핵 문제 해결은 위기 상황으로 빠지게 되었다. 더욱이 1992년 12월 한국의 대통령 선거와 그해 11월 미국의 대통령 선거는 한미 양국이 북한과의 핵 협상에 집중할 수 없도록 만들었다. 핵사찰이 진행될수록 북한의 은폐 의혹만 제기되면서 협상 분위기도 나빠졌다. 한미 양국군 당국은 상호 핵사찰에 실질적 진전이 이뤄지지 않자 1993년 팀스피티트 훈련을 재개했다. 이후 북한은 '북남관계에 제동을 걸고 북남대화를 위기로 몰고 가기 위해 획책된 범죄행위'라고 비난하며 핵사찰을 중단시켰다.

미국의 한반도 정책에 대한 집중력이 떨어지는 또 다른 실례이다. 미국이 북핵 문제 해결에 집중하다가 갑자기 관심을 바꾸고 이 과정에서 북한도 태도를 바꾸는 악순환이 이어진 셈이다. 미국의 대북정책이 집중성, 지속성이 떨어지는 것에 대해 즈비그뉴 브레진스키 박사는 저자에게 "동아시아 지역이 상대적으로 덜 불안정하기 때문"이라고 설명했다.

"동아시아 사람들로서는 기뻐해야 할 일 아닌가(웃음). 앞에서 얘기했지만 아프가니스탄, 파키스탄, 중동 지역, 러시아와 그루지아, 우크라이나에 비하면 동아시아 지역은 덜 위험한 상황이다."(《문화일보》, 2009년 1월 1일)

출범 직후 클린턴 행정부의 대북정책을 전면 부인하고 강경 원칙론으로 북핵 해소를 밀어붙이던 부시 행정부도 임기 후반에는 대북정책을 협상 쪽으로 바꾼다. 조지 W. 부시 행정부의 대북정책을 변화시킨 주인공으로 평가받아온 필립 젤리코(Philip Zelikow) 전 미국 국무부 자문관은 당시 저자에게 "지금 한국인들은 한국사에서 중요한 모멘트를 지나고 있다."라며 "한반도 평화를 이뤄나가는 가장 결정적인 포인트는 북한의 핵 문제 합의 이행 등에 달려 있다."라고 말했다.

"북한이 비핵화 약속 이행과 함께 (미국의) 평화적 외교적 접근법에 대한 약속을 그때까지도 지키느냐가 관건이다. 만약 북한이 지킨다면 관련 당사국들은 평화 프로세스로 나아가서 한국전쟁을 종식시킬 최종 결론을 도출할 수 있을 것이다. 2007년 남북정상회담을 통해 북한은 대한민국도 광범한 평화 프로세스에서 중요한 역할을 해야 한다는 점을 수용한 것으로 볼 수 있다."(《문화일보》, 2007년 10월 8일)

"만약 미국이 한반도의 모든 우려 사안들을 해결할 수 있는 한반도 미래에 관한 광범한 비전을 갖고 있다면 북한의 핵 문제를 해결하기가 보다 용이할 것이라는 게 라이스 장관의 믿음이었다. 하지만 지난해 북한의 핵실험 이후 세계는 보다 더 강력한, 새로운 종류의 실험을 할 필요가 있었다. 물론 폭발물 실험이 아니라 외교적 실험을 언급하는 것이다. 라이스 장관의 비전은 (미국이) 외교를 전면에 내세울 수 있도록 했다. 이제 우리는 이런 외교 실험의 성공 여부를 곧 보게 될 것이다. 만약 외교 실험이 성공한다면 세계와 한국인들은 (역사의) 새로운 국면으로 나아갈 수 있을 것이다."(《문

화일보》, 2007년 10월 8일)

지난 1990년대 라이스 장관과 함께 『독일 통일과 유럽의 변화』를 썼던 젤리코 교수의 광범한 접근법에는 북미관계 정상화도 포함되어 있었다.

"누구도 이 과정이 얼마나 걸릴지 예측할 수 없다. 하지만 분명한 것은 57년간의 전쟁 상황은 너무 길었다(long enough)는 사실이다. 한국인들은 앞으로 나갈 준비가 돼 있고 한국인들의 친구도 그들을 도울 것이다. 북미관계 정상화는 평화협정과 별개의 문제지만 국제법상 다양한 영역의 문제점들과 연결돼 있다. 미국은 이런 접근 과정에서 대한민국의 접근법과 잘 맞도록 확실히 노력할 것이다."(《문화일보》, 2007년 10월 8일)

데이비드 스트라우브 전 국무부 한국과장은 저자와 인터뷰에서 부시 대통령의 임기 후반 대북정책에 대해 "엄청나게 변했으며 개인적으로는 크게 충격을 받았다."라고 말했다. "부시 대통령은 2001년 취임과 함께 빌 클린턴 행정부의 대북정책을 모두 무시했다. 그런데 지난 2·13 합의는 사실상 클린턴 행정부 당시 제네바 합의의 의미를 다시 받아들인 것이다. 믿을 수 없을 정도의 변화가 일어난 것이다."

부시 대통령은 실제 미군이 2003년 후반기부터 이라크 내전이라는 수렁에 빠지면서 북핵 문제를 군사적으로 해결할 여력이 없다는 점을 깨닫는다. 라이스 전 장관 회고록에 따르면, 대북정책 수정 의사를 처음 내비친 사람도 부시였다. 백악관 외교안보 전략회의에서 부시는 라이스 장관에게 물었다. "우리가 그의 생존을 허용한다면 김정일은 핵무기를 포기할까?" 라이스는 "독재자는 시험해보지 않고선 알 수가 없다."라고 답했다.

다른 참모가 그렇게 되면 '레짐 체인지(정권교체)'라는 목표를 포기하는 게 되지 않겠느냐고 물었다. 부시는 "아니다."라며, "수단을 달리한 레짐 체인지이고 개방하면 북한은 절대로 생존할 수 없게 될 것"이라고 설명했다.[4] 부시 정부는 북한의 핵 포기와 한국전 종전 선언 및 북미 수교를 교환하는 협상을 타진하기로 한다. 2006년 4월 후진타오 중국 국가주석이 워싱턴을 방문했을 때 부시는 김정일에게 자신의 메시지를 전해줄 것을 부탁한다.

이렇게 하여 6자회담과는 별도로 북미 직접 대화가 시작된다. 주한 미국 대사를 지낸 크리스토퍼 힐이 미국 측 대표였다. 2년여 간 계속된 미북 직접 대화는 1990년대 후반, 2000년에 이어 주어진 세 번째 기회였다. 미국 측의 대북정책은 그러나 같은 공화당의 강경원칙파, 그리고 의회 민주당의 북한 인권 문제 제기 등에 상당 부분 발목이 잡히고 북한도 '통 큰 결단'보다는 지루한 밀고 당기기 협상으로 시간을 낭비한다. 결국 북한과의 직접 대화를 내세웠던 버락 오바마 행정부 초기에 북한이 핵실험 미사일을 발사함으로써 북한과의 대화 분위기는 경색되었다.

그네처럼 오가는 미국의 대북정책은 사실 미국의 대외정책과 닮아 있다. 미국의 대외정책 역시 이상주의와 현실주의를 오갔다. 미국의 원로 정치학자 새뮤얼 헌팅턴(Samuel Phillips Huntington, 하버드대학교 명예교수)은 역사적으로 미국에서는 다른 나라에 신경 쓰지 말자는 고립주의(국가주의)와 '범세계주의적' 혹은 '제국주의적' 대외정책이 주기적으로 되풀이됐다고 말했다. 헌팅턴은 결론 부분에서 미국은 세 갈래의 기로에 놓여 있다고 얘기한다. 범세계주의, 제국주의, 국가주의가 그것이다.

제국주의란 세계 최강의 미국이 힘으로 세계를 미국의 가치관

```
• Any resolution must remove the tools of blackmail (nuclear
  weapons and nuclear weapons capability) from North Korea's
  hands.
                                    renow
  • We seek the complete, verifiable and irreversible
    elimination of North Korea's nuclear weapons program.
  • We seek to maintain the credibility and effectiveness of
    the international non-proliferation regime.
  • A durable resolution will not be achieved quickly or
    easily, but we must not settle for an incomplete resolution
    that merely papers over this longstanding problem.

The United States seeks a peaceful, diplomatic solution; The
President has said that while all options remain on the table.
The United States has no intention of invading North Korea.

The United States maintains a military presence in the region
and strong alliances with neighboring countries to maintain
deterrence and resist aggression, as we have for the past 50
years on the Korean Peninsula.

The United States is working with the rest of the
international community to make clear to North Korea that
continued pursuit of its nuclear ambitions will not be
rewarded, is counterproductive to its own interests, and will
result only in its further political and economic isolation.

We have proposed multilateral talks to North Korea and we
remain prepared to engage in such talks. In this multilateral
format, we are prepared to discuss all issues, including DPRK
interest in security assurances.

• We will work closely with regional powers, allies, and
  friends that have a strong interest in a de-nuclearized
  Korean Peninsula.
• We will pursue this issue at the U.N. Security Council, the
  IAEA, and other multilateral fora.
• Because this is an issue affecting the interests of many
  states, the United States will not engage in bilateral
  talks with North Korea regarding its nuclear weapons
  program.
```

▲ 콘돌리자 라이스 미 국무장관의 대북정책 검토 메모에 럼스펠드 국방장관이 삭제 표시를 해놓았다. 럼스펠드 장관은 북한과의 외교적 협상 노력에 부정적이었던 듯 "미국은 북한에 대한 침공 의도가 없다."라는 대목과 "(6자회담 등에서) 북한의 안전보장을 포함한 모든 이슈를 논의할 준비가 되어 있다."라는 대목에 삭제줄을 그었다.

에 맞추는 것이다. 미국은 전 세계에서 악과 대적하고 질서를 창출할 의무가 있다고 믿는 것이다. 이런 믿음에 따르면 다른 사회의 사람들은 기본적으로 미국인들과 같은 가치관을 갖고 있거나, 아니면 갖고 싶어 한다. 만약 그렇지 않다면 그들은 자신의 사회를 위해 무엇이 좋은 것인지 모르고 있기 때문에 미국은 그들이 미국의 보편적 가치들을 끌어안도록 설득하고 유도할 책임이 있다는 게 제국주의적 시각이다.

반면 범세계주의의 길에서는 미국이 세상의 모든 사람과 문물을 환영하며 끌어들여 다민족·다인종·다문화 사회가 되고, 미국인들의 활동은 주정부나 연방정부가 아니라 국제적 기관들, 예컨대 국제연합(UN), 세계무역기구, 국제사법재판소 같은 곳의 규칙에 의해 규정된다. 헌팅턴은 그러나 이 둘은 모두 21세기 초의 상황을 제대로 파악하지 못하고 있다고 지적한다. 미국은 세계 유일 초강대국이지만 여전히 지구상에는 영국, 독일, 프랑스, 러시아, 중국, 일본 같은 주요 열강이 있으며 미국은 적어도 이런 국가들의 일부 협력 없이 세계에서 중요한 목표를 달성할 수 없다는 것이다. 또 이들 열강이나 주요 지역은 저마다의 가치와 문화적 응집력을 지니고 있다.

대신 국가주의 접근법은 미국과 다른 사회 간의 사회적·정치적·문화적 차이를 줄이거나 없애려 하지 않고 미국의 특징을 보존하고 확대하는 것이다. 헌팅턴이 말하는 미국의 특징은 바로 기독교와 앵글로색슨 문화이다.

헌팅턴은 미국 엘리트들의 상당수가 범세계주의적 경향이나 제국주의적 역할론으로 나뉘어 있다고 분석한다. 반면 일반 대중은 국가주의 대안을 지지하는 견해를 보인다고 파악한다. 특히 이라크전쟁 같은 대외정책과 관련해 미국민들은 '느낄 수 있는 위협'의 수준이 높고 국민적 동원과 희생은 작은 경우에만 지속적인 단결력을 보여왔다고 진단한다. 또 위협과 동원 수준이 모두 높으면(2차대전) 초창기에는 단결했다가 차차 분열하며, 위협은 낮은데 동원 수준이 높으면(베트남전쟁) 초창기부터 계속 분열하며, 위협과 동원 수준이 모두 낮으면(걸프전쟁) 서서히 분열한다는 것이다.

저자가 헌팅턴 교수와 인터뷰한 2004년 12월 당시 미국 내에서는 이라크전쟁 비용과 미군 사상자 때문에 서서히 이견이 생기고 있었다. 베트남전쟁에 비하자면 동원 수준이 낮은 것이었지만 사담 후세인의 미국 핵 테러 위협의 증거가 드러나지 않음으로 인해 (오히려 부시 행정부가 의도적으로 조작한 것으로 밝혀지면서) 국민의 지지를 얻지 못했다. 헌팅턴의 이 같은 시각은 미국 행정부의 대외정책, 미국의 대외 전쟁이나 협상의 방향을 짚어볼 수 있게 만드는 대목이다. 최근 들어 미 국방부가 해외 주둔 미군을 대규모 주둔부대 대신 작은 규모의 신속기동군대로 바꾸려는 것도 이런 맥락에서 이해할 수 있다(《문화일보》, 2005년 1월 1일).

로버트 갈루치 조지타운대학교 외교대학원 원장도 미국 외교정책의 전통적 논란 주제인 현실주의 대 이상주의 구도로 이야기할 때 공화당의 부시 행정부는 이상주의이고, 민주당은 현실주의라고 볼 수 있다고 저자에게 말했다.

"너무 단순화하는 오류가 있을 수 있지만 그렇게 얘기할 수도 있다. 부시 행정부 내 신보수주의자(네오콘)들은 너무 이념적으로 대외정책에 접근했다. 그들이 추진한 대외정책은 (공화당 중도파를 포함한) 미국인들에게 익숙한 것들은 아니었다. 새 의회를 이끌 민주당 지도부들은 확실히 오랜 중도파 현실주의와 비슷하다. 이라크 연구 그룹의 제임스 베이커 전 국무장관, 리 해밀턴 전 의원, 로렌스 이글버그 전 국방장관 등의 면면을 보면 모두 중도파 현실주의자(centrist realist)들이다. 중도적 현실주의는 미국 외교의 중심이었으며 분명히 지금 미국은 이런 기류로 돌아오고 있다. 로버트 게이츠 국방장관 임명도 이런 분위기를 반영하고 있다."

갈루치 원장은 이미 2006년 말 조지 W. 부시 행정부 역시 초기의 강경책에서 협상책으로 돌아섰고 공은 북한 쪽에 있다고 진단하고, "미국의 대외정책은 지나치게 이념적이었던 네오콘식 접근에서 전통적 실용주의로 회귀하고 있다. 조지 W. 부시 행정부의 초기 대북정책은 비판 대상이지만 북한도 협상을 차기 정권까지 미뤄선 안 된다."라고 충고했다. 다음은 그가 2006년 12월 9일 저자에게 전한 미국 정부 내부의 기류 변화이다.

"부시 행정부는 클린턴 행정부가 10여 년 전 추진했던 외교적 접근을 못마땅해했다. 2기 행정부 이후 지금에 와서는 그런 상황이 조금 바뀌었을 수 있다. 국무장관(콘돌리자 라이스)은 외교적 해법을 추구하려 할 것이고 이전(콜린 파월 국무장관)과 달리 국방부 등의 엄청난 적대적 (대북정책) 분위기에서도 벗어나 있다. 대통령도 외교적 해법에 관심을 가질 수 있다. 북한에게는 두 가지 얘기를 해주고 싶다. 첫 번째는 다음(2008년) 선거에서 과연 민주당 대통령이 당선될지는 아무도 알 수 없다는 것이다. 두 번째는 지금 부시 행정부와 진지하게 협상을 벌일 수도 있다는 점이다. 북한은 신뢰감을 보여주며 지금 협상에 임하는 것이 좋다."

북한은 미국과의 대화가 다시 무르익고 있던 2012년 4월에도 장거리 로켓 발사를 강행했다. 《한겨레신문》은 이와 관련해 4월 13일 사설에서 "관련국들 온건·협상파의 처지를 어렵게 만들고 강경매파의 입지를 넓혀줌으로써 어렵사리 이뤄진 2·29 북미 합의가 원점으로 돌아가고 6자회담 재개 전망도 더욱 불투명해졌다."라고 분석한 뒤 "이런 사태 진전을 뻔히 예상했을 북이 국제적 반대를 무릅쓰고 발사를 강행한 단견과 무책임을 탓하지 않을 수 없다."라고 비판했다.

북한은 인공위성 발사용 로켓과 군사용 장거리 미사일이 기술적으로 다르지 않다고 주장하지만, 2009년 유엔 대북 제재 결의 1874호는 탄도미사일 기술을 이용한 로켓 발사 중단을 요구하고 있다. 미국은 이미 수차례 경고한 대로 2·29 합의에 따른 식량 지원을 철회할 것임을 분명히 했다. 북한의 도발적 행위와 국제사회의 제재 강화라는 악순환이 되풀이될 것을 걱정하지 않을 수 없다.

특히 우려스러운 점은 북한이 실패를 만회하고자 다시 로켓 발사를 시도하거나 3차 핵실험을 강행하는 것이라고 《한겨레신문》은 지적했다. 북의 추가 핵실험이 북미 및 남북 관계 등에 끼칠 영향은 파국적이다. 미국이나 남쪽에서 대화로 문제를 풀어가려는 세력의 설 자리를 빼앗아 한반도의 평화와 안정을 극도로 위험하게 만들 수 있다. 이런 최악의 사태 재발은 어떻게든 막아야 한다.

"무엇보다 먼저 북한이 무모한 모험주의를 버려야 한다. 주민들을 굶기면서 핵무기나 인공위성을 개발한다고 해서 체제 안정이 이뤄지지 않는다. 진정한 체제 안정은 최소한 국민들을 먹이고 입혀 국민의 삶을 안정시키는 데서 나온다."(《한겨레신문》, 2012년 4월 13일)

요컨대 미국의 대외정책, 특히 심지어 대북정책은 미국의 국내 정치 사정, 중동이나 유럽의 정세 등에 좌우되며 그네처럼 오락가락했다. 어떤 때는 미국 대외정책의 전면에 등장하기도 했지만, 대부분은 후순위로 밀리기 일쑤였다. 특히 북한은 미국이 대북관계 개선을 꾀할 때 예컨대 클린턴 행정부 말기, 조지 W. 부시 행정부 말기에 오히려 기회를 놓치기까지 했다. 버락 오바마 행정부 출범 직후 미국은 북한과의 관계 개선을 바랐지만, 북한은 장거리 미사일 발사시험과 핵실험으로 오바마가 내민 손을 거절해버렸다.

세계체제론과 북한 문제에 정통한 국내 학자들이 북한 체제의 형성 과정에서부터 현재의 핵 문제를 둘러싼 갈등에 이르기까지 전 과정을 분석한 뒤 내린 결론이 있다. '북한은 잘못된 생존 전략을 고집하고 있고 미국도 이런 북한을 동북아 지배 전략의 빌미로 이용하고 있다'는 것이었다. 한마디로 북한은 스스로의 트라우마 때문에 오히려 '미국의 동북아 전략' 덫에 걸린 셈이라는 분석이다. 문제는 북한의 선택과 미래이다.

"북한은 현재 미국 조지 W. 부시 행정부의 한반도 현상 유지 정책의 덫에 걸려 있다. 이 덫에서 빠져나오려면 북한은 훨씬 더 적극적으로 먼저 개혁·개방을 하지 않으면 안 된다. 미국이 북한에 대해 악의 축이라는 멍에를 정당화할 수 없을 정도로, 세계를 놀라게 할 정도로 변신하지 않으면 안 된다. 그런데 북한이 이들 문제를 모두 해소한다면 북한 지도부로서는 무장해제당하는 것으로 인식하여 정권과 체제의 안전을 걱정할 것이다. 이것이 북한의 딜레마이다."[5]

물론 미국도 북한이 핵을 포기한다고 금방 관계 정상화를 할 태세가 아니다. 2003년 3월 제임스 켈리 미 국무부 동아태 차관보는 상원 외교위원회에서 "북핵 폐기는 새로운 북미관계에 대한 포괄적 추진의 시작일 뿐이며 완전히 포용적 관계를 맺기 위해서는 북한이 인권·테러 지원국 문제, 미사일 문제, 재래식 무기 문제도 해결해야 한다."라고 밝혔다.

사실은 북한이 핵 게임으로 미국과의 관계를 일거에 풀겠다는 것은 국제사회 게임의 법칙을 모르는 성급한 욕심이다. 중국이 미국과 수교하는 데도 1971년 7월 헨리 키신저 국가안보보좌관의 중국 비밀 방문과 1972년 2월 리처드 닉슨 대통령의 방중 이후 7년이나 걸렸다는 사실을 북한은 참고해야 한다. 미국은 베트남전쟁 등으로 아시아에서 수렁에 빠지자 당시 소련과 갈등을 빚고 있던 중국을 자기편으로 끌어들이기 위해 관계 정상화에 나섰다. 미국으로서는 6·25전쟁 이후 적대 관계였던 중국과의 전면적인 관계 개선을 꾀했지만, 미국 내 정치 상황 때문에 속도를 내는 데 한계가 있었다.

그 때문에 서재진 전 통일연구원장은 『세계체제이론으로 본 북한의 미래』에서 "북한은 6자회담에서 동시행동 원칙을 고집할 것이 아니라 먼저 핵 포기 선언을 해서 경제 지원과 체제 보장을 받으면 가장 큰 이득을 얻을 수 있다."라고 분석했다. 동북아의 지정학적 구도에서 북한이 핵을 갖지 않으면서 붕괴하기를 바라는 나라는 없기 때문이다. 하지만 만약 핵을 개발한다면 북한은 미국과 일본 측에 철저히 이용당하면서 고사당할 것이다. 동북아 지역 안정을 바라며 대만과 일본의 핵무장을 우려하는 중국조차도 북한에 대해 분노할 것이라는 지적이다. 그렇다면 문제는 미국에 있는 것이 아니라 북한의 과감한 선택에 있다. 미국 트라우마는 미국이 아니라 북한의 결단에 의해서만 해결될 수 있는 것이 아닐까.

젤리코 교수, 종전선언의 설계자

젤리코 교수는 동아시아 안보 질서를 근본적으로 뒤바꿀 '종전선언의 설계자(architect)'이다. 이는 《워싱턴포스트》, 《뉴욕타임스》의 평가이다. 라이스 장관의 '영혼의 친구'라고도 묘사된다. 그는 2006년 봄 이른바 「젤리코 보고서」를 조지 W. 부시 미국 대통령에게 제출, '한반도 정전협정을 평화협정으로 대체하는 과감한 접근법으로 북핵 문제 해결에 그치지 말고 곧이어 동북아 냉전 구조를 해체하자'고 제안했다. 「젤리코 보고서」는 "지금까지 미

젤리코 교수가 콘돌리자 라이스 전 미 국무장관과 함께 집필한 『독일 통일과 유럽의 변환』 한국어판 표지

국의 대북 접근은 (핵 폐기라는) 한 개 차로뿐이었다. 그래선 북핵이란 복잡한 문제를 풀 수 없다. 차로를 적어도 다섯 개로 늘려 한꺼번에 접근해야 한다."라고 주장했다. 즉 테러 지원국 지정 해체, 에너지 및 경제 지

원, 대미관계 정상화, 평화협정 체결 등 북한의 관심사 전반을 핵 문제와 동시에 해결하는 입체적 접근만이 북한의 핵 폐기를 끌어낼 수 있다는 것이다. 젤리코와 라이스 장관은 아버지 부시 대통령 시절 백악관 국가안전보장회의에서 함께 근무했으며, 이후 각각 하버드대학교와 스탠퍼드대학교로 돌아간 뒤『독일 통일과 유럽의 변환』을 함께 썼다. 2005년 라이스 장관의 취임과 함께 국무부 자문관으로 발탁됐으며, 현재는 버지니아대학교 역사학과 교수로 있다.

한국은 동북아의 일부, 한국만의 미래는 없다

"한국의 미래만 떼어놓고 묻는 것은 유럽에서 이탈리아만을 떼어놓고 미래를 묻는 것이나 마찬가지다. 이탈리아만의 미래란 것은 없다. 이탈리아의 미래는 서유럽 경제 전체에서 무슨 일이 일어나는가에 달려 있을 뿐이다. 마찬가지로 한국만의 미래는 없으며 오직 동아시아 전체의 장래에 달려 있다."(《문화일보》, 2007년 8월 14일)

1980년대 한국 학생운동권의 필독서『세계체제론』으로 유명한 이매뉴얼 월러스틴 예일대학교 교수는 무엇보다 한국의 미래는 동북아 전체의 장래에 따라 결정될 것이라고 저자에게 말했다. 지정학적 숙명은 피할 수 없다는 말이었다. 그는 특히 동북아 3국의 장래에서 한국의 교량 역할이 중요해질 것이라고 덧붙였다.

"한국은 일본, 중국과 각각 다른 방식으로 밀접하다. 한국은 물론 큰 나라지만 일본이나 중국처럼 크지는 않다. 그렇기 때문에 한국은 중국과 일본을 함께 묶을 수 있는 조합, 제3의 부드러운 역할을 할 수 있다. 따라서 한국은 앞으로 10~15년 동안 동아시아에서 매우 결정적인 역할을 할 수 있다."(《문화일보》, 2007년 8월 14일)

『문명의 충돌』저자인 새뮤얼 헌팅턴은 한국의 지정학적 운명을 절묘하게 묘사했다.

"한민족은 대륙 세력과 해양 세력의 단층선에 걸터앉은 단절국이 되었고, 한반도는 미국과 중국 사이에서 방황하는 분열국이 되었다."[6]

그렇다면 조선을 속국으로 생각했던 중국의 부상, 한반도를 강점했던 일본의 보수화와 군사력 강화라는 새로운 동북아 정세를 한국은 어떻게 헤치고 가야 할 것인가. 미국의 민주·공화 양 진영을 대표하는 전략가 즈비그뉴 브레진스키와 브렌트 스코크로프트는 중국의 부상, 일본의 우경화 속에서 미국의 역할에 대해 적극적인 의미를 부여하고 있다. 미국이 동북아 국가, 특히 중국과 일본의 상호 긴장과 갈등을 줄여주는 요소로 작용할 수 있다고 내다본 것이다. 즉 주일미군의 존재는 일본에게 안정감을 주는 동시에 중국에게도 일본이 대중 위협으로 돌변할 가능성을 완화시켜주는 역할을 한다는 것이다. 요컨대 중일 간의 잠재적 긴장 관계가 미군의 존재 때문에 확산되지 않는다는 설명이다.

미국은 일본과 중국 모두와 좋은 관계를 유지할 수 있느냐는 질문에 대해 스코크로프트는 "(동아시아 내) 미국의 존재는 중국에게는 일본이 군사적 위협이 안 될 것임을 확신시켜주고 일본에게는 스스로의 군사력을 크게 확대하지 않더라도 안전보장을 받고 있다는 사실을 재확인해주는 의미가 있다."라고 말했다.

"동아시아에서 미국의 존재는 균형 역할(balancing act)을 하고 있고 미국이 어느 쪽으로 편향되어 상황을 위험하게 만들지 않을 것임을 확실히 함으로써 동아시아 다른 지역에도 지역 안보에 대한 안정감을 줘왔다. 만약 동아시아에서 미국의 존재가 없다면 아시아 국가들은 중국 혹은 일본 한쪽을 편들어야 하는 상황에 직면할 수 있지만 그럴 필요가 없는 것이다. 중일 중 어느 한쪽을 편드는 것은 동아시아 국가 누구도 바라지 않을 일이다. 따라서 동아시아에서 미국의 존재(미군 주둔)는 매우 조심스럽게 균형을 잡은 시스템을 구축해왔으며 이 같은 안보 시스템은 중일 양국에도 좋은 일(great deal)이다."[7]

일찌감치 중국의 역내 주도권을 인정하면서 동북아의 평화 공존을 세계 전략으로 내세우고 있는 브렌진스키의 '체스판' 구도는 충분히 가능한 얘기다. 새뮤얼 헌팅턴 역시 대만 문제만 관리하면 중국과 미국의 관계가 악화할 가능성을 제어할 수 있다고 내다봤다. 주한미군의 존재도 중국이 거부할 이유가 없다는 것이 이들의 판단이다.

북한 역시 주한미군에 대해 공식적인 철수 주장과 다른 속내를 드러낸 적이 있다. 김대중 대통령 당시 청와대 국정상황실장을 지낸 장성민 전 의원은 그의 책 『전쟁과 평화』에서 김정일이 지난 2000년 북한 국방위원장 때 김대중 대통령과 남북정상회담을 하며 "미국이 원한다면 통일 이후에라도 주한미군은 한반도에 주둔해도

좋다."라고 말했다고 전했다.[8]

이와 관련해 2007년 3월 1일부터 6박 7일간 미국을 방문한 김계관 북한 외무성 부외상은 뉴욕에서 헨리 키신저 전 국무장관을 만나 "미국이 북한에 전략적 관심을 갖고 있느냐? 한반도는 중국 청나라에서부터 일본에 이르기까지 외세 침략의 대상이었다. 미국과의 전략적 관계는 북한에 도움이 되고 동북아 지역을 안정시키는 역할을 할 것"이라고 말한 바 있다. 김 부외상의 발언은 미국이 죽(竹)의 장막을 걷어내고 공산국가 중국을 뚫고 들어가서 미국의 패권 경쟁 국가인 구소련을 견제했듯이 이번에는 철의 장막을 걷어내고 공산국가 북한을 뚫고 들어가 또 하나의 '잠재적 패권 경쟁국인 중국을 견제하려면 지정학적으로 중국과 인접해 있는 북한이 미국의 대중국 전략 기지로 좋지 않겠느냐'는 의중을 드러낸 것이다.[9]

미국 정치학계의 석학이었던 새뮤얼 헌팅턴은 2004년 12월 한국 언론과 마지막 인터뷰가 된 저자와 인터뷰를 통해 "중국은 21세기 동북아에서 가장 지배적인 파워가 될 것"이라며, "20세기 후반 이 지역을 주도해온 미국이 중국과 어떻게 절충점을 찾느냐가 가장 중요한 문제가 될 것"이라고 내다봤다. 그는 불안한 단층선에서는 미국과 중국의 균형에 의해서만 동북아의 안정과 공동 번영이 가능할 뿐이라고 설명했다.

"동북아에서 갑작스런 정치 군사적 불안이나 긴장이 생기지는 않을 것이다. 동북아가 불안할 것이라는 전망은 각국 간의 차이를 너무 부각시킨 것이라고 생각한다. 이 지역 내에서 가장 인화력이 큰 사안은 대만 문제이다. 미국은 대만의 독립선언을 억제하고 아

울러 중국의 무력 사용을 막는 아주 중요한 역할을 해야 할 것이다."(《문화일보》, 2005년 1월 1일)

헌팅턴 교수, 문명충돌론으로 세계적인 주목을 받다

새뮤얼 헌팅턴 교수

2011년 작고한 새뮤얼 헌팅턴은 하버드대학교 교수로서 1970년대 후반 미국 백악관 국가안전보장회의 안보기획관, 1980년대 미국 정치학회장을 지낸 미 정치학계의 최고 원로였다. 1990년대 중반에 쓴 『문명의 충돌』에서 '탈냉전 이후 세계를 가르는 가장 중요한 기준은 이념·이데올로기나 정치·경제가 아니라 문화'이며, 지구상의 갈등은 '문명 간을 갈라놓는 문화적 단층선'에 의해 규정될 것이라고 말해 세계적인 논란을 불러일으켰다. 그의 문명충돌론은 2001년 이슬람 원리주의자 테러 집단인 알카에다가 민간 항공기를 납치해 미국의 중심부인 워싱턴 국방부를 공격하고 뉴욕의 상징인 세계무역센터 쌍둥이 건물을 날려버린 9·11 테러로 새롭게 주목받았다.

　　한반도와 동아시아 지역 연구의 세계적 권위자인 로버트 스칼라피노 교수는 저자와 인터뷰에서 "동북아 각국에서 민족주의적 바람이 거세게 불고 있고 한일관계 악화를 비롯해 영토, 과거사 등을 둘러싼 국가 간 갈등이 커지고 있지만 이런 민족주의적 갈등도 경제적 상호 의존에 의해 억제될 것"이라고 조심스럽게 전망했다. 그는 한국이 동북아 내에서 중일 간의 각축을 중재하고 미중 간의 대립을 완충시킬 수 있는 역할을 하기 위해서는 미국과의 전략적 관계를 잘 유지해야 한다고 강조했다.

"내 생각으로 한국의 첫 번째 과제는 북한과의 긴장 해결이다. 둘째는 중국, 러시아와 우호적 관계를 만들어가는 것이다. 하지만 중국은 지금 세계적 파워로 떠오르고 있다. 이 점은 매우 중요하다. 따라서 한국은 미국과 균형 잡힌 관계를 유지해야 한다. 미국과의 전략적 관계를 유지하는 것은 가장 좋은 전략이다. 한국이 선택할 길은 크게 세 가지다. 하나는 완전한 고립주의인데 이는 북한조차 택할 수 없는 방법이다. 두 번째는 주변국과 골고루 좋은 관계를 유지하는 것인데 과거의 경험으로 보면 중국이나 일본에 의해 압도당하고 말았다. 세 번째는 멀리 있고 침략 위협을 주지 않는 나라와 관계를 유지하는 것이다. 한국이 '멀리 있고 침략 위협이 없는' 미국과 동맹 관계를 확고히 하는 것이 중요하다. 그리고 중국이 주창했던 평화공존 5원칙이라는 대외정책을 계속 유지할 것을 중국에게 설득해야 한다."(《문화일보》, 2005년 7월 7일)

로버트 갈루치 원장은 남북이 서울의 주도로 다시 통일될 때조차도 중국의 급속한 영향력 확대를 감안하면 미국과의 동맹 관계로 균형을 유지할 필요가 있다고 저자에게 말했다.

"일본과 중국은 지정학적으로 긴장 관계였고 일본과 중국은 서로를 위협으로 인식해왔다. 일본은 이 때문에 미국과의 동맹을 매우 중시해왔다. 동북아에서 매우 흥미로운 대목은 역내 변화에 대한 한국의 대응이다. 한국은 대북정책을 둘러싸고 단기적으로 미국과 계속 문제를 빚을 것이다. 하지만 장기적으로 볼 때 남북이 서울의 주도 하에 다시 통일된다고 하더라도 중국의 성장을 감안하면 한국은 미국과 동맹 관계를 유지하는 게 매우 도움이 될 것이다. 또한 한국과 일본이 작은 섬을 둘러싼 영토 논란을 벌여서 서로 큰 덕을 볼 것이 없다. 한일 양국은 정치·경제 분야에서 협력 관계를 유지함으로써 서로 큰 혜택을 볼 수 있다. 그리고 지정학적 전략 면에서 보자면 한일 양국이 함께 중국의 동북아 지배를 억제할 것이라는 점을 중국에 보여주는 게 중요하다. 그리고 두 나라 모두 미국과 좋은 관계를 유지하면 3국 모두에 좋을 것이다."(《문화일보》, 2007년 1월 1일)

한·중·일의 동북아 정세도 지금까지 국내에서 일반적이었던 예상과는 딴판으로 돌아갈 가능성마저 미국 전략가 사이에서 제기되고 있다. 지정학적 위기 분석으로 유명한 미국의 국제 문제 분석가 조지 프리드먼(George Friedman)은 2040년 중국은 위기에 빠지고 일본은 중국 해안지대를 장악하려 하면서 미국, 중국, 한국의 연합이 가능할 수 있다고 내다본다.

"(일본이 에너지와 노동력을 찾아 팽창주의로 돌아서면서) 미국이 일본을 견제하기 위한 평행추로, 그리고 동해에서 자신의 힘을 주장하기 위한 토대로 삼으면서 한미 반일연합이 등장할 가능성이 있다. … 2040년대가 되면 미국과 일본의 이권은 엄청나게 갈라지고 일본의 세력 증가를 우려하는 한국 및 중국은 미국과 동맹을 맺는다."[10]

이 같은 전망은 동북아의 불안정한 역학 관계의 또 다른 단면을 보여준다. 한미관계를 두 나라와의 관계 틀만이 아니라 동북아 정세 변화라는 맥락에서 바라보지 않으면 안 되는 이유가 여기에 있다. 한국의 운명이 중국, 일본과 함께 동북아라는 지역에서 함께 결정될 수밖에 없는 상황에서 한미관계는 미중관계와 미일관계라는 맥락 속에서 고려되어야 한다.

미국 민주당 진영의 외교안보 전략가인 즈비그뉴 브레진스키는 미·중·일 관계가 동북아의 안정판이라고 저자에게 말했다.

"내 생각으로는 세 나라 간의 삼각관계(three way)가 매우 필수적이다. 미중관계, 미일관계 모두 동북아뿐 아니라 전 지구적으로 매우 중요하다. 이 삼각관계는 보다 자주 이뤄져야 하고 점진적으로 제도화돼야 한다. 극동 지역의 안정은 이 삼각관계에 달려 있다. 예측 불가능한 북한 역시 삼각안보 관계를 더욱 촉진시켜야 하는 배경이다."(《문화일보》, 2008년 1월 2일)

브레진스키 박사는 2004년 자신의 저서 『제국의 선택(The Choice: Global Domination or Glabal Leadership)』에서 지금의 동북아 상황이 1차대전 이전 유럽과 비슷하다고 언급했지만, 다른 측면도 강조했다.

"지금의 극동과 1차대전 이전 유럽이 비슷한 것은 사실이다. 하지만 책에서 지적했듯이 매우 중요한 차이점도 있다. 1914년 당시 독일이 지금의 중국처럼 부상하기 시작했을 때 영국이나 프랑스는 이 문제를 어떻게 다뤄야 할지 몰랐다. 하지만 지금 중국은 국제 시스템에 스스로를 맞추기 위해 노력하고 있고 적응해가고 있다. 또 1914년의 유럽 상황이나 냉전 시절 소련과 달리 중국은 강대국이라는 허풍보다는 자국의 상대적 후진성을 파악하고 있으며, 이를 극복하는 데 상당한 시간이 걸릴 것이라는 사실도 알고 있다. 중국은 (북핵이나 대만으로 인한 심각한 갈등 때문에) 당장 미국으로부터 고립되고 동시에 군사적·정치적으로 강력해진 일본과 바로 맞서는 것을 피하며 경제성장을 촉진하고 있다."(《문화일보》, 2008년 1월 2일)

그는 한일관계의 화해도 주문했다.

"두 나라는 과거 프랑스와 독일, 독일과 폴란드가 그랬던 것처럼 화해의 길을 찾아야 한다. 한미·한일 관계 모두 미국에 중요하다. 사실 한일 두 나라의 민족감정은 2차대전 이후 냉전 기간 한미·미일 동맹으로 억제돼왔다. 하지만 일본의 경우 핵을 보유한 북한의 도전을 계기로 재무장의 길을 걸을 수 있다. 한국은 분단과 한국전쟁 이후 미국과의 강력한 관계 속에서 반일 민족주의가 억제돼왔지만 전쟁을 경험하지 못한 세대는 미국을 분단을 지속시키는 강대국으로 인식하며 새로운 민족주의에 휩싸일 수 있다. 만약 이런 상황에서 미국이 리더십을 상실하면 한일 두 나라의 급진적 민족주의는 더욱 커질 수 있다."(《문화일보》, 2008년 1월 2일)

미중관계, 미일관계를 제외하고 동북아의 중요한 지렛대가 되는 한미관계만 위축되는 상황은 자칫 미중, 미일, 중일의 각축 혹은 협력 속에 한국만 종속변수가 되는 위험을 초래할 수 있다. 이처럼 한미관계는 단순히 북한과 미국의 적대 관계를 넘어서는 동북아 전체의 시야에서 조망되고 재설계되어야 한다.

친중은 숙명, 친미는 전략
: '가만히 있어도 한국은 중국으로 움직인다'

"중국은 급속한 경제 발전과 역사적 유대감으로 동아시아 전체에 강력한 인력(引力)을 갖고 있다. 또한 지난 2,000년의 역사를 볼 때 우리는 중국으로 향하는 강한 관성을 갖고 있다. 다시 말해 우리는 가만히 있어도 중국 쪽으로 움직이게 되어 있다. 코리아가 통일된다면 통일 코리아는 중국의 주변국 중 가장 가까운 우방이 될 것이다. … 그러나 우리가 명줄을 중국에 의존하는 순간 코리아의 운명은 조선 후기로 돌아간다. 중국은 부강해질수록 우리와의 관계에서 2,000년간의 우월했던 역사에 '도취'되고 우리는 중국에 '중독'될 가능성이 높다. 중국은 우리에게 기회이자 위기이다."[11]

노무현 대통령 당시 청와대 비서관(동북아시대위원회 담당)이었던 배기찬의 책은 한국과 중국의 숙명적 관계를 잘 묘사하고 있다. 노무현 당시 대통령은 책 추천사에서 "지금까지 볼 수 없었던, 한반도를 둘러싸고 진행된 역사의 본질적 구조를 분석하고 오늘의 현실과 대조해서 상당히 많은 점에서 도움이 될 만한 책이다."라고 평했고, (2006년 3월 국민과의 인터넷 대화에서) "우리나라의 미래를 위한 생존 전략과 관련한 영감을 얻을 수 있는 좋은 책"(2006년 2월 재외공관장 초청 만찬)이라고 격찬했다.

한미관계, 한중관계에서 한국인들이 가장 많이 걱정하는 상황은 '강대국 사이에 끼어 새우등 신세'가 되는 것이다. 미국 조지타운대학교의 빅터 차(Victor Cha) 교수는 《중앙일보》 2012년 2월 15일 기고 「시진핑은 모험하지 않는다」에서 "새우등 신세가 되는 것에 대한 두려움은 노무현 정부 시절에 만들어진 용어였던 '전략적 균형자'에 반영돼 있다."라고 진단했다.

"당시 한국은 동맹국인 미국과 이웃 나라인 중국 사이에서 한쪽 편을 들지 않고 중립을 취하겠다고 하면서 이 같은 용어를 내놨다.

사실 다른 아시아 국가들도 이러한 불안 때문에 미국과 중국이 긍정적이고 협력적인 관계를 유지해야 한다고 끊임없이 촉구했다. 미국이나 중국과 비교하면 아시아의 다른 나라는 모두 작은 국가이다. 그래서 한국과 마찬가지로 '고래 싸움에 등이 터져 나가는 새우 신세가 될까' 하는 불안감이 있다. 한국과 비슷한 국가들의 경우 외교정책의 핵심은 중국과의 긴밀한 경제·교역 관계, 그리고 미국과의 강력한 정치적·전략적 관계일 것이다."

중국의 부상과 한국의 미래에 대해 현실주의 국제정치이론의 대가 존 미어샤이머(John J. Mearsheimer) 시카고대학교 교수는 저서 『강대국 국제정치의 비극(The Tragedy of Great Power Politics)』에서 "중국은 아시아의 유일한 패권국이 되려 할 것이고 미국은 이런 중국을 저지하려고 노력할 것"이라며, 중국과 미국 사이에는 안보 경쟁이 불가피하다고 내다보았다.

"현대 역사에서 한국과 폴란드는 가장 위험한 상태에 처했던 나라들이다. 양국은 모두 자신을 지배하거나 점령하려는 강대국들의 틈바구니 사이에 끼어 있었다. 한국은 중국·일본·러시아에 둘러싸여 있고 폴란드는 독일·러시아와 국경을 접하고 있다. 한국과 폴란드가 주변 강대국들 때문에 상당 기간 지도 위에서 사라진 적도 있었다는 사실은 놀라운 일이 아니다. 이런 역사를 가진 한국인들은 '왜 국제 체제란 심술궂고 잔인한가, 왜 강대국들은 그토록 자주 한국을 희생물로 삼았는가'에 대해 문제의식을 가져야 한다. 또 한국인들이 한국의 미래가 어떤 것인지 깊은 관심을 가져야 하는 것도 당연하다. 이제까지 놀라운 정도의 경제 발전이 앞으로 수십 년간 더 지속된다고 가정할 경우, 중국이 이웃 나라들에 대해 어떻게 행동할 것인가를 살펴보는 일은 특히 중요할 것이다."[12]

미국이 장차 동북아에서 어떤 역할을 담당할 것인가, 21세기에 한국이 어떻게 성장과 번영의 지속 가능성을 극대화할 것인가. 중국과 미국의 각축은 자칫 대한민국의 선택을 강요할 수도 있는 사안이다. 중국이 급부상하는 상황에서 한미동맹의 미래는 무엇인가. 중국과 미국의 '2강 체제'가 된다면 우리는 한미동맹을 폐기해야 하는가. 한미동맹은 중국과의 대립 구도를 자초하는 일인가. 한중관계, 한미관계가 공존 번영하는 방법은 없는 것일까. 중국의 부상과 미중 간의 대치 가능성을 둘러싸고 한국 내에서는 오래전부터 중국과의 대결 구도를 지양하기 위해 한미동맹을 재조정해야 한다는 논의가 제기돼왔다.

"한미동맹 약화론은 중국과 미국(일본)의 준냉전적 상황으로 미일동맹이 강화되고 있는 조건에서 한미동맹이 결국 미일동맹에 종속될 것이라고 본다. 이렇게 되면 한반도의 남쪽은 미·일·한 삼각동맹 체제에 편입되고 북쪽은 중국에 묶이게 되어 결국 남북의 화해가 불가능하게 된다는 것이다. 따라서 한미동맹의 강화는 남북한의 긴장 완화와 국가연합을 향한 통일 과정, 그리고 동아시아의 평화 정착을 위해 바람직하지 않은 것으로 평가된다. 이것을 주장하는 사람들은 미국과 중국을 동질적으로 취급하면서 동아시아 국가들 상호 간에 수평적 안보 관계를 만드는 데 외교력을 집중해야 한다고 생각한다."[13]

미국의 전략가 중에는 중국이 급속한 경제 발전과 국력 신장을 이루면서 한국이 결국 중국 영향권에 빨려들어 갈 수밖에 없다는 전망을 내놓는 이들이 많다. 브레진스키 박사는 일찌감치 통일 한국은 중국 영향권으로 흡수될 것이라고 내다봤다.

"주한미군이 없는 통일 한국은 처음에는 중국과 일본 사이의 중립 형태에서 한편으로는 아직까지도 잔존하는 강렬한 반일 감정에 의해 움직이면서 점차 중국의 확고한 정치적 영향권 혹은 교묘하게 중국의 권위가 존중되는 권역 안으로 기울어질 가능성이 크다."[14]

그의 생각은 10년 뒤에도 변함이 없었다.

"만약 한반도가 통일된다면 한국은 우리나 일본 쪽이 아니라 서서히 중국 영향권으로 기울 것이다. 시간은 어차피 중국 편이고 한반도는 중국의 이해 속에 있다."[15]

브레진스키 박사는 2012년 2월 8일 미국 워싱턴에서 열린 전략국제문제연구소 주최 토론회에서 자신의 신작 『전략적 비전: 미국, 그리고 글로벌 파워의 위기(Strategic Vision: America and the Crisis of Global Power)』를 소개하며 한반도 통일의 시기가 왔을 때 한국이 중국의 지원을 얻기 위해 미국과의 안보동맹 수준을 일정 부분 낮추는 결정을 할 수 있을 것으로 내다봤다. 그는 "한반도의 평화적 통일 분위기가 조성됐을 때쯤 중국의 파워는 지금보다 훨씬 커져 있을 것이고, 남북통일에서도 중국의 역할은 핵심적일 것"이라며, "한국은 '중국의 지원을 받는 통일'과 '한미동맹 축소'를 '주고받기(trade-off)'로 여길 것"이라고 했다.

그는 또 미국의 쇠퇴로 인해 '지정학적 위험'에 처할 8개국으로 한국을 조지아(러시아 명 그루지야)와 대만에 이어 세 번째로 꼽으며, "한국은 중국과 일본 사이에서 선택을 해야 할 것"이라고 내다 봤다. "중국의 지역적 우위를 받아들이고 핵무장을 한 북한에 대한 고삐를 잡기 위해 중국에 더 의존하거나, 아니면 평양과 베이징의 침략에 대한 우려와 민주적 가치를 공유하는 일본과 역사적 반감을 무릅쓰고 관계를 강화해야 한다."라는 것이다.

미 국방부 정책자문위원이자 저명한 국제관계 전문 저널리스트인 로버트 카플란(Robert D. Kaplan)은 2010년 미 외교 전문지《포린 어페어스(Foreign Affairs)》에 기고한 글에서 '중국 영향권 지도'를 그리면서 일본을 중국 영향권 밖에 있는 나라로, 인도를 중국 영향권에 저항 가능한 국가로 분류한 반면, 한국은 중국에서 벗어날 수 없는 나라로 그렸다. 카플란은 중국의 영향력이 한국 및 러시아 극동 지역, 중앙아시아와 남중국해, 인도양과 동남아 지역에 이르기까지 확대될 것으로 진단했다.[16]

니얼 퍼거슨(Niall Ferguson) 하버드대학교 역사학과 교수도 2010년 11월《월스트리트저널》기고에서 "중국이 세계의 중심이 될 것이며 미국은 이를 막지 못할 것"[17]이라고 했다. 그는 "지정학적으로 주변국인 한국은 늘 강대국의 위협 속에서 존재해왔다. 한국의 대중 무역이 대미 무역보다 커진 상황에서 미국의 영향력이 줄어든 틈을 중국이 차지하게 될 것"이라며, "향후 미국과 중국이 대립할 때 한국은 미국 혹은 중국을 택해야 하는 양자택일의 곤란한 상황을 맞을 수 있다."라고 했다(《조선일보》, 2012년 2월 13일).

국제정치학자들 중에도 '중국의 시대'에 한국이 중국에 예속될 것으로 보는 경우가 많다. 데이비드 강(David Kang) 서던캘리포니아대학교 교수는 중국을 중심으로 동아시아에 새로운 위계질서가 창출될 것으로 진단했다. 그는 한국을 비롯한 동아시아 국가들이 지난 30년간 빠른 경제성장을 이룬 중국에 적응하면서 대중 경제 의존도가 높아졌기 때문에 중국 중심 지역 질서의 등장은 필연적이라고 했다. 한국 역시 그 질서 안에 편입될 수밖에 없다는 것이다.

인도는 거대한 인구와 빠른 경제성장을 통해 중국에 도전하는 지역 라이벌로 부상할 가능성이 있다. 센카쿠열도 등을 둘러싸고 중국과 영토분쟁 중인 일본은 미일동맹과 경제력을 바탕으로 중국과 긴장 관계를 가질 것으로 전망된다. 중국 패권에 도전할 유일한 지역 국가로 일본이 꼽히지만, 전문가들은 한국이 일본과 연대해 중국에 대항할 가능성은 거의 없다고 보고 있다. 한국이 역사적으로 중국에 반감을 갖고 있긴 하지만, 과거 한국을 강제 점령했으며 독도 영유권을 주장하는 일본에 대한 반감이 더 크다는 것이다. 한반도가 통일될 경우 한국과 중국의 관계는 더 긴밀해질 것으로 전문가들은 전망했다(《조선일보》, 2012년 1월 1일).

중국은 벌써 한국에 새로운 도전이 되고 있다. 우선 영토 문제가 심상찮다. 2011년 제주 마라도 남쪽 이어도 인근에서 인양 작업을 벌이던 한국 선박에 대해 중국이 '영해를 침범했다'며 작업 중단을 요구했다. 한국이 2003년 이어도에 해양과학기지를 건설한 뒤 중국이 이 일대를 순찰한 적은 있지만 관공선(官公船)을 보내 영유권을 주장한 것은 처음이다(《동아일보》, 2011년 7월 27일).

중국은 1999년부터 2002년까지 세 차례에 걸쳐 이어도 주변 지

역에 대한 조사 작업을 벌였다. 중국 외교부는 2006년 이어도의 명
칭을 중국명인 쑤옌자오(蘇巖礁)라고 부르며 "한국의 일방적 행동
은 법률적 효력이 없다."라고 주장했다. 해양 감시용 비행기를 띄우
고 이어도 인근 해역에 순시선을 보내기도 했다. 2007년 중국 군사
관련 월간지 《군사문적(軍事文摘)》 3월호는 '중국의 일부분인 쑤옌
자오가 현재 소리 없이 한국에 의해 침탈되고 있다'는 주장을 싣기
도 했다.

중국 국가해양국의 공개 자료를 싣는 '해양신식망(新息網)'은 앞서
2007년 12월 24일 이어도 관련 항목을 기술하면서 "쑤옌자오는 중
국의 영해이자 배타적 경제수역 안에 있는 중국의 영토"라고 주장
했다. 중국 민간단체나 학자들이 이어도에 대한 영유권을 주장한
적은 있으나, 정부 기관이 이를 제기한 것은 처음 있는 일이었다.[18]

2011년에 불거진 중국 어선들의 불법 조업과 이를 단속하는 한
국 해양경찰에 대한 폭행과 치사 사건 이후 중국의 태도는 한국민
의 우려를 자아냈다. 2011년 12월 12일 '중국 어선 선장의 해경 대
원 살해 사건'이 발생한 직후 중국 정부는 유감 표명은커녕 살인을
저지른 자국민에 대한 합법적 권익과 인도주의적 대우만 요구했다.
류웨이민(劉爲民) 중국 외교부 대변인은 12일 외교부 정례 브리핑
에서 "한국 측이 중국 어민에게 합법적 권익을 충분히 보장하고 인
도주의적인 대우를 해주기를 바란다."라고 말하면서 "양국 간 어업
협력이 건강하게 발전하기를 바란다."라고 덧붙였다. 해경 살해 사
건에 대한 유감은 한마디도 언급하지 않았다.

중국의 관영 《환추스바오(環球時報)》도 13일 해경 살해 사건과

관련해 「한국의 여론은 반드시 침착해야 한다」라는 제목의 사설에서 이번 사건에 대한 유감 표명 없이 사건을 처리하는 과정에서 한국의 여론과 정서에 휩쓸리지 않아야 한다며 한국 언론들의 보도 자제와 공정한 수사, 체포 어민들의 법률적 권리를 보장해야 한다고 주장했다(《문화일보》, 2011년 12월 13일).

중국이 2010년 북한의 천안함 폭침에 대한 유엔의 대북규탄결의안에 반대하고 북한의 의도적인 정전협정 위반인 연평도 포격에 대해서도 오히려 한국과 북한의 동시 자제를 요구함으로써 북한 편들기에 나선 것도 우려할 만한 일이다. 천안함이 사고가 아니라 공격에 의해 침몰되었다는 사실은 중국과 러시아조차도 유엔 결의안에서 인정했지만, 북한을 궁지에 몰 수 있는 제제 결의안에는 반대한 셈이다. 연평도 포격 역시 '1953년 휴전협정 이후 최악의 정전협정 위반'이라는 사실은 국내에서 이견이 없다.[19]

중국의 북한 감싸기 속에 중국 내 일부에서 중국군 북한 주둔론까지 제기됐다. 2011년 12월 23일 중국의 최대 검색 포털 사이트 '바이두' 메인 화면에는 중국 군사 전문 인터넷신문 및 군사 전문 종합 사이트인 '시루(www.xilu.com)'의 중국군 북한 파병 기사 두 건이 올라와 며칠 동안 실렸다. 글은 "북한 측은 중국의 파병이 비상 시기의 국가 안전을 수호하기 위해 중국의 선의와 우호에서 나온 조치임을 이해해주길 희망한다."라며, "한반도 남북의 군사 균형을 이룸으로써 어느 일방의 도발 행위를 방지하고 북한의 평화로운 정권 승계 또는 무난한 과도기를 보증하기 위한 것"이라는 등의 세 가지 이유를 제시했다.

실제로 유엔 안보리는 2010년 7월 9일 중국과 러시아의 반대 때문에 공격 주체에서 북한이라는 이름만 제외한 채 한국 해군의 초계함 천안함의 침몰을 초래한 공격을 규탄하는 내용의 의장성명을 만장일치로 채택했다. 안보리는 전날 미국, 중국, 러시아, 영국, 프랑스 등 5개 상임이사국과 한국·일본(P5+2) 간에 잠정 합의된 문안을 9분 만에 토론 없이 통과시켰다. 안보리 의장국인 나이지리아의 조이 오구 대사가 낭독한 총 11개 항의 성명문에는 천안함이 공격받았다는 점을 적시하면서 이 같은 행위를 규탄하고, 한국에 대한 추가 공격이나 적대 행위 등 재발 방지의 중요성을 강조했다. 그는 "2010년 3월 26일 한국 해군 함정 천안함의 침몰과 이에 따른 비극적인 46명의 인명 손실을 초래한 공격을 개탄한다."라며, "북한이 천안함 침몰에 책임이 있다는 결론을 내린 민·군 합동조사단의 조사 결과에 비춰 깊은 우려를 표명하며, 이에 따라 안보리는 천안함 침몰을 초래한 공격을 규탄한다."라고 밝혔다(《연합뉴스》, 2010년 7월 9일).

또한 「해방군은 조선에 진주하여 김정은 친정을 보좌하라」라는 글에서도 "중국은 이번 기회에 북한에 중국군 주둔, 핵 포기, 중국식 개혁·개방 3대 조건을 내걸어야 한다."라며 북중 동맹 관계를 강조하고 있다. 또 이 글에서 "한반도 정세를 두루 고려하면 현상 유지만이 중국이 얻을 수 있는 최상의 이익이다. 북한이 자본주의화되고 한국에 흡수통일될 경우 중국의 동대문에 미국의 족쇄가 채워진다."라며, "따라서 중국은 북한에 적극적으로 개입해야 하며 주도권을 잡아야 할 것이다."라고 주장했다(《데일리안》, 2011년 12월 25일).

중국은 최근 태도에서 과거 중국의 그림자를 연상시키고 있다. 2011년 말 「G2 시대에 읽는 조선 외교사」를 《한겨레신문》에 연재한

명지대학교 한명기 교수는 중국의 천빙더(陳炳德) 중국군 총참모장이 2011년 7월 중국을 방문한 김관진 국방장관에게 외교적 결례를 무릅쓰고 미국을 10여 분간 비난한 사건을 보고 "1618년 후금의 누르하치(청 태조)가 명(明)에 선전포고를 할 무렵 조선에 보낸 편지들이 떠올랐다."라고 말했다.

"후금은 1618년 명나라에 대한 선전포고를 전후해 조선을 '너'라고 호칭하는 국서를 보내는가 하면 명과의 전쟁에 조선은 끼지 말라고 종용한다. 조선은 난처한 와중에 그나마 광해군의 현명한 실리외교로 버틴다. 그러나 인조대에 들어 힘도 없는 주제에 후금을 거스르다 정묘호란(1627년)을 당하고, 이어 병자호란(1636년)이라는 훨씬 참혹한 재앙을 맞는다. 인조는 한겨울에 남한산성을 나와 청의 홍타이지에게 큰절을 세 번 하고 아홉 번 머리를 조아린다. 한바탕 승자들의 파티가 끝나고 홍타이지가 갖옷을 선물로 내리자 인조는 다시 '감사합니다'라며 두 번 무릎을 꿇고 여섯 번 머리를 조아린다(삼전도 굴욕). 왕이 이럴 정도니 일반 백성의 참상은 말할 것도 없다. (2011년 개봉된 화제 영화 「최종병기 활」에서 생생하게 묘사되었지만) 청에 끌려간 포로만도 최대 50만 명. 도망치다 잡혀 발꿈치를 잘린 포로도 부지기수였다. 청에 끌려가 성(性) 노리개로 전락한 조선 여인들은 만주인 본처로부터 끓는 물세례까지 받았다. 어렵게 고국에 돌아와서는 '화냥년(還鄕女)'이라는 욕설의 원조가 되어야 했다."(《중앙일보》〈분수대〉에서 재인용, 2011년 7월 22일)

한국에 대한 중국인의 인식이 부정적인 것도 우려스러운 대목이다. 《환추스바오》가 2011년 11월 29일 인터넷망을 통해 조사한 결과에 따르면, 한국에 대해 '역사 표절'을 처음으로 떠올린다는 중국 네티즌이 7.6퍼센트(1만 7702표)로 가장 많았다. 이어 한국인의 두 번째 중요한 인상으로는 스스로를 지나치게 대단하다고 생각하는 '자대(自大)'(7.3퍼센트)가 꼽혔다. 《환추스바오》는 한국에 대한 중국 네티즌들의 인상에는 '한류(韓流)'와 '한류(寒流)'가 공존했다고 분석하면서 긍정적인 인상보다는 부정적인 인상이 많았다고 전했다 (《문화일보》, 2012년 1월 19일).

> 역사를 되돌려보면 불과 110년 전까지 중국 사신을 맞이하던 문을 영은문(迎恩門)이라고 하고, 지극정성을 다하던 시절이 있었다. 1884년부터 1894년까지 중국의 위안스카이(袁世凱)가 조선 주재 통리교섭통상사의(統理交涉通商事宜)라는 직함으로 서울에 주재하며 조선의 내정·외교를 조정·간섭하며 온갖 위세를 부린 것은 그 절정이었다. 청일전쟁에서 일본이 승리한 뒤 1896년에 공사를 시작해 1897년에 완성한 독립문이 바로 영은문 자리였다(《중앙일보》〈분수대〉, 2011년 7월 22일).

중국의 그림자가 커지면서 한국인들의 걱정도 커지고 있다. 2011년 여론조사 기관인 갤럽에 따르면, 최근 동아시아정상회의와 동남아국가연합 소속 9개 회원국 국민을 상대로 미국과 중국의 역내 리더십에 대한 설문조사를 실시한 결과, 7개국에서 미국에 대한 지지율이 더 높은 것으로 나타났다. 한국의 경우 '미국의 리더십을 지지하느냐'는 질문에 57퍼센트가 '그렇다'고 답해 '지지하지 않는다'는 응답자 18퍼센트의 세 배가 넘었다. 이는 2010년 같은 조사에서 찬성 55퍼센트, 반대 22퍼센트였던 것과 비교했을 때 미국의 리더십에 대한 긍정적인 평가가 더 늘어난 것이다. 중국의 리더십에 대한 질문에는 한국 응답자의 30퍼센트만 '지지한다'고 밝혀 지난해의 36퍼센트보다 오히려 떨어진 것으로 나타났다(YTN, 2011년 11월 21일).

향후 한중관계는 지난 60여 년간 전혀 경험하지 못한 새로운 양상으로 진행될 가능성이 크다. 중국의 파워는 한국을 이미 강력하게 끌어당기고 있으며 역사적인 관성 때문에 한중관계는 한미관계와는 사뭇 다른 도전이 될 것이다. 19세기 말 청일전쟁 패전 이후 한반도 지배력을 잃었지만, 이미 중국은 거대한 파워로 한반도의 정치·경제·사회에 커다란 영향력을 미치기 시작했다.

그렇다면 한국의 선택은 무엇인가. 중국에 흡인되는 상황을 숙명으로 받아들여야 하는 것일까. 자칫 미국과의 관계를 유지했다가는 중국과 대결하는 위험을 안게 되는 것일까. 미국의 외교안보정책 책임자, 원로들의 결론은 한미동맹과 한중관계는 상호 보완 관계로 나아가야 하고 이는 미국의 이해와도 다르지 않다고 말했다.

21세기 미 외교정책 그랜드 플랜, '프린스턴 프로젝트'를 주도했던 앤 마리 슬로터(Anne-Marie Slaughter) 전 국무부 정책실장은 저자와 인터뷰에서 한미동맹과 한중 전략적 동반자 관계는 '이것이냐 저것이냐'의 문제가 아니라 '이것도 저것도'의 사안이라고 밝혔다. 슬로터 박사는 프린스턴대학교 윌슨대학원 원장 때부터 민주당 진영의 '콘돌리자 라이스'로 주목받았으며, 버락 오바마 행정부에서 지난 2011년까지 국무부 정책실장이라는 고위직을 맡았다.

그는 우선 미국과 중국이 고위급 전략대화를 열심히 진행하고 있고 이 같은 아메리카-시노(미-중) 파트너십은 한미동맹이나 미일동맹을 보완할 수 있다고 말했다.

"프린스턴 프로젝트에서도 밝혔지만 우리는 중국이 세계질서 속에 통합되어 2차대전 이후 미국이 한국, 일본, EU, 호주, 뉴질랜드와 함께 만들어왔던 세계질서 속에서 한 축이 되기를 바란다. 미·

한·일 등 우리 모두는 중국이 이 질서 속에서 소외되거나, 아니면 스스로의 질서를 세우기보다는 이 질서 속에서 더 번영하고 책임 있는 주주가 되기를 바라고 있다. 미중 전략대화는 이런 통합을 가능하게 할 것으로 생각한다."(《문화일보》, 2009년 1월 1일)

슬로터 전 실장은 한국의 외교안보 전략에 대해서도 다음과 같이 밝혔다.

"미국이냐 혹은 중국이냐의 양자택일이 아니라 두 나라 모두를 중시해야 할 것이다. 만일 한국과 미국의 관계가 정말 가깝다고 한다면 미국은 한국에게, 그리고 똑같이 일본에게도 이렇게 얘기할 것이다. '보라, 미국과 한국 우리 모두는 중국에게 많은 이해관계를 갖고 있으므로 가능한 한 많은 관계를 만들어야 한다.' 즉 중국을 국제질서 속으로 끌어들여서 2차대전 이후 미국과 한국 등이 발전시켜왔던 가치관을 공유하도록 하자는 것이다. 한국이나 미국 모두 중국이 세계질서의 책임감 있는 정식 회원이 되기를 바라기 때문이다."(《문화일보》, 2009년 1월 1일)

그는 한미동맹, 미일동맹, 그리고 한·미·일 3자 관계가 중국과의 대결 긴장 구도로 흐를 가능성에 대해서는 "3자 관계를 정확하게 잘 관리해야 하고 이를 위해 다층적인 3자 관계를 생각해볼 필요가 있다."라고 강조했다.

"예컨대 한·미·일이 공통의 이해관계를 가지는 중국 이슈 등에 대해서는 한·미·일 3자 논의, 일본의 역사 교과서 문제에 대해서는 공통의 이해관계를 갖고 있는 한·미·중 3자 논의, 그리고 보다 아시아적인 시각에서 다룰 문제에 대해서는 미국을 뺀 한·중·일 3자 논의를 생각해볼 수 있다. 이처럼 단 하나의 3자 관계보다는 4개국들이 다양한 이슈에 대해서 서로 다른 3자 관계를 가지는 다층적인 3자 관계를 구상해보는 것이 중요하다."《문화일보》, 2009년 1월 1일)

슬로터 전 실장은 또한 동북아 내에서 한국의 점증하는 역할에 주목했다.

"한국은 분명 역사적으로나 지정학적으로, 특히 중국·일본과의 관계 측면에서 독특한 나라였다. 특히 최근에 와서는 동남아시아에서 커다란 역할을 하고 있다. 최근 베트남에 갔을 때 젊은 사람들에게 '영어 다음에 배우고 싶은 언어가 무엇이냐'라고 물어보았더니 '한국어'라고 하는 답변을 듣고 매우 놀랐다. 베트남, 캄보디아 등에게 한국은 중요한 투자국일 뿐 아니라 발전 모델이었다. 자신들과 비슷하게 강대국에 인접했으면서도 큰 발전을 이룩한 점을 배우고 싶어 했다. 한국이 규모 면에서나 지정학적으로 중간 위치에 있으면서도 급속하게 발전해 이코노믹 파워하우스가 되었기 때문이다."《문화일보》, 2009년 1월 1일)

미국 민주당 진영의 원로 외교안보 전략가인 즈비그뉴 브레진스키 전 국가안보보좌관은 "한국, 중국, 일본 3국 사이의 정기적인 정상회담은 매우 좋은 발전"이라며 한·미·일과 한·중·일이 공존 번영할 수 있는 증거라고 저자에게 말했다.

"중국과 일본 간의 경쟁과 갈등이 여전히 존재하는데도 불구하고 한·중·일 3국은 정상회담을 성사시켰다. 세 나라가 '협력하는 삼각관계(cooperative triangle)'를 실현시켜나가고 있다. 일본과 중국의 지도자들은 영토분쟁 등에도 불구하고 놀라운 유연성을 보여줬다. 한국의 지도자도 중일과 동등한 역할이 가능함을 과시했다. 한국이 두 나라와 함께 동등한 삼각관계를 발전시키는 것은 한국에 큰 이득이다."(《문화일보》, 2009년 1월 1일)

지미 카터 행정부 시절 미중 수교를 완결 지었던 그는 "미국과 중국 간의 관계는 계속 발전할 것"이라고 전망했다.

"현재의 세계 경제 위기에 대한 해결책도 함께 모색할 것이다. 만약 미국과 중국이 엇나간다면 제로섬게임이 될 것이다. 중국과 미국의 관계는 현존하는 유일한 초강대국과 미래의 글로벌 파워 간의 책임감을 공유하는 관계로 발전시켜야 한다. 중국이 물론 점차 민족주의적으로 바뀌고 있지만 중국은 여전히 조심스럽게 국제관계를 모색하고 있다."(《문화일보》, 2009년 1월 1일)

『소프트 파워』를 쓴 조지프 나이(Joseph S. Nye Jr) 하버드대학교 교수는 저자와 인터뷰에서 한미관계가 한중관계의 역사적 취약성을 보완하는 특성이 있다고 설명했다.

"한국과 미국이 오랜 시간 동안 가까운 관계를 유지해온 이유는 두 가지다. 첫 번째는 당장의 위협인 북한 때문이었고, 두 번째는 한국이 중국과 일본이라는 두 개의 거대 경쟁 국가 사이에 놓여 있기 때문이다. 두 강대국 중 한 곳의 지나친 영향력에 좌우되지 않으려면 미국처럼 멀리 떨어져 있는 우방, 영토 야욕이 없는 국가와 좋은 관계를 지속시키는 것이 유리하다."(《문화일보》, 2007년 11월 6일)

이는 로버트 스칼라피노 교수의 지론과 똑같았다.

"미국은 동북아 안정을 위해 노력해왔다. 미국은 중국과 지금 같은 관계를 유지할 생각이고 중국 역시 국내 경제성장에 몰두하기 위해 미국과 좋은 관계를 유지하려고 할 것이다. 가장 위험한 장소는 대만해협이지만 미국은 계속 타이베이에 '배를 흔들지 말라'고 주의를 줘왔다. 10여 년 전 내가 국방부에서 동아시아 전략보고서를 준비할 당시, 미 행정부 내에서는 중국을 봉쇄하자는 주장, 중국을 국제사회로 통합시키자는 주장이 맞섰다. 결론은 균형과 통합전략이었다. 한·미·일 군사동맹을 통해 중국의 공격적인 행태를 막으면서 중국에 WTO 가입, 미국 수출을 허용함으로써 중국이 국제사회에서 책임 있는 주주로 역할하도록 해왔다."(《문화일보》, 2007년 11월 6일)

브렌트 스코크로프트 전 백악관 국가안보보좌관 역시 저자와 인터뷰에서 "한국은 동북아에서 어느 편에 서는 차원을 넘어서 지역 전체의 안정을 위해 중국과 일본의 경쟁 등에 균형을 잡는 커다란 역할을 해야 할 것"이라고 조언했다.

"중일 간의 경쟁적 관계에서 한국은 어느 한 편에 서지 말고 양국 모두와의 관계를 증진시켜나가야 한다. 한·미·일 3자 협력 강화는 동북아 지역 안정을 위한 공동의 이해를 발전시키기 위한 좋은 방법이다. 그리고 여기에는 중국도 참여시킬 필요가 있다. 한반도가 역사적으로 강국들의 갈등 현장이었다는 점을 감안하면 이런 노력들은 중요하다. 이제 지역 내의 안정 같은 공동 이익을 생각하면 중국을 적대적으로 생각해야 할 이유가 없다고 생각한다. 미국이 한일 양국의 좋은 친구라고 한다면 미국은 양국 간의 관계를 부드럽게 풀어주기 위해 노력하는 것이 아주 중요하다."(《문화일보》, 2008년 4월 8일)

한국은 중국의 부상으로 1세기 전의 지정학적 상황, 즉 중국의 압도적인 영향력에 직면하게 되었고 실제로 벌써부터 중국의 강력한 인력과 자장의 영향을 받고 있다. 중국은 1세기 전의 청나라와 다르겠지만, 한중관계는 한국의 선린(善隣) 정책, 즉 선량한 이웃이 되겠다는 의지만으로 상호 호혜적인 관계를 유지할 수 없다는 것이

국제정치의 냉혹함이다. 중국은 최근부터 한미동맹을 '냉전의 유물'이라고 비판하며 한국에 대해 분명한 목소리를 내기 시작했다. 이 때문에 국내에서는 한미동맹이 한중 간의 관계를 악화시킬 것이라는 우려까지 나오기 시작했다. 한미동맹을 하면 북중동맹과 대결해야 한다는 위기감도 커져가고 있다.

하지만 이 같은 인식은 중국의 부상에 심리적으로 압도되어 한국의 외교적 역할 공간을 스스로 제약하는 또 다른 콤플렉스가 될 수 있다. 미국과 중국이 대결적인 상황을 원치 않는다면 한국이 먼저 미중 간의 적대 상황을 가상하고 어느 한쪽을 편들 이유가 없다. 브레진스키, 스코크로프트 같은 미국의 원로 외교안보 전략가들은 '한미동맹=한중갈등'이라는 불필요한 등식에 얽매일 필요가 없다고 충고하고 있다.

오히려 한미관계의 발전은 자칫 압도적인 열위에 서기 쉬운 한중관계를 보완할 수 있다는 점을 눈여겨보아야 한다. 한중관계를 중시하지 않을 수 없고 중국과 좋은 이웃이 되어야 하는 것이 한국의 숙명이라면 한미관계는 오히려 한국이 적극적으로 활용할 수 있는 전략적 선택으로 생각할 수 있다. 한미관계, 한중관계는 '이것이냐 저것이냐' 어느 하나를 골라야 하는 문제가 아니라 두 가지를 한꺼번에 취해야 할 사안인 것이다.

하지만 한국이 주한미군에 국가 방위를 의존하는 상황이 언제까지 지속 가능한 것은 아니다. 미국의 막대한 재정적자와 국방예산 감축 때문에도 한미 군사동맹의 변화는 불가피하다. 한국은 오히려 한미군사동맹이라는 역사적 고리를 넘어서 국제사회에서 민주주의와 인권, 인도주의라는 가치 위에 미국과 협력할 것은 협력하는 대등한 관계를 유지해야 한다.

이런 맥락에서 '한미관계는 구호가 아니라 치밀한 전략과 준비에 의해 변화 발전되어야 한다'는 노무현 행정부 당시의 청와대 비서관 배기찬의 지적은 주목할 만하다.

"세계 패권력을 보유한 미국이 최소한 2030년까지 코리아의 운명을 좌우할 정도로 중요한 나라임을 분명히 인식해야 한다. 중국의 급속한 경제성장에도 불구하고 특별한 일이 없는 한 2030년까지 미국의 패권력은 중국의 도전력을 능가할 것이다. 비록 동아시아 지역 차원에서 미국 패권 하의 중일 대립, 미중 대립이라는 양극적 양상이 나타나더라도 미국의 중립성을 결코 무시할 수 없다. 따라서 미국은 코리아의 평화와 번영, 그리고 통일에 변수가 아니라 상수이다. 우리가 미국에 매몰되어서는 안 되지만 미국과 떨어져 방황하는 것은 더욱 위험하다. 우리는 자유민주주의라는 국가 가치를 공유하는 미국에 대해 확고하게 중심을 잡고 있어야 한다. … 전략적 고려가 없는 감정적 반미는 19세기의 관성적 친중·친러 노선처럼 코리아의 운명에 치명적이다. … 주한미군의 철수가 빠를수록 남북관계에 유리한 것은 아니다. 최소한 미 해군, 공군 등 주한미군의 전면 철수는 코리아의 통일 시점과 일치하도록 상호 합의되어야 한다. … 주한미군이 대북·대중 협상에서 좋은 카드가 될 수 있다는 발상의 전환이 필요하다. 한국에서 미국의 군사력 철수는 한미 간의 알력 때문이 아니라 신뢰 강화의 결과여야 한다. 미군이 없는 정치 동맹만으로도 동맹 관계가 유지될 수 있을 정도의 신뢰 관계

가 중요하다."(『코리아 다시 생존의 기로에 서다』, 427쪽)

실제 주한미군은 현실적인 미국의 필요에 의해서라도 미래에 철수할 것이다. 『세계체제론』의 저자인 이매뉴얼 월러스틴 예일대학교 교수는 저자와 인터뷰에서 "한국에는 앞으로 10년 후쯤이면 미군이 존재하지 않을 것"이라고 단언했다.

"어떤 일이 있어도 주한미군은 장기적으로 주둔하기 힘들 것이다. 지정학적으로 미국은 지금 재앙적인 수준의 곤경에 처해 있다. 미국은 이라크에서 지고 있으며 이는 만회하기 힘든 손실이다. 미국은 또 실질적인 군사력조차 갖지 못한 저항 세력에게조차 지고 있다. 미국은 군대를 철수시킬 것이며, 미국 내에서 이런 압력이 엄청나게 높아지고 있다. 주한미군이 철수하더라도 한국에는 문제가 없을 것이다. 한국은 강력한 군대를 갖고 있다."(《문화일보》, 2007년 8월 14일)

문제는 주한미군 없이 동북아에서 중국에 끌려가지 않고 일본에 밀리지 않으면서 독자적인 발전을 지속할 수 있는 대한민국의 역량을 어떻게 구축하느냐는 것이다. 리처드 닉슨, 지미 카터 대통령 시절부터 미국은 이미 주한미군을 철수시키려고 해온 점을 돌이켜보면, 더욱이 한반도와 세계 각국에 더 이상 대규모 미국 군대를 주둔시킬 수 없는 미국 국내 사정을 감안한다면 한미관계의 핵심은 '주한미군 논란' 차원을 벌써 넘어서고 있다.

아프가니스탄에서 영국으로 탈바꿈한 한국의 위상
: 한국의 기적, 한미관계의 미래

미국 국무부의 동아시아 태평양 지역 담당 차관보인 커트 캠벨 박사는 2009년 초 차관보 내정 상태에서 미국신안보센터(CNAS) 소장 자격으로 한미관계에 대한 정책 제안서를 냈다. 2009년 2월 중순 발표한 보고서의 제목은 「글로벌 지향: 한미동맹의 미래(Going Global: The Future of the U.S.–South Korea alliance)」이다.

캠벨 박사는 2008년 미국 민주당 내 대선후보 경선 때 힐러리 클린턴 당시 상원의원(현재 국무장관)의 외교안보정책을 조언했고 경선이 마무리되면서는 버락 오바마 후보 진영에서도 주목받아 왔을 정도로 비중 있는 인사이다. 보고서는 한국이 이제 북한과의 대치, 일본·중국과의 갈등을 넘어 세계적인 평화안정 역할을 해줄 능력을 갖고 있다고 평가한다.

캠벨 박사팀은 한미관계가 더 이상 중심(hub)-바퀴살(spoke) 관계가 아니라 글로벌 문제에 공동 이해를 가진 대등한 동맹 국가라고 규정한다. 특히 한국 기업들의 국제적 성공, 시장경제·민주주의의 성공으로 후진국에 개발 경험을 전수하는 능력, 그리고 미국을 앞지르는 통상·외교력, 녹색 에너지 개발을 주목했다. 예컨대 인도는 무역장벽과 고관세로 유명한 곳이지만, 한국은 인도와 '포괄적 경제협력 파트너십 협정(CEPA)'을 맺어 인도의 시장개방에 새로운 돌파구를 만들었다. 한국의 이란 관계도 주목거리였다.

한국은 이란의 핵무기 개발 문제에 대해서는 단호하면서도 수교 국가로서 통상·투자를 확대하고 있다. 이 때문에 캠벨 팀은 장차 미국이 이란과의 국교 정상화 때 한국이 중요한 통로가 될 것이라는 기대까지 나타냈다. 보고서는 또한 한국은 이제 미국이 하지 못하는 일, 미국의 역량이 미치지 못하는 곳에 경제개발·시장경제·민주주의·인권이라는 가치를 확산시키고 있다고 격찬했다. 특히 미국의 가장 큰 고민거리인 이란의 핵 개발을 둘러싼 제재와 대립과 관련해 한국의 대(對)이란 외교력을 찬탄했다. 한국은 이란의 핵확산을 막기 위한 국제적인 제재에 한 번도 빠지지 않고 적극 동참하면서도 이란과의 교역을 성공적으로 늘려왔다고 평가했다.[20]

물론 그는 한미동맹의 미래를 낙관적으로만 보지 않았다. 미국산 쇠고기 수입 문제 등으로 한국 정부가 국내에서 겪었던 시련에서 보듯이 동맹 관계 발전 논의는 국내적 불신·오해의 소용돌이에 휘말릴 수 있을 것으로 우려했다.

지금 미국은 스스로의 힘만으로는 세계 경제 위기, 국제적인 테러·핵 위협, 기후변화 어느 하나 제대로 해결할 수 없다는 사실을 절감하고 있다. 미영동맹은 세계 최고 수준의 동맹이고 영국은 미국에서 가장 존경받는 국가이다. 한미동맹이 미영동맹에 비견되는 것은 그만큼 양국 관계의 위상이 달라졌기 때문이다.

2009년 2월 4일 고든 브라운(Gordon Brown) 영국 총리는 미 의회에서 "어느 나라보다도 미국과 영국이 경제 위기 극복을 위해 노력하면 미래를 보다 더 밝게 할 수 있을 것"이라고 연설해 열두 차례 이상의 기립박수를 받았다. 브라운 총리가 미 의회의 환영을 받은 것도 그 때문이다. 2011년 10월 이명박 대통령이 미국 상하원

합동연설에서 마흔다섯 차례의 박수와 열여섯 차례의 기립박수를 받은 일도 한미동맹의 위상 변화를 말해준다. 노무현 행정부에서 대통령 직속 동북아시대위원장을 지낸 연세대학교 문정인 교수는 "미국 의회의 환대는 누가 뭐래도 역사상 드문 일이었다."라고 평가할 정도였다(《중앙시평》, 2011년 11월 21일).

캠벨 박사는 저자와 인터뷰에서 "한미 간에 무엇보다 중요한 것은 단지 방위 문제뿐 아니라 공통의 믿음과 공동의 번영에 기초한 동맹"이라고 강조했다.

"한미 간에는 단지 북한 문제뿐 아니라 동북아 지역에서 함께 모색해야 할 역할들이 많으며 이 문제에 대한 심도 깊은 정치적 논의가 필요하다. 또 한국이나 미국처럼 힘 있고 자긍심 높은 나라 사이에서는 공통의 가치를 함께 지닐 뿐 아니라 어느 영역에서는 불가피한 차이도 있다는 점을 인정해야 한다. 이런 차이점들은 상호 존중 속에서 다뤄져야 한다."(《문화일보》, 2007년 10월 9일)

미국 입장에서 한국의 위상 변화는 가히 아프가니스탄이 영국으로 탈바꿈한 기적 같은 일이다. 아프가니스탄은 실제로 1955년 한국보다 사정이 나은 신생국이었다. 한국은행 산업금융팀장 차현진은 그의 책 『숫자 없는 경제학』에 이렇게 썼다.

"1955년의 한국의 국제적 위상은 필리핀에도 미치지 못했고, 함께 국제금융기구(IMF) 가입을 신청한 아프가니스탄과 마찬가지로 알려지지 않은 신생국이었다. 당시 IMF는 한국에 대한 기록이 전혀 없다는 이유로 가입을 거부했다. … 우여곡절 끝에 가입이 승인되고 한국에 배정된 분담금은 1,250만 달러. 이 중 316만 달러는 금 2,531킬로그램으로 부과됐다. 전쟁 직후라 국고에 금이 없었던 한국은행은 직원들을 서울 중구 남대문시장으로 보내 금을 사모았고, 이를 녹여 덩어리로 만들어 미국으로 보냈다. 이렇게 해서 IMF는 한국이 가입한 최초의 국제기구가 됐다. … 한국은 54년 전 그 장소에서 이제는 G20 의장국으로서 IMF 지분 인상을 당당하게 주장하고 있다. IMF를 설립한 케인스의 눈으로 보자면 거대한 동물원 속의 원숭이가 50여 년 만에 눈부시게 돌연변이한 것이다."[21]

실제 힐러리 클린턴 국무장관도 한국을 아프가니스탄에 직접 비교한 적이 있다. 한국이 미국이 지원했던 나라 중 가장 성공하고 국제사회 어디에도 당당하게 내세울 수 있는 모범 국가로서 자리매김한 것을 보여준다. 클린턴 장관은 2011년 6월 23일 상원 외교위원회 아프가니스탄 청문회에서 "우리가 지금 아프가니스탄의 재건을 위해 투자하는 것이 부질없고 커다란 시련과 부담만 떠안는 것 같지만 우리가 한국에서 겪었던 일을 돌이켜보면 결코 헛된 일이 아닐 것"이라고 말했다. 클린턴 장관은 미국의 엄청난 지원과 파병에도 불구하고 아프가니스탄과 파키스탄의 상황이 안정되지 않는 것과 관련해 한국의 예를 들었다.

"(아프가니스탄, 파키스탄 상황을 검토하면서) 우리는 한걸음 물러나 오랫동안 미국이 투자했던 다른 나라들의 경우를 살펴보는 것이 중요하다고 생각한다. 물론 그 나라들의 역사적 사정이 모두 다르겠지만 한국을 보라. 한국의 최근 수십 년 역사를 보면 군사 쿠데타도 발생했고 민주주의 발전이 진퇴를 거듭한 적도 있었다. 그리고 엄청난 부패도 있었다. 우리는 한국에 수십만 명의 미군을 주둔시켜 북한의 공격으로부터 지켜냈을 뿐만 아니라 오늘 가장 역동적인 민주주의와 경제성장을 이룰 수 있도록 지원하고 발전 모델을 제시했었다.

그러나 돌이켜보면 우리는 한국에서 1967년(베트남전쟁에 미국이 집중했던 시기), 혹은 1979년(박정희 사망과 12·12 군사 쿠데타), 1984년(전두환의 군사독재 시기)에 각각 떠날 수도 있었다. 그리고 그들이 (북한의 도발 위협 같은) 매우 위험한 상황에 처해질 것이라는 상황을 알면서도 스스로 알아서 하도록 내버려둘 수도 있었을 것이다. 하지만 그 같은 시련을 이겨낸 것이야말로 미국의 가치와 전략적 이해관계에 맞았다고 생각한다. 물론 (한국과 아프간을 비교한 것은) 적절한 비유가 아닐 수도 있지만 한국의 역사적 사례는 왜 (아프간에 대한) 미국의 지속적 관여가 중요한지를 보여준다고 생각한다."[22]

한국의 가치가 미국에서 이처럼 달라진 것은 상전벽해(桑田碧海)라고 할 수 있다. 20세기 후반까지 미국의 대한 정책은 동아시아 전략의 일환이었고 대륙 세력과의 관계가 개선되지 않는 한 해양 세력인 일본이 미국의 동아시아 전략 제1파트너였다. 1905년 카츠라-태프트 밀약, 1945년 분단, 1950년 6·25전쟁, 1965년 한일 국교 정상화 등은 동아시아 차원에서는 대륙(중국, 러시아)을 막고 해양(일본과 태평양)을 보호하기 위한 미국 정책의 산물이었다. 한반도는 오로지 일본과의 관계에서만 거론되었다.

"비유컨대 일본에서 코리아는 '열도의 심장을 겨누는 비수'이고, 중국에게 코리아는 '대륙의 머리를 때리는 망치'이다. 러시아에게 코리아는 '태평양으로의 진출을 막는 수갑'이며, 미국에게 코리아는 '일본, 태평양의 군사력에 대한 방아쇠'이다."

한반도가 열도의 심장을 겨누는 비수라는 말은 일본의 정치인 후지사와 리키타로(藤澤利喜太郎)의 말로 알려져 있다. 조선이 일본의 심장을 겨누는 단도처럼 누워 있기 때문에 1904년 일본이 러시아를 공격해야 했다는 궤변에서 나온 말이기는 하지만, 오랫동안 미국이 한반도의 가치를 생각할 때마다 떠올렸던 말이다.

그러나 1990년대 이후 한국의 가치가 달라졌다. 한국이 세계 10위권의 경제력과 세계 8위의 군사력, 그리고 아시아의 모범적 민주국가가 되었기 때문이다. 미국의 핵심 가치에 가장 부합하는 아시아 국가인 것이다. 한국은 더 이상 일본의 종속변수가 아니라 독립변수가 되었고 미국이 포기할 수 없는 중요한 자원이 되었다. 따라서 미국의 세계 전략, 동아시아 전략에 한국이 참여할 것을 요구한다. 지상군의 단계적 철수, 그리고 주한미군의 기동성 강화를 내용으로 하는 주한미군 재배치도 미국의 변화된 동아시아 전략의 일환이다.

이 같은 변화는 한미동맹이 처음 한국의 요구로 시작되었던 일과 극명한 대조를 이룬다. 박명림 교수는 2011년 1월 19일 《중앙일보》에 기고한 칼럼에 이렇게 썼다.

"1953년 역사적인 한미상호방위조약 체결은 서세동점 이후 격동하는 동아시아 국제질서로 인해 한국 역사상 가장 극심하게 요동치던 한국의 국제적·지역적 위상이 처음으로 안정되는 순간이었다. 조약 체결 이전 100년 동안 한국은 개항, 청일전쟁, 러일전쟁, 한일 강제병합, 식민통치, 아시아·태평양 전쟁, 미소 분할 점령, 남북 분단, 한국전쟁이 숨 가쁘게 몰아치며 전례 없는 혼돈을 겪었다. 한미동맹 구축은 한국 문제를 둘러싼 이러한 국제적 소용돌이를 종착시킨 결정적 계기였다."

이렇게 시작되었던 한미동맹이 이제는 미국의 자랑거리를 넘어 미국이 대등한 글로벌 파트너십을 요구할 정도로 발전한 것이다. 한국의 국제적 역할과 위상은 이미 미국이 2006년 반기문 유엔사무총장을 적극적으로 지지했고, 2012년에는 세계은행(World Bank) 총재에 한국계의 김용 다트머스대학교 총장을 지명했던 데서 극적으로 드러난다. 2차대전 이후 세계 최빈국에서 10대 경제대국으로 도약하면서 20세기 후반 가장 드라마틱한 민주주의를 이룬 한국은 세계 각국이 존중하는 나라가 되었고 그 같은 바탕 위에서 외교장관 출신 반기문 유엔사무총장, 의사이자 인류학 박사였던 대학 총장 출신 김용 세계은행 총재의 글로벌 리더십 탄생도 가능했던 것이다.

한미관계의 질적인 변화는 미국 내 한국계 미국인들의 정치적 성장에 의해서도 담보되고 있다. 2008년 11월 4일 치러진 미국 대통령 선거에서 한국계 유권자들이 주목받았다. 그해 10월 23일 CNN의 저녁 뉴스 프로그램 「시추에이션룸」은 미국 주요 격전지를 소개하며 버지니아주 한국계 유권자의 중요성을 주요 뉴스로 다뤘다. CNN 기자는 "한국계가 많이 사는 수도 워싱턴 인근 북버지니아 지역에서 공화당의 존 매케인, 민주당의 버락 오바마 후보가 한국계 유권자들을 집중 공략하기 위해 별도의 선거운동 책임자를 두고 있다."라고 전했다. 방송은 한글 홍보지를 직접 보여주기도 했다. 또 "올해 선거에서 대표적인 경합 지역인 버지니아에서는 한국계를 비롯한 아시아계 유권자가 대선 승부를 좌우할 수 있다."라고 분석했다.

CNN은 베트남계, 중국계 등 다른 아시아계의 중요성도 함께 소개했지만, 이 지역에서 한국계 인구가 차지하는 비중을 반영해 한국계 유권자들의 표심을 첫 번째 주요 사례로 거론했다. 1970년엔 6만여 명에 불과했던 재미 한국인은 2011년 5월 26일 미 연방센서스국의 『2010 인구조사』 자료에 따르면 지난해 4월 1일 기준으로 142만 3784명인 것으로 집계됐다. 이는 지난 2000년 107만 6872명에서 10년간 32.2퍼센트(34만 5912명) 늘어난 것이다. 미국 거주 한인은 40년 전인 1970년에는 불과 6만 9130명에 불과했지만, 매 10년마다 폭발적으로 늘어나고 있다. 실제 인구는 243만 명으로 추정된다.

특히 연방센서스국에 응하는 비율이 상대적으로 적다는 것을 감안하면 미국 내 한인 숫자는 200만 명을 넘어섰다는 게 정설이다. 외교부가 각 공관이 교회 한인회 등의 통계를 이용해 보고한 것을 취합한 자료에 따르면 미국 내 한인 수는 243만 명에 이르는 것으로 추정된다. 김동석 뉴욕·뉴저지 한인유권자센터 상임이사는 "미국 내 소수민족이 의미 있는 독립적인 존재로 활동하려면 최소 100만 명이 되어야 하는데 한인이 200만 명을 돌파함으로써 중요한 임계치를 넘어섰다."라고 말했다.

미국에서 한인이 가장 많이 사는 주는 캘리포니아로 45만

1892명이 살고 있었고, 뉴욕(14만 994명), 뉴저지(9만 3679명), 버지니아(7만 577명), 텍사스(6만 7750명), 워싱턴(6만 2374명), 일리노이(6만 1469명), 조지아(5만 2431명), 메릴랜드(4만 8592명), 펜실베이니아(4만 505명) 등의 순으로 거주 인구가 많았다. 한인들이 미국 전역으로 분산되지 않고 특정 지역에 밀집해 있는 것도 투표권 행사 등을 통한 정치력 신장에 유리한 것으로 분석된다(《조선일보》, 2011년 5월 28일).

미국 내 한국계 미국인 파워에 주목해야 할 이유는 이미 600만 명의 유대인 파워, 150만 명에 이르는 쿠바계의 영향력에서 잘 드러난다. 특히 쿠바계는 한국계와 비슷한 인구이지만 플로리다, 뉴저지에 몰려 살면서 현재 상원의원 두 명, 하원의원 네 명, 상무장관 한 명을 배출했다. 쿠바계가 2000·2004년 대선의 승부처였던 플로리다에서 공화당의 조지 W. 부시 대통령에게 표를 몰아줘 박빙의 표 차이로 이길 수 있도록 도운 덕분이었다.

사실 미국의 외교정책은 이민자 집단이 결정하는 경우가 많다. 유대인들의 이스라엘 로비는 유명하다. 미국 정치권의 정치자금원으로 꼽히는 유대인 후원자들이 버락 오바마 행정부의 대(對)이스라엘 정책에 대한 불만으로 그의 재선에 기여하지 않겠다는 입장을 공공연히 드러내기도 했다. 일부 유대인 후원자들은 오바마 대통령이 역대 미국 행정부와는 달리 이스라엘 지도자들에게 정착촌 건설을 하지 못하도록 지나친 압박을 가하고 있으며, 일부는 오바마 행정부가 팔레스타인보다 이스라엘에 훨씬 더 강압적 입장을 취하고 있다고 주장했다(《월스트리트저널》, 2011년 5월 19일). 결국 오바

110TH CONGRESS
1ST SESSION

H. RES. 121

Expressing the sense of the House of Representatives that the Government
of Japan should formally acknowledge, apologize, and accept historical
responsibility in a clear and unequivocal manner for its Imperial Armed
Force's coercion of young women into sexual slavery, known to the
world as "comfort women", during its colonial and wartime occupation
of Asia and the Pacific Islands from the 1930s through the duration
of World War II.

IN THE HOUSE OF REPRESENTATIVES

JANUARY 31, 2007

Mr. HONDA (for himself, Mr. SMITH of New Jersey, Mr. ROYCE, Ms. WAT-
SON, Mr. HARE, Ms. BORDALLO, and Mr. WU) submitted the following
resolution; which was referred to the Committee on Foreign Affairs

---

RESOLUTION

Expressing the sense of the House of Representatives that
the Government of Japan should formally acknowledge,
apologize, and accept historical responsibility in a clear
and unequivocal manner for its Imperial Armed Force's
coercion of young women into sexual slavery, known to
the world as "comfort women", during its colonial and
wartime occupation of Asia and the Pacific Islands from
the 1930s through the duration of World War II.

Whereas the Government of Japan, during its colonial and
wartime occupation of Asia and the Pacific Islands from
the 1930s through the duration of World War II, offi-

▲ 미 연방하원이 만장일치로 채택한 일본군 위안부 강제동원 규탄결의 원문. 한국계 미국인 유권
자들의 파워를 보여주는 역사적 사건이었다. 미국 의회가 한국계 미국인들과 한국인의 편에서 일
본의 과거 역사적 잘못을 비판하는 일은 종전에는 상상도 할 수 없던 일이다.

마는 미국 내 유대인들의 압력을 의식해 2011년 5월 24일 워싱턴에서 열린 미국이스라엘공공정책위원회(AIPAC) 연례총회에서 이스라엘 지지를 재확인하며 박수를 받았다(《동아일보》, 2011년 5월 24일).

지난 2007년 미국에서 미일동맹에서 상상할 수 없었던 일이 벌어진 것도 바로 한국계 미국인 유권자 파워 때문이었다. 2007년 7월 30일 미 연방하원은 '제2차 세계대전 당시 일본군의 위안부 강제동원 사실에 대한 규탄결의'(공식 이름은 '랜토스(캘리포니아), 로스–레티넨(플로리다) 의원의 수정제의를 반영한 하원 121호 결의')를 통과시켰다. 톰 랜토스(Thomas Peter Lantos)는 당시 미 연방 외교위원회 위원장(민주당)이었고 일리아나 로스–레티넨(Ileana Ros-Lehtinen)은 당시 소수당이었던 공화당의 간사였다. 규탄결의의 전문을 읽어보면 대한민국 어떤 교과서에도 실리지 않았던 내용이 신랄하고 적나라하게 실려 있다. 일본인들에게 역사적 참회를 요구하는 미 의회의 요구는 상상 이상이었다.

일본 정부는 1930년대부터 제2차 세계대전 기간 '위안부'로 알려진 젊은 여성들을 제국군에 대한 성적 서비스 목적으로 동원하는 것을 공식 위임했으며, 일본 정부에 의한 강제 군대 매춘 제도인 위안부는 집단 강간과 강제 유산, 모욕, 그리고 신체 절단과 사망 및 궁극적인 자살을 초래한 성적 폭행 등 잔학성과 규모 면에서 전례 없는 20세기 최대 규모의 인신매매 가운데 하나이다.

일본 학교들에서 사용되고 있는 새로운 교과서들은 위안부 비극과 다른 2차대전 중 일본의 전쟁 범죄를 축소하려 하고 있다. 일본의 공공 및 민간 관계자들은 최근 위안부의 고통에 대한 정부의 진지한 사과를 담은 지난 1993년 고노 요헤이 관방장관의 위안부 관련 담화를 희석하거나 철회하려는 의도를 나타내고 있다. (중략) 다음은 미 하원의 공통된 의견이다.

1. 일본 정부는 1930년대부터 제2차 세계대전 종전에 이르기까지 아시아 국가들과 태평양 제도를 식민지화하거나 전시에 점령하는 과정에서 일본 제국주의 군대가 강제로 젊은 여성들을 위안부로 알려진 성의 노예로 만든 사실을 확실하고 분명한 태도로 공식 인정하면서 사과하고 역사적인 책임을 져야 한다.
2. 일본 총리가 공식 성명을 통해 사과를 한다면 종전에 발표한 성명의 진실성과 수준에 대해 되풀이되는 의혹을 해소하는 데 도움을 줄 수 있을 것이다.
3. 일본 정부는 일본군들이 위안부를 성의 노예로 삼고 인신매매를 한 사실이 결코 없다는 어떠한 주장에 대해서도 분명하고 공개적으로 반박해야 한다.
4. 일본 정부는 국제사회가 제시한 위안부 권고를 따라 현세대와 미래세대를 대상으로 끔찍한 범죄에 대한 교육을 해야 한다.[23]

글로벌 파워로 성장한 한국, 미국 내 한국계 유권자의 파워 신장은 종전의 한미관계를 질적으로 전환할 수 있는 가능성을 열어주었다. 일본이 그토록 저지하려던 '일본의 위안부 강제동원 규탄결의'를 미 연방하원에서 통과시킬 수 있었던 것은 이제 미국 내 한국계 유권자들의 힘이 어느 정도인지를 보여주고 있다. 한국계 미국인(코리안 아메리칸)의 성장이야말로 한미관계의 변화를 보여주는 또 다른 징표이자 한미관계를 한국에 유리하게 이끌 수 있는 견인력이다.

어느 386세대의
미국 대장정을 마무리하며

돌이켜보면 1980년대 대학 캠퍼스에서 미국은 비판의 대상이었지만 또 한편으로는 마지막 희망이기도 했다. 야당 지도자 김대중을 사형선고에서 구해내 워싱턴으로 망명할 수 있도록 해낸 것도 미국이었고, 민주화청년운동연합(민청련)의 의장이었던 김근태 고문 사건에 항의했던 것도 미국이었다. 미국은 전두환 신군부의 쿠데타와 광주에서의 학살을 '방관'했지만, 당시 학생운동과 민주화운동 인사들은 미국 의회와 인권단체에 한국 내 인권 탄압을 고발했다.

미국이 전두환에게 압력을 넣어서 곧 민주화 조치가 나올 것이라는 기대성 추측까지 끊임없이 나돌았지만, 기대로 그쳤을 뿐이었다. 동두천이나 의정부 등에 주둔해 있던 미군 병사들의 각종 범죄행위는 한국인들을 분노하게 했고 미군의 존재가 민족의 자긍심에 상처를 입힌 것처럼 느껴지기도 했다. 때때로 오만하게 보이는 미국인의 표정과 행위는 '제국주의' 이미지를 강화시켰다.

하지만 미국을 자국의 이익만 위해서 군부독재 정권을 지원하는 제국주의 국가로 매도하기에는 모순적인 일도 적지 않았다. 특히 1980년대 한국 내 진보좌파의 규탄 대상이었던 로널드 레이건 대통령에 대한 김대중 전 대통령의 기억이 그런 경우이다. 전두환의 집권 이후 가장 심한 탄압을 받았던 김대중 전 대통령은 1998년 취임 후 첫 미국 국빈 방문 후 귀국길에 당시 캘리포니아에 살고 있던 레이건 전 대통령을 방문했다.

"한국으로 돌아오는 길에 김대중 대통령은 개인적으로 로널드 레이건 전 대통령을 방문하기 위해 캘리포니아에 들르기로 결정했다. 1980년 한국 법정에서 정치적 문제로 사형선고를 받았을 때 레이건 대통령이 사면과 미국행을 도와준 것에 고마움을 표하고 싶었던 것이다. 하지만 레이건은 이미 알츠하이머병을 앓고 있어 김 대통령 일행을 만날 수 없었다. 대신 낸시 레이건 여사가 김대중 대통령을 접견했다. 김 대통령은 레이건 여사에게 자신의 목숨을 구해준 레이건 대통령에 대한 고마움을 표시했다. 레이건 여사는 손수 차를 대접하며 매우 정중한 태도를 보여주었다."[1]

2012년까지 미국은 한국인들을 광우병 공포 속에서 자국산 쇠고기를 먹도록 강요하고 자국 자본의 이익을 극대화하기 위해 '을사늑약'에 버금가는 한미 FTA를 밀어붙이는 나라로 인식되는 경우가 많다. 이런 시각에서 대한민국 정부는 '뼛속까지 친미'이고 나라의 이익을 미국에 팔아먹는 매국노라는 비난까지 시도 때도 없이 받는다.

실제로 FTA 추진을 결정한 것은 노무현 전 대통령이었다. 쇠고기 문제는 노무현 정부 때도 불거졌다. 미국산 쇠고기의 뼛조각 검사에서 한국 정부가 전량 검사와 전량 반송을 결정하자 미국이 쇠고기의 수입과 절차의 이행에 관해 기한을 정한 약속을 문서로 해줄 것을 요구했다. 한국 정부가 미국의 요구를 무시하지 못했던 것은 우리의 최대 수출시장인 미국이 만약 쇠고기 문제로 WTO의 보복 조치를 취할 경우 국내 산업이 입을 타격이 컸기 때문이었다. 철저히 경제적인 계산이었다.

노무현 대통령이 조지 W. 부시 대통령과 전화 회담을 갖고 '한국은 국제수역사무국(OIE)의 권고를 존중하여 합리적인 수준으로 쇠고기 수입을 개방할 것이며 합의에 따르는 절차를 합리적인 기간 안에 마무리할 것'이라고 약속해주었던 것도 노 대통령이 '친미'여서가 아니라 통상마찰을 줄이기 위한 것이었다. FTA가 양극화를 심화시킬 것이라는 주장은 노 대통령 때도 나왔다. 노 대통령은 이렇게 호소했다.

"저는 FTA를 반대하는 사람들을 만날 때마다, 농업과 제약 분야 이외에 어느 분야가 더 어려워지고 실업자가 나온다는 것인지 물어보았으나 아무도 분명한 대답을 해주지 않았습니다. 그런데도 사람들은 근거도 밝히지 않고 막연히 '양극화가 심해진다'는 말만 주장하니 참으로 답답한 노릇입니다."(노무현 대통령 한미 FTA 타결 담화문, 2007년 4월 2일)

노 대통령의 말처럼 FTA는 한국 경제로서는 도전이다. 하지만 한쪽이 득을 보면 다른 한쪽이 반드시 손해를 보는 그런 도전이 아니라 각기 더 많은 이익을 얻을 수 있는 도전이다. 우리 자동차와 섬유가 미국 시장에서 미국산 제품하고만 경쟁하는 것이 아니라, 오히려 미국 시장에서 일본 제품을 비롯한 다른 나라와 경쟁하는 요소가 더 크기 때문에 우리는 더 큰 이익을 얻을 수 있는 것이다. 노 대통령은 이렇게 강조했다.

"그동안 '미국의 압력'이라는 얘기가 난무했고, 길거리에서도 심지어 '매국'이라는 용어까지 등장했습니다. … 분명히 말씀드리지만, 우리 정부가 무엇이 이익인지 손해인지조차 따질 역량도 없고 줏대도 없고 애국심도 자존심도 없는 그런 정부는 아닙니다. 거듭 말씀드리지만, 한미 FTA는 시작 단계부터 우리가 먼저 제기하고 주도적으로 협상을 이끌어낸 것입니다."

임기 말 노 대통령으로서는 개인적 이득도, 정치적 이득도 없는 문제였다. 오히려 정치적 손해를 무릅쓰고 내린 결단이었다. 그는 2007년 4월 2일 한미 FTA 타결 발표 담화록을 통해 다음과 같이 국민을 설득했다. "FTA는 정치의 문제도, 이념의 문제도 아닙니다. 먹고사는 문제입니다. 국가 경쟁력의 문제입니다. 민족적 감정이나 정략적 의도를 가지고 접근할 일은 결코 아닙니다."

노 대통령의 말처럼 지난날 개방 때마다 많은 반대와 우려가 있었지만 우리는 한 번도 실패하지 않았다. 모두 승리했다. 결국 우리 하기 나름이다. 아무리 FTA를 유리하게 체결해도 우리가 노력하지 않으면 경쟁에서 이길 수 없고, FTA 협상 내용이 욕심에 좀 모자라더라도 우리가 노력하면 얼마든지 극복해나갈 수 있는 것이다.

대한민국은 더 이상 60년 전의 약소국이 아니다. 1994년 영국 리드대학교의 한국학자 아이단 포스터-카터(Aidan Foster-Carter) 교수는 중국, 러시아, 일본 같은 고래들에게 시달렸던 한국은 더 이상 새우가 아니라 돌고래의 역할을 한다고 말한 적이 있다.

"한국은 1,000년 만에 처음으로 동북아에서 자주적이고 강력한 세력, 파산 상태의 북한을 재건해야 하는 부담이 있지만 20세기 초 서방에 의해 거의 무시되었던 코리아가 냉전 시대가 끝난 지금, 동방의 스위스가 될 수 있는 모든 가능성을 지녔다. 그래서 강력한 무역국이자 잘 무장된 평화주의 국가가 된 '돌고래' 코리아에 의해 동북아시아의 막강한 '고래들'의 분규가 중재된다면 좋을 것이다."[2]

미국 동부의 명문대학인 버지니아대학교 문리과대학 학장 우정은 박사는 한국의 가치를 이렇게 평가했다.

"오늘의 한국인들은 미국인보다 더 많은 시민적 자유를 누리고 민족주의와 민주주의를 강력히 융합시키고 생기 넘치는 대중문화를 창출하고 있다. 따라서 코리아는 민주적 규범에 충실한 세계주의 문화를 건설할 수 있고 비즈니스의 거점만이 아니라 전 세계적인 민주주의의 거점이 될 수 있다. 코리아는 초국가적인 비정부기구와 국제기구 및 지역개발은행의 거점이 될 수 있고 유엔 관련 각종 조직을 유치할 수 있다."[3]

즈비그뉴 브레진스키 박사는 한국 같은 나라가 미국과 함께 '관심을 공유하는 전 지구적 공동체'를 만들자고 제안한다. 이 공동체는 물론 세계국가 같은 허황된 개념이 아니다. 지속적인 동맹 세력과 신념을 공유하자는 것이다. 이를 위해선 양자 간의 자유무역협정, 다자간 자유무역협정, 지역 정책 포럼, 공식적 동맹 관계 같은 상호 의존적인 관계망이 중요하다. 한미 FTA의 중요성에 대한 지적도 이런 맥락에서 나온 것이다.[4]

브레진스키 박사는 교통·통신 기술로 인한 지구촌의 시간적 즉시성, 공간적 긴밀성, 그리고 대량살상무기의 확산 때문에 미국과 세계는 쉽게 극단 세력의 표적이 될 수 있다고 진단했다. 그는 이 같은 위험에 대처하기 위해 진정한 가치 동맹이 필요하다고 주장했다. 미국의 오만하고 잘못된 헤게모니는 곧바로 반미 선동의 토양이 된다고 덧붙였다. 예컨대 조지 W. 부시 행정부가 주창한 '테러와의 전쟁'은 치명적인 잘못을 저질렀다고 평가했다. 즉 '우리와 함께하지 않으면 우리의 적'이라는 구분은 지나친 양극화를 초래했고, 선제(예방) 공격론은 전략적으로 예측 불가능한 상황을 만들었으며, 영속적 동맹을 일시적 동맹으로 대체함으로써 정치적 불안정을 초래했다는 것이다.

실제 세 번째의 경우 미국은 한동안 독일, 프랑스 등 영속적 동맹 국가와 소원해지면서 파키스탄 같은 군사독재 국가를 동맹으로 치켜세웠다. 브레진스키 박사는 저자에게 한국처럼 국제적으로 인정받고 존중받는 나라들과의 진정한 협력과 가치 공유는 세계를 더욱 안전하고 튼튼한 곳으로 만들어줄 것이라고 설명했다. 특히 "한국의 국제적인 비중이 높아질수록 역할과 부담도 커질 것"이라며, "정치적·경제적으로 성공한 한국은 지구 생태계의 문제 해결, 빈곤 지역에서의 인간 개발 등에서 많은 책임을 갖고 있다."라고 말했다.

한국의 글로벌 파워는 2011년 G20 정상회의 서울 개최에서 이미 확인되고 있다. 토니 블레어 전 영국 총리는 한국이 세계 개발도상국과 빈국이 본받고 싶어 하는 모범일 뿐 아니라 선진국의 해외 원조에도 새로운 방향을 제시하고 있다고 극찬했다.

"50년 전 부산의 이미지는 무너질 듯한 부둣가에 원조식량 포대가 쌓여 있는 것이었다. 막 전쟁에서 벗어나 기본적인 생활 물자를 외부의 지원에 의존해야만 했다. 하지만 이번 주에 원조의 미래를 논의하기 위해 부산에 모이는 전 세계 지도자들은 과거와는 아주 다른 부산의 모습을 보게 될 것이다."[5]

행동하는 경제학자로서 세계의 빈곤 및 환경 문제와 맞서고 있는 제프리 삭스(Jeffrey David Sachs) 컬럼비아대학교 지구연구소장은 "한국은 지난 40년간 이룬 놀라운 성공 사례를 바탕으로 국제사회에 기여하는 리더 국가로 나서야 한다."라며, "지금 세계는 '지속 가능한 발전'이라는 지상 명제를 해결하기 위해 전 지구적으로 협력하지 않으면 안 된다."라고 말했다. 반기문 유엔사무총장의 특별자문관으로 활동하기도 했던 그는 저자에게 이렇게 밝혔다.

"한국은 지금 국제사회에서 새로운 리더십을 발휘하기 시작했다. 한국인 유엔사무총장을 배출했다는 것은 훌륭한 출발이다. 한국은 또한 국제사회의 주요 공여국이 되기 시작했다. 그리고 한국 대기업의 국제적 브랜드도 중요한 자산이다. 이런 세 요소들이 모두 합쳐져 한국은 국제적으로 새로운 리더십 국가로 떠오르고 있다. 지금 한국은 베트남을 비롯한 세계 각국의 롤모델이 되고 있다. 지난 40년간 가장 성공한 경제개발, 국제경쟁력, 수출 모델, 국제적인 대기업 등은 한국이 세계의 개발도상국, 빈국에게 나눠줄 수 있는 엄청난 교훈이다."[6]

'소프트 파워'라는 개념으로 미국 외교안보정책의 새로운 방향을 제시한 조지프 나이 하버드대학교 교수는 저자에게 "한국은 이미 소프트 파워 국가"라며, "한국의 지도자들과 시민들이 세계에서 보다 큰 역할을 해야 한다."라고 말했다. 나이 교수는 "소프트 파워란 다른 나라의 우호적 관심을 끌어당기는 매력"이라면서, "한국의 경제적 성공, 민주화 성취는 세계 다른 나라 사람들에게 커다란 교훈이 되고 있다."라고 평가했다.

"한국은 엄청난 성공담을 갖고 있다. 비단 경제적으로 성공했을 뿐 아니라 한국은 민주화를 함께 성취했다. 많은 나라들이 한국의 성공 비결을 배우고 싶어 한다. 이런 매력은 한국으로서는 대단한 자원이다. 이는 차세대 한국 지도자들이 세계를 향해 나아갈 수 있는 자산이기도 하다."

2009년 당시 하워드 버먼 하원 외교위원장은 "한국은 민주주의가 미국만의 전유물이 아니라는 것을 보여준 성공적인 국가"라고 평가하면서 저자에게 다음과 같이 말했다.

"어떤 사람들은 아시아적 가치에서는 민주주의가 성장하기 어렵다는 주장도 한 적이 있으나 한국이야말로 훌륭한 반증 사례이다. 더욱이 한국전쟁을 겪고 북한과의 군사적 대치를 벌여오면서도 그런 성공을 이룬 것은 놀라운 일이다. 한국의 민주주의는 말 그대로 너무나 역동적이다. (웃음) 내 지역구인 로스앤젤레스에도 한국계 유권자들이 많지만 한국의 민주주의와 성공을 통해 한국은 미국의 가장 든든한 동맹이 되었다."**7**

조지워싱턴대학교의 그렉 브라진스키(Gregg Brazinsky) 교수는 저자에게 "한국은 2차대전 이후 독립한 신생 독립국가 중 가장 성공한 국가"라고 전제하고 나서, "한국의 장래는 이웃 강대국들 간의 관계에 달려 있다."라고 전망했다.

"중국, 일본, 그리고 미국과 어떤 관계를 가지느냐가 매우 중요할 것이다. 우선 한국은 누구도 침략한 적이 없다는 점에서 동북아 지역, 그리고 국제적 신뢰를 얻을 수 있는 기반을 갖고 있다. 중국은 일본을, 일본은 중국을 신뢰하지 못하는 한계가 있는 것과 대조적이다. 한국은 지금까지 숱한 어려움을 극복하며 유연하게 잘 적응해왔다. 앞으로 한국은 '자신 있게, 인내심을 갖고' 세상을 향해 나아가야 한다. 특히 한국은 이웃 국가들과의 관계에서 감성보다는 논리와 체계적 접근으로 나가야 한다. 이웃 국가와의 관계를 망치면 정치적 안정과 경제적 번영도 어렵게 될 것이다."

미국 공화당 진영의 외교안보 전략가 스코크로프트 장군은 "한국의 정치적·경제적·군사적 발전은 엄청난 것이고 이는 한국인 스스로는 못 느낄 것"이라고 말했다.

"한국은 이제 이름 그대로 글로벌 플레이어가 됐다. 한국은 이제 한반도가 아니라 동북아, 그리고 세계를 내다봐야 한다. 그리고 단지 한국을 넘어 세계에 기여해야 할 것이다."**8**

미국에 모든 것을 기대어야 했던 한국은 이제 미국이 의지해야 할 글로벌 파트너로서 성장했다. 역사상 처음으로 대한민국은 김구 선생이 『백범일지』에서 말한 국가의 격조를 가지게 되었다.

"내가 원하는 우리 민족의 사업은 결코 세계를 무력으로 정복하거나 경제력으로 지배하려는 것이 아니다. 오직 사랑의 문화, 평화의 문화로 우리 스스로 잘 살고, 인류 전체가 의좋게 즐겁게 살도록 하자는 것이다. … 나는 우리나라가 세계에서 가장 아름다운 나라가 되기를 원한다. 가장 부강한 나라가 되기를 원하는 것은 아니다. 내가 남의 침략에 가슴이 아팠으니, 내 나라가 남을 침략하는 것을 원치 아니한다. 우리의 부는 우리 생활을 풍족히 할 만하고, 우리의 힘은 남의 침략을 막을 만하면 족하다. 오직 한없이 가지고 싶은 것은 높은 문화의 힘이다."

해방 이후 지난 60여 년간 이룬 시장경제와 민주주의의 기적은 한국을 세계의 희망으로 만들었다. 조지프 나이가 얘기한 '소프트 파워 국가'가 된 것이다. 2012년 4월 세계은행 총재로 취임한 김용 전 다트머스대학교 총장은 그해 3월 버락 오바마 대통령으로부터 총재 후보로 내정되었을 당시 영국의 《파이낸셜타임스(Financial Times)》(2012년 3월 27일)에 한국 모델을 설파했다. 미국은 세계은행에 가장 많은 재원을 내는 회원 국가지만 세계 각국은 더 이상 미국이 세계은행을 좌우하는 모습을 원치 않았다. 그런 세계 여론에 직면한 오바마 대통령은 바로 한국 출신 김 총장을 카드로 내세웠다. 김 총재도 처음부터 한국인임을 강점으로 내세웠다.

오히려 한국 사람들이 조심스러워했다. 김 총재 내정자가 4월 2일 지지를 호소하기 위해 한국을 방문했을 때 한국 정부는 한국인이라고 언급하면, 여타 국가들에 역풍을 불러일으킬까 봐 조심스러워했다. 한국계라는 말을 애써 쓰지 않았다. 그런데 김용이 먼저

"제가 세계은행 총재에 지명된 것은 한국인이기 때문이라고 생각한다."라며, "그게 총재 선임의 강점으로 꼽힌 것 같다."라고 밝혔다. 김용은 오히려 "한국인임을 부각시켜달라."라고 말했다.

그는 《파이낸셜타임스》 기고문에서 자신이 전쟁의 상흔 속에서 문자 해득률도 낮았던 한국에서 태어났다는 사실을 강조한 뒤 "글로벌 경제와의 통합이 한 가난한 나라를 어떻게 세계에서 가장 역동적이고 번영하는 국가 가운데 하나로 만들었는지 지켜봤다."라고 말했다. 반세기 전만 해도 빈곤 국가였던 한국이 오늘날 글로벌 세계를 주도하는 대표적 신흥 경제국으로 부상한 이유는 바로 글로벌 세계와의 교류와 협력 속에서 경제 재건에 나선 덕분이고 보건 의료 및 학교교육에 많은 투자를 해온 결과라고 역설했다. 5세 때 부모와 함께 이민길에 오른 김 총장은 한국 모델을 통해 세계 문제를 해결할 뜻을 공개 천명했고 이를 바탕으로 세계 각국의 지지를 받았다.

냉전 속에서 핵전쟁 위기에 직면했던 미국 대통령 존 F. 케네디는 1차대전과 2차대전의 경험을 떠올리며 오판(miscalculation)은 전쟁으로 이르는 길이라고 생각했다. 지난 30년간 유례없이 안정을 누렸던 동북아 정세가 새로운 국면으로 바뀌어가면서 우리는 새로운 도전과 선택에 직면했다. 중국이 미국과 겨루는 2강 국가로 우뚝 서며 한반도에 커다란 영향력을 행사하기 시작했고, 일본은 교과서 왜곡, 독도 영유권 주장을 거듭하며 보수화의 길을 걷고 있다. 북한의 3대 세습 체제의 움직임도 예사롭지 않다.

한국은 너무 미국에 의존하고 있지 않은지, 한미군사동맹으로 한중관계가 위태로워지면서 한국이 중국의 보복을 받는 것은 아닌지. 최근 몇 년 사이 미국과 중국 사이에서 한국이 어떤 입장을 취할 것인지를 둘러싼 논란이 본격화된 것도 이 같은 변화 때문이다.

2010년 천안함 폭침 이후 이런 의문과 논란은 더욱 커졌다. 천안함 침몰 원인을 북한 잠수정의 어뢰 공격 때문으로 결론 내린 한미 양국은 서해에서 북한의 재도발 의지를 꺾기 위해 미국 항공모함까지 동원한 대규모 군사훈련을 펼쳤다. 중국은 즉각 한국을 직접 겨냥해 한중 수교 이후 전례 없는 비판을 쏟아내며 역시 서해에서 대규모 군사훈련을 실시하기도 했다.

북한의 연평도 포격 이후에도 같은 양상은 이어졌고 국내에서는 '이러다가 전쟁 나는 것 아니냐'는 우려까지 나왔다. 국내에서는 미국 잠수함이 천안함을 침몰시켰다는 음모론까지 등장할 정도로 혼란스러웠다. 과연 우리는 누구에게 속고 있는 것일까. 6·25전쟁 이후 유례가 없던 '연평도 포격'처럼 북한이 또다시 서해 5도에 대한 기습전을 감행할 가능성은 없을까. 만약의 경우 미국과 중국은 어떤 반응을 보일 것이고 한국은 어떻게 대응해야 할 것인가.

돌이켜보면 지난 30년 동안 한국은 국내적인 정권교체 속에서 대외적으로는 유례없는 태평성대를 누렸다. 1980년대 이후 한반도 주변 정세의 안정은 몇 가지 대외적 여건이 한꺼번에 맞물린 결과로 볼 수 있다. 구소련 해체 이후 유일한 강대국이며 국제무대에서 절대적 우위를 선점하고 있는 미국, 새로운 러시아연방의 혼미와 재구성, 시장경제를 도입하며 경제성장에만 주력했던 중국, 그리고 세계 2위의 경제력을 갖췄지만 전후 평화 세대의 입김이 지배적이었던 일본.

하지만 이제 상황은 바뀌었다. 중국은 남북한 전체에 정치·경제·군사적으로 압도적인 영향력을 행사할 정도로 강해졌고 항공모함 취항, 스텔스 전투기 개발 등으로 미국과 대등한 군사력을 키워가며 지역 패권을 노리고 있다. 천안함 사건 이후 중국의 영향력 강화를 실감한 북한은 연평도 포격을 계기로 6·25전쟁 이후 유엔군이 설정했던 서해 북방한계선(NLL) 체제를 국지적 분쟁지역으로 만들 가능성도 높다는 것이 군사 전문가들의 전망이다.

일본은 동일본 대지진과 원자력발전소 재앙 속에서도 독도 영유권 주장 목소리를 높이며 우경화의 길을 가속화하고 있다. 중일 간의 긴장 고조 가능성도 높다. 2010년 센카쿠(중국명 댜오위다이) 열도의 중국 어선과 일본 감시 선박의 충돌 사건으로 불꽃이 잠깐 튀었던 중일 간의 갈등도 높아지고 있다.

동북아와 한반도 정세 변화는 우리에게 새로운 선택을 요구하고 있다. 이는 단순히 평화를 지키자는 결의만으로 되는 일이 아니다. 지난 30년 동안 잠복했던 지정학적 위험이 다시 불거지고 있는 상황을 헤쳐나갈 통찰력과 정보, 지혜가 절실한 시점이다. 한미관계도 콤플렉스와 트라우마에서 벗어나 보다 폭넓은 시각에서 다시 봐야 한다.

2013년 한미동맹 60주년을 맞게 된다. 한국은 더 이상 60년 전의 한국이 아니고 미국도 더 이상 60년 전의 미국이 아니다. 한국은 지난 60년 사이 세계에서 가장 빠르게 성장한 성공적 국가의 대표주자가 되었다. 통계청 추계에 따르면 2012년 6월 말로 대한민국

인구가 5,000만 명을 돌파함으로써 1인당 국민소득 2만 달러(20K) 이상에 인구 5,000만(50M) 명 이상인 '20−50클럽' 국가가 되었다. 지금까지 20−50클럽 국가는 일본(1987년), 미국(1988년), 프랑스·이탈리아(1990년), 독일(1991년), 영국(1996년) 등 주요 6개 선진국뿐이었다.

미국은 경제적인 사정 때문에 더 이상 다른 나라에게 일방주의적 외교정책을 강요할 수 있는 처지가 아니다. 60년 전 한국이 미국에게 매달려 동맹을 맺어달라고 애걸했다면, 이제는 미국이 한국에게 동맹의 역할을 주문하고 있다. 김용 세계은행 총재, 반기문 유엔사무총장의 탄생은 결코 우연한 일이 아니다. 한국의 위상과 역할은 이처럼 커졌지만 트라우마와 콤플렉스에 갇혀 있으면 스스로의 잠재력도 못 보는 법이다.

지난 60년은 한미관계에서 상전벽해의 시간이었고 한국은 이제 글로벌 플레이어로서 미국과 협력해야 하는 나라가 되었다. 협력의 기초도 냉전이 아니라 두 나라와 지구촌이 당면한 가장 심각한 문제들에 대한 공동의 인식에서 비롯되고 있다. 세상에 변하지 않는 것은 없으며 한국, 미국, 그리고 한미관계도 진화하고 있다. 역사는 변한다. 그것이 변증법이다. 영원한 적도 영원한 동지도 없는 격변의 세상에서 60년 전 트라우마와 콤플렉스로 한미관계를 재단하는 것은 진보주의가 아니라 수구주의일 뿐이다.

2023년은 한미동맹 70주년이 되는 해이다. 한미상호방위조약은 1953년 8월 8일 서울 경무대에서 변영태 외무장관과 존 포스터 덜레스 미국 국무장관이 가조인, 10월 1일 워싱턴에서 정식으로 조인되었다. 올해는 또한 6·25전쟁이 정전협정으로 끝난 지 70년이 된다. 정전협정은 1953년 7월 27일 체결됐다. 정전협정 열이틀 후에 한미동맹이 가조인된 건 무슨 까닭이었을까.

상식적으로 생각해보면, 적국에 맞서 함께 전쟁을 치르던 연합국이 동맹을 맺기도 전에 전쟁부터 마무리했다는 것은 뭔가 이치에 맞지 않는다. 종전(終戰)도 아니고 정전(停戰)인 데다, 적국의 군사력을 완전히 부수어 다시는 전쟁을 꿈도 꾸지 못하게 만든 상황도 아니었다. 정전 협상을 위한 첫 번째 회담이 1951년 7월 10일 판문점에서 열렸으니, 동맹의 구체적 조건을 협의할 시간도 충분했다.

열이틀은 정부가 동맹 같은 중차대한 조약 체결을 결정하기에는 너무나 짧은 시간이다. 정전 협상은 2년 넘게 끌었고, 미국이 주도했으며 대한민국은 반대했다. 반면 동맹은 한국이 앞장섰고, 미국은 물러섰다. 이 사실로부터, 우리는 정전 협상 막판 대한민국과 미국 사이에 정전협정과 한미상호방위조약을 하나로 묶는 '패키지 딜(package deal)'이 이루어졌으리라고 유추할 수 있다.

정전협정과 한미동맹이 연달아 체결됐던 것은 우연이었을까. 역사가들이 역사에는 우연도 필연도 존재하지 않는다고 가르치는 터에 저자가 이 책을 쓰는 내내 이러한 질문을 던진 이유는, 이승만이라는 지도자의 집념이 없었다면 한미동맹은 결코 탄생하지 못했다는 역사적 맥락을 독자들에게 환기하고 싶어서였다. 국가안보가 없다면 민주주의도 경제도 신기루요 모래성이다.

6·25전쟁은 국민에게든 '인민'에게든 더 이상 잔인할 수 없는 총력전이었다. 그러나, 어처구니없게, 남북한은 모두 이를 수행할 산업 능력을 갖추지 못했다. 이런 상태에서 인민군은 소련으로부터 무기를 잔뜩 얻었고, 국군은 탱크 한 대 없었다. 이 일방적인 학살극을 국제사회가 방관할 리 만무했다. 전쟁이 터지면 한반도는 자유 진영과 공산 진영의 각축장이 된다. 이 명약관화한 사태의 전개를 외면한 사람은 김일성이었다.

더 불행했던 것은 우리에게는 총력전이 참전한 그들에게는 아니었다는 사실이다. 미국은 막대한 희생과 전비를 치렀지만, 극동의 전장에 국가의 흥망을 걸어야 할 필요는 없었다. 어부지리를 노린 소련은 차치하더라도, 이는 중국도 마찬가지였다. 전황이 교착 상태에 빠지자, 너무나 당연하게도, 미국과 중국은 발을 뺄 길을 모색했다. 대한민국으로서는 정전협정보다 그 너머가 더 큰 일이었다.

"우리는 2년에 걸친 한국에서의 협상에서 공산주의자들은, 그들의 이익이 되는 때 또는 보복받을 위협이 무시할 수 없도록 명백할 때만 협정을 지킨다는 것을 배웠다."[1]

자고로 법은 멀고 주먹은 가깝다. 미국은 태평양 너머에 있는데, 북한은 휴전선 이북에, 중국은 압록강 건너 버티고 있다. 이승만은 정전협정이 실효성을 확보하려면 소련의 위성국들과 국경선을 맞댔던 서독의 경우처럼 미군 주둔으로 인계철선(trip wire)을 구축하는 수밖에 없다고 판단했다. 미국은 난색을 표명했다. 그도 그럴 것이, 세계 최강대국이 극동의 약소국과 동맹을 맺는 걸 미국 국민이 어떻게 받아들이겠는가.

이때부터 이승만의 외로운 투쟁이 시작됐다. 좌파들은 한미동맹이 미국의 대소련·대중국 포위전략의 일환이었다고 오랫동안 주장해왔다. 그러나 역사적 사실은 달랐다. 이 책에서 자세히 설명했듯이, 미국의 구상에 한미동맹은 없었다. 이승만은 실각의 위험을 무릅쓰고 발을 빼려는 미국을 붙들었고, 반공포로 석방으로 이승만과 대한민국의 결사적 의지를 확인한 미국은 상호방위조약, 장기 경제원조, 한국군 현대화에 합의한다.

***

겪어본 세대와 겪어보지 못한 세대 사이의 시간적 거리감은 크다. 6·25가 한 세대 지난 뒤 대학에 입학한 저자에게 전쟁은 아주 오래된 일처럼 느껴졌다. 이제는 두 세대하고도 10년이 더 지났다.

정보 민주주의에 관한 한 지금은 과도기다. 아직 우리는 정보를 취사선택할 윤리적 합의에 이르지 못했다. 언제든 마음만 먹으면 접속해서 확인할 수 있는 정보가 주위에 널려 있는데, 자신의 구미에 맞는 단편적 사실만 고집스럽게 내세우고, 심지어 '가짜뉴스'까지 만들어 퍼뜨리는 까닭은 무엇일까. 사실은 수천수만 개이나 진실은 언제나 하나다. 실체에 접근하려는 사회적 대화가 필요하다.

역설적으로, 디지털 시대에 수십 년 전의 사건들은 그리 낯설지 않다. 사진과 영상 같은 기록들이 디지털 정보로 저장되어 있기 때문이다. 수백만 동포를 죽음으로 몰아간 6·25전쟁을 누가 일으켰는지 알고 싶다면 인터넷에 1시간만 투자하면 된다. 그럼에도 '미국의 음모'라며 여전히 고개를 가로젓는 이들이 있다.

흐루쇼프(Nikita Khrushchev)는 6·25전쟁이 일어날 무렵 스탈린의 최측근 중 한 명이었다. 그는 훗날 권좌에서 쫓겨난 뒤 구술한 회고록에서 전쟁은 김일성이 일으켰다고 단도직입적으로 말했다.

"여러 해 동안 우리는 한국전쟁을 맨 처음 도발한 것은 남한이라고 주장해왔다. … 나는 진정한 역사를 위해 이제 진실을 말하고자 한다. 그것은 김일성 동지에 의해 시작되었다. 그리고 그 뒤에는 스탈린과 많은 사람들의 지원이 있었다."[2]

'전쟁은 정치의 연장선'이라는 클라우제비츠(Carl von Clausewitz)의 정의대로 전쟁은 매우 복잡한 사건이나, 그렇다고 해서 전쟁을 벌인 책임이 가벼워지지는 않는다. 수백만 동포를 죽음으로 몰아간 6·25전쟁의 정체는 대체 무엇이었을까. 평가는 당시 한반도에 살던 '인민'에 의해 이미 내려졌다.

"검정색 두루마기를 입은 李 대통령이 나타났다. 태극기가 물결치기 시작했다. 광장을 가득 메운 평양 시민들의 만세 소리가 하늘을 덮는 듯했다. … 10만여 군중들은 일제히 외쳤다. '李承晩 대통령 만세' …"[3]

1950년 10월 30일, 이승만 대통령의 평양 방문 현장에 함께했던 정일권 당시 국군 3군 총사령관의 기억이다. 이로부터 두 달 뒤, 국군과 UN군은 서울을 다시 내준다. 중국인민지원군 총사령관 펑더화이(彭德懷)는 자신이 점령한 서울의 인상을 이렇게 기억했다.

"인민해방군 사령관 펑더화이는 노인들 몇 명만 남은 텅 빈 서울을 보고 개탄했다. 후일 회고록에서 '김일성 해방전쟁은 실패한 것 같습니다. 서울에 시민이 없습니다.'라고 마오쩌둥에게 보고했다 한다."[4]

저우언라이의 '순망치한(脣亡齒寒)'이라는 표현을 굳이 빌리지 않더라도, 마오쩌둥의 중국과 김일성의 북한은 같은 편이었다. 그 같은 편의 총사령관이 다시 남으로 밀고 내려가자며 재촉하는 김일성에게 이런 말을 한다.

"과거에 동무는 미국이 절대로 군대를 보낼 리 없다고 장담했소. 만약 미국이 군대를 보내면 동무는 어떻게 할 것인지 전혀 생각하지 않았소. … 동무는 요행으로 이 전쟁을 빨리 끝내고 싶을 뿐이오. 동무는 사람들의 목숨을 가지고 도박을 하고 있는데, 이러다가는 전쟁이 재앙이 될 것이오."[5]

불을 지르려면 불을 끌 채비 또한 갖추고 시작해야 하는데, 김일성은 그러지 않았다. 그의 군사 경력은 전면전을 지휘하기에는 턱없이 모자랐고 차라리 정치장교에 가까웠다. 춘천 축선이 국군 6사단의 용전으로 3일 동안 막혔을 때, 김일성은 남침의 전체 구도가 틀어졌음을 일찌감치 인정해야 했다. 그러나 그는 오산 죽미령 고개에서 미군 선발대인 스미스 부대를 상대로 거둔 작은 승리에 취해버렸다.

인민군이 한창 기세를 올리던 1950년 8월, 마오쩌둥은 유엔군이 인천으로 기습공격을 가할 수 있으니 낙동강에 집결시킨 병력을 재배치해야 한다고 충고했다. 전략적 후퇴를 검토하라는 저우언라이의 권고에 김일성은 이렇게 답했다. "나는 결코 후퇴를 고려해본 적이 없소."[6] 인천상륙작전 며칠 전이었다. 역사라는 무대에서 어릿광대가 되지 않으려면 배역을 정확히 이해해야 한다. 김일성은 냉전(cold war)의 냉매(refrigerant) 역할을 했을 뿐이다.

***

"군사적인 목표를 세울 때, 우리는 맨 먼저 세계에서 가장 기본적인 재난 중 대부분은 순전히 군사적인 수단만으로는 해결되지 않는다는 것을 알아야 한다. 인간의 존엄을 비웃고 개인의 자유를 부정하는 이데올로기와의 싸움에서 해결책은 정치적·경제적·군사적 노력의 결합으로 찾아야 한다."[7]

한미동맹은 태생부터 정치-경제-군사동맹이었다. 이 점에서 한미동맹은 '마셜 플랜(Marshall Plan)'•과 비교되지만, 마셜 플랜은 미국이 먼저 제안하고 실행했다. 수혜국도 서유럽 거의 모든 나라가 망라됐으며, 군사적으로는 북대서양조약기구(NATO)로 뒷받침됐다. 그때 세계의 중심은 대서양이었다. 한반도의 지정학적 중요성을 국제사회에 일깨운 한미동맹, 그것은 이승만이 아니었다면 거둘 수 없었던 외교적 승리였다.

서유럽과 달리, 대한민국은 한미동맹을 맺은 뒤에도 10년 넘게 재건에 나서지 못했다. 공(功)이 있다면 과(過)가 따르게 마련이다. 분명한 역사적 사실은 이승만은 한미동맹으로 안전보장을, 박정희는 개발독재로 경제성장을 이루었다는 점이다. 오늘날 우리가 누리는 민주주의의 물질적 토대는 이렇게 해서 만들어진 것이다.

20세기의 3/4분기(1950~1975), 즉 냉전이 가장 극심했던 시기에 자유대한이 홀로 서는 게 가능했을까. 한미동맹 70주년을 맞아 국민 3명 중 2명은 한미동맹이 없었다면 '한강의 기적'도 없었을 것이라고 답했다.[8]

미국은 '남한'을 군사적으로 이용했을 뿐 경제적으로는 배려하지

• 정식 명칭은 '유럽부흥계획(European Recovery Program)'으로, 미국 국무장관 마셜(George C. Marshall)이 주도해서 이런 이름이 붙었다. 미국은 경제협력개발기구(OECD)에 가입한 유럽 국가들에 당시 미국 GDP의 5%가 넘는 금액을 원조했다. 참고로 2021년 미국 GDP의 5%는 1조 달러가 넘는다.

않았다고 비난하는 이들이 있다. 경제원조는 미국의 잉여농산물을 처분하거나 무기를 사는 데 쓰였고, 경제개발계획에 협조하지 않았다는 것이다. 일면에만 집착하는 시각이다. 미국이 제철소 차관을 거절한 건 사실이지만, 대일청구권자금 전용이나 중화학공업 투자를 막지는 않았다. 일본에 대한 영향력이 막강했던 시절이었음에도 말이다.

한미방위비분담특별협정(1991) 체결 전까지, 주한미군 주둔 비용은 토지 사용료를 제외하면 미국이 사실상 전액 부담했다. 휴전선이 그어진 한반도에서 인계철선의 경제적 가치는 돈으로 셀 수 없을 만큼 크다. 미국은 서울대학교 마스터플랜을 짜주고, 해마다 수백 명의 이공계 유학생을 받아주었으며, 베트남 참전에 감동한 존슨 대통령은 한국과학기술연구원(KIST)을 선물했다. 윤석열 대통령이 미국에 가서 외친 "한미 과학기술동맹"은 참으로 절묘한 시기에 나온 절묘한 언표였다.

무엇보다 미국은 수십 년 동안 'Made in Korea'의 최대 수입국이었다. 이 역시 한미동맹이 있었기에 가능한 일이었다. 1960년대 한국 외무장관이 미국 국무장관이나 국가안보보좌관을 만나면 잊지 않고 꼭 건네는 부탁이 대미 수출 쿼터를 늘려달라는 것이었다.• 이렇게 획득한 달러가 경제개발계획을 추진하는 밑거름이 되고, 불

• 1968년부터 1974년까지 워싱턴에서 활약한 조세형 전 《한국일보》 기자의 베스트셀러 『워싱턴특파원』에는, 김동조 외무장관이 백악관에서 키신저 국가안보보좌관을 만난 자리에서 대한민국에서 수출은 안보에 직결된다며 섬유 쿼터를 늘려달라고 간청하는 대목이 나온다.

어난 대한민국의 경제력은 한미동맹을 더 굳건히 하는 기반이 되었다.••

한미동맹은 우리의 식문화에도 변화를 가져왔다. 밀가루 음식이 대표적이다. 원래 밀은 우리 민족에 친숙한 곡물이 아니었다. 몬순(monsoon)이 부는 한반도는 밀 재배에 적합하지 않으며, 밀은 쌀보다 인구부양력이 낮다. 밀가루는 '진(眞)가루'라고 불릴 정도로 귀품(貴品)이었고, 국수나 만두는 궁궐에서나 맛볼 수 있는 진미(珍味)였다. 드라마 「대장금」에 늙으신 어머니에게 만둣국을 만들어드리려고 밀가루를 훔치는 궁녀의 사연이 나온다.

그랬던 밀가루가 미국에서 들어왔다. 시작은 전쟁 구호품이었는데, 미국에서 「농업 수출 진흥 및 원조법(Agricultural Trade Development and Assistance Act, PL480)」이 1954년 제정되면서 본격적으로 쏟아져 들어왔다. 정부는 식량난을 해결하고자 분식(粉食) 장려 운동을 펼쳤다. 이리하여 국수, 만두, 빵이 우리 식생활에 자리를 잡았고, 수제비는 지금도 서민 음식의 대명사다. 비록 분식(粉食)이란 낱말은 이제 거의 쓰이지 않지만.

「PL480」에 따른 원조는 1981년 종료됐다. 그리고 40년이 지나 우리 경제에 결정적인 변곡점이 될 법이 미국에서 만들어졌다. 그것

•• 1970년대 후반, 카터 대통령의 주한미군 철수 정책으로 한미동맹에 균열이 생기던 무렵, 오원철 당시 청와대 경제2수석은 방한한 브라운 미국 국방장관을 창원으로 데려가 현대양행(현 두산중공업) 공장을 보여주고 '이만한 공업력을 가진 나라가 공산화되면 어쩌려고 그러느냐'며 설득했다. 브라운 장관은 '믿을 수 없다. 내가 본 것을 카터 대통령에게 빠짐없이 보고하겠다'라고 답했다고 한다. (김진, 『청와대 비서실』, 중앙일보, 1992, pp.387-388)

이 「인플레이션 감축법(IRA: Inflation Reduction Act)」이다. 「PL480」에서 「IRA」에 이르는 기간, 우리에게 무슨 일이 있었는가. 밀가루를 원조로 받아 연명하던 나라가 하이테크의 아이콘인 반도체를 수출하게 되었다.

이승만은 불가능했던 한미동맹을 현실로 만들었고, 박정희는 그 한미동맹을 발판으로 기적적인 경제성장을 이루었다. 따라서 한미동맹 70주년을 맞는 오늘, 우리가 스스로 물어야 할 질문은 이것이다. 우리는 한미동맹 뒤에 웅크리고 있는가, 아니면 한미동맹을 혁신하고 있는가.

***

이 책 초판은 2011년에 출간됐다. 그때만 해도 국제정세는 지금처럼 급박하게 돌아가지 않았으며, 미국과 중국 관계 역시 비교적 순탄했다. 지금은 좌고우면할 때가 아니다. 대한민국에 한미동맹은 전략적 선택이자 결단이었다. 우리가 숨 쉬는 공간의 의미를 잊고 사는 것처럼 위험한 일이 없다. 고정관념, 선입견, 편견은 외면과 단견의 늪으로 빠진다.

역사의 진실에 다가서는 여정에 이정표를 제시하고 영감을 불러일으켜 준 선학(先學)의 노고에 감사한다. 그리고 자상한 격려와 충고를 아끼지 않은 경제사회연구원 안대희 이사장, 개정증보판 출간을 맡아준 21세기북스 편집자 여러분에게 고마움의 말씀을 드린다.

1장 준비 안 된 만남, 뜻밖의 동맹

1   돈 오버도퍼(Don Oberdorfer), 『The Two Koreas』, Basic Books, 2001, p.6.

2   이하 출처: Week of Decision: June 24, 1950(www.trumanlibrary.org/korea).

3   딘 애치슨 전 국무장관 1961년 구술 회고(www.trumanlibrary.org/korea).

4   애치슨 국무장관 1954년 2월 13일 프린스턴 세미나 발언(www.trumanlibrary.org/korea).

5   글렌 페이지(Glenn D. Paige), 『The Korean Decision』, New York: Free Press, 1968, p.95.

6   글렌 페이지(Glenn D. Paige), 『The Korean Decision』, New York: Free Press, 1968, p.179.

7   존 싱글러브(John Singlaub), 『Hazardous Duty: An American Soldier in the Twentieth Century』, p.165.

8   존 스토신저(John G. Stoessinger), 임윤갑 역, 『전쟁의 탄생(Why Nations Go to War)』, 플래닛미디어, 2009, p.108.

9   존 스토신저(John G. Stoessinger), 임윤갑 역, 『전쟁의 탄생(Why Nations Go to War)』, 플래닛미디어, 2009, pp.124-125.

10 세르게이 곤차로프(Sergein Goncharov)·존 루이스(John Lewis)·쉐리타이(薛理泰), 『Uncertain Partners: Stalin, Mao and the Korean War』, p.293.

11 배대균 편역, 『마산방어전투』, 청미디어, 2020, p.18.

12 배대균 편역, 『마산방어전투』, 청미디어, 2020, p.18.

13 배대균 편역, 『마산방어전투』, 청미디어, 2020, p.37.

14 배대균 편역, 『마산방어전투』, 청미디어, 2020, p.41.

15 배대균 편역, 『마산방어전투』, 청미디어, 2020, p.41.

16 예영준, 「마산방어전투의 재조명 "그때 뚫렸으면 6·25는 달라졌다"」, 중앙일보, 2022년 6월 16일.

17 예영준, 「마산방어전투의 재조명 "그때 뚫렸으면 6·25는 달라졌다"」, 중앙일보, 2022년 6월 16일.

18 데이비드 핼버스탬(David Halberstam), 정윤미·이은진 역, 『콜디스트 윈터(The Coldest Winter)』, 살림, 2009, p.218.

19 조나단 소퍼(Jonathan Soffer), 『General Matthew B. Ridgway』 p.114; 클레이 블레어(Clay Blair), 『The Forgotten War』, p.79.

20 드와이트 아이젠하워(Dwight David Eisenhower), 『At Ease』, p.213.

21 시드니 와인트롭(Sidney Weintraub), 『MacArthur's War』, p.616.

22 미국합동참모본부사, 『한국전쟁』, 국방부전사편찬위원회, 1990, pp.159-160.

23 미국합동참모본부사, 『한국전쟁』, 국방부전사편찬위원회, 1990, p.290.

24 미국합동참모본부사, 『한국전쟁』, 국방부전사편찬위원회, 1990, p.416.

25 미국합동참모본부사, 『한국전쟁』, 국방부전사편찬위원회, 1990; 서울대학교 박태균 교수 《위클리 경향》 2010년 7월 20일 기고 재인용.

26 데이비드 핼버스탬(David Halberstam), 정윤미·이은진 역, 『콜디스트 윈터(The Coldest Winter)』, 살림, 2009, p.961.

27 데이비드 핼버스탬(David Halberstam), 정윤미·이은진 역, 『콜디스트 윈터(The Coldest Winter)』, 살림, 2009, pp.442-443.

28 데이비드 핼버스탬(David Halberstam), 정윤미·이은진 역, 『콜디스트

윈터(The Coldest Winter)』, 살림, 2009, p.262.

29 딘 애치슨(Dean Acheson), 『Present at the Creation』, p.363.

30 존 스토신저(John G. Stoessinger), 임윤갑 역, 『전쟁의 탄생(Why Nations Go to War)』, 플래닛미디어, 2009, p.134.

31 릴랜드 굿리치(Leland M. Goodrich), 『Korea: A Study of U.S. Policy in the United Nations』, Council on Foreign Relations, 1956, p.117.

32 「1910년 5달러에 강탈한 일본, 1분 뒤 10달러에 팔았다」, 《중앙선데이》, 2009년 12월 6일.

33 김용구, 『세계관 충돌과 한말 외교사, 1866~1992』, 문학과지성사, 2004, 5-6장.

34 류영익, 「개화기의 대미인식」, 류영익·송병기·양호민·박희섭, 『한국인의 대미인식: 역사적으로 본 형성과정』, 민음사, 1994; 김현철, 국제관계 연구회 편, 『청일전쟁 시기 미국의 대조선 정책의 이상과 현실』, 을유 문화사, p.334 재인용.

35 김수암, 「한국의 근대외교제도 연구」, pp.196-254.

36 No.78 John M.B. Sill to Secretary of State, Jan 4, 1895, Korean-American Relations, Volume 2, p.259.

37 Telegram, Graham to Sill, July 9, 1894, Korean-American Relations, Volume 2, p.337.

38 김현철, 『청일전쟁 시기 미국의 대조선 정책의 이상과 현실』, p.344.

39 로버트 마이어스(Robert Myers), 『Korea in the Cross Currents』, p.28쪽; 『The Coldest Winter』, p.100 재인용.

40 조셉 굴든(Joseph Goulden), 『Korea』, p.7.

41 로버트 마이어스(Robert Myers), 『Korea in the Cross currents』, p.465.

42 『The Truth About Korea』, Democratic Senatorial Campaign Committee, Senator Clinton P. Anderson, Chariman Leslie L.

Biffle, Secretary, 1951.

43 『한국에 관한 진실(The Truth About Korea)』, 1951, p.4.

44 『한국에 관한 진실(The Truth About Korea)』, 1951, p.5.

45 『한국에 관한 진실(The Truth About Korea)』, 1951, pp.6-7.

46 『한국에 관한 진실(The Truth About Korea)』, 1951, p.16.

47 돈 오버도퍼(Don Oberdorfer), 『The Two Koreas』, Basic Books, 2001, p.7.

48 데이비드 핼버스탬(David Halberstam), 정윤미·이은진 역, 『콜디스트 윈터(The Coldest Winter)』, 살림, 2009, pp.98-99.

49 《워싱턴포스트(The Washington Post)》 1954년 7월 27일 기사; 《국방일보》, 이현표 전 주미 한국 대사관 문화원장의 이승만 대통령 기획 연재글에서 재인용, 2011년 5월 27일.

50 『Syngman Rhee and American Involvement in Korea, 1942-1960』.

51 「이승만과 한미관계 외교」, 당시 주미 한국 대사관 정무공사 한표욱의 회고록; 《국방일보》 연재물에서 재인용, 2011년 8월 5일.

52 국방부, 「방미-리승만 대통령 연설집」, 1954년 10월.

53 타운센드 후피스(Townsend Hoopes), 『The Devil & John Foster Dulles』, p.78; 『The Coldest Winter』, p.106에서 재인용.

54 타운센드 후피스(Townsend Hoopes), 『The Devil & John Foster Dulles』.

55 클레이 블레어(Clay Blair), 『The Forgotten War』, p.44.

56 로버트 올리버(Robert Oliver), 『Syngman Rhee: The Man Behind the Myth』, p.111.

57 데이비드 핼버스탬(David Halberstam), 정윤미·이은진 역, 『콜디스트 윈터(The Coldest Winter)』, 살림, 2009, p.106.

58 안드레이 란코프(Andrei Nikolaevich Lankov), 『소련의 자료로 본 북한 현대정치사』, 오름, 1995, pp.26-28.

59 러셀 스퍼(Russell Spurr), 『Enter the Dragon』, p.132.

60 박명림, 「동아시아 평화공동체 구상」, 나눔문화 포럼 평화나눔아카데 미 강연록, 2005년 4월.

2장 한국은 버림받을 것을 걱정했고,
미국은 잘못 엮일 것을 염려했다

1 『미국 비밀문서로 보는 한국현대사 35장면』, 삼인, 2002, p.225.

2 『미국 비밀문서로 보는 한국현대사 35장면』, 삼인, 2002, p.222.

3 백선엽 회고록, 《중앙일보》, 2011년 1월 13일.

4 백선엽, 『군과 나』, 대륙연구소 출판부, 1989, p.203.

5 해럴드 노블(Harold J. Noble), 박실 역, 『이승만 박사와 미국 대사 관』, 정호출판사, 1983, p.262. 해럴드 노블은 북한군 남침 당시 주한 미 대사관 서열 3위인 참사관으로 근무하고 있었으며, 전쟁 초기 6개 월간 이승만 대통령과 연락 업무를 담당했다.

6 해럴드 노블(Harold J. Noble), 박실 역, 『이승만 박사와 미국 대사 관』, 정호출판사, 1983, pp.262-263.

7 박명림, 《중앙일보》 기고, 2011년 1월 19일.

8 로버트 T. 올리버(Robert T. Oliver), 한준석 역, 『이승만의 대미 투 쟁』, 비봉출판사, 2013, p.631.

9 데이비드 핼버스탬(David Halberstam), 정윤미·이은진 역, 『콜디스트 윈터(The Coldest Winter)』, 살림, 2009, p.966.

10 배진영, 「한미동맹 쟁취한 이승만, '미-영-러의 안전보장 각서' 한 장 믿다가 패망하게 된 우크라이나」, 《월간조선》 뉴스룸, 2022. 2. 23

11 필립 젤리코·콘돌리자 라이스, 김태현·유복근 역, 『독일 통일과 유럽의 변환』, 모음북스, 2008, p.101.

12 필립 젤리코·콘돌리자 라이스, 김태현·유복근 역, 『독일 통일과 유럽의 변환』, 모음북스, 2008, pp.101-102.

13 필립 젤리코·콘돌리자 라이스, 김태현·유복근 역, 『독일 통일과 유럽의 변환』, 모음북스, 2008, p.102.

14 필립 젤리코·콘돌리자 라이스, 김태현·유복근 역, 『독일 통일과 유럽의 변환』, 모음북스, 2008, p.102.

15 Foreign Relations of the United States, 1961~1963, Volume XXII, China; Korea; Japan, Document 224, ,Special National Intelligence Estimate: Department of State, INR/EAP Files: Lot 90 D 110. Secret. Washington, May 31, 1961.

16 Telegaram from the Embassy in Korea to the Department of Stat: Department of State Central fille. 795B.00/7-961, 비밀, 배포 제한.

17 중앙일보 특별취재팀, 『실록 박정희』, 중앙M&B, 1998.

18 김지형, 「황태성 조카사위 권상능 심층증언-황태성, "본인 만나서 할 말 다했다"」, 《민족21》 3호, 2001년 6월 1일.

19 「도널드 그레그, 박정희 정권을 말하다」, 5·16 쿠데타 50주년 인터뷰, 《한겨레신문》, 2011년 5월 12일.

20 필립 하비브(Philip Habib), 「ROKG Declaraion of Martial Law and Plans for Fundamental Government Reform」, Emb.Cable, Oct 16, 1972 confidential, 1996년 기밀 해제.

21 돈 오버도퍼(Don Oberdorfer), 『The Two Koreas』, Basic Books, 2001, p.39.

22 필립 하비브(Philip Habib), Comment on Martial Law and Government Change in Korea, Embassy Secret Cable, Oct 16, 1972.

23 돈 오버도퍼(Don Oberdorfer), 『The Two Koreas』, Basic Books, 2001, p.40.

24 필립 하비브(Philip Habib), U.S. Response to Korean Constitutional

Revision, Oct 23, 1972, Embassy Secret Cable, 1996년 비밀 해제.

25 필립 하비브(Philip Habib), U.S. Response to Korean Constitutional Revision, Oct 23, 1972, Embassy Secret Cable, 1996년 비밀 해제.

26 Department of State, Ref Seoul 6119, Oct 26, 1972, 1996년 비밀 해제.

27 돈 오버도퍼(Don Oberdorfer), 《워싱턴포스트(The Washington Post)》, 1976년 3월 19일; 「The Two Koreas」 p.41에서 재인용.

28 United States Foreign Policy 1971, A Report of the Secretary of State, 1972, p.50.

29 U.S. Department of State Bulletin, Dec 12, 1969.

30 린든 존슨(Lyndon Baines Johnson), 「The Vantage Point: Perspectives of the Presidency, 1963~1969」, New York: Holt, Rinehart and Winston, 1971, p.536; 빅터 차(Victor Cha), 「적대적 동맹」, p.415에서 재인용.

31 Oral Histories, 「Interview of Cyrus Vance」, Dec 26, 1969, Part 3, tape 2; 빅터 차(Victor Cha), 「적대적 동맹」, p.415에서 재인용.

32 The National Archive, George Washington University, 「How do you solve a problem like Korea」, Jun 23, 2010, National Security Archive Electronic Briefing Book No.322.

33 리처드 스나이더(Richard Sneider), Embassy Cable, Review of U.S. Policies toward Korea, Jun 24, 1975, 1996년 비밀 해제.

34 Memo, Komer-the President, Jul 31, 1964, Korea. Vol 3, LBJ Library(존슨 대통령 기념도서관 소장 자료), 1993년 비밀 해제.

35 평양 주재 동독 대사관 전문 「Report from GDR Embassy in the DPRK, 「On Relations between DPRK and PRC」, 17 November, 1977」 Wilson Center, Cold War International History Project.

36 돈 오버도퍼(Don Oberdorfer), 「The Two Koreas」, Basic Books, 2001, p.87.

37 Minutes of Washington Special Action Group Meeting, Aug 18, 1976, 3: 47–4: 43 pm, Foreign Relations of the United States, 1969–1976, Vol E–12, Office of the Historian, The U.S. Department of State.

38 돈 오버도퍼(Don Oberdorfer), 『The Two Koreas』, Basic Books, 2001, p.102.

39 바딤 메드베데프(Vadim Medvedev), 이일진 역, 『붕괴의 내막』, 현대문화신문, 1995, p.280.

40 윌리엄 글라이스틴(William Gleysteen), Embassy Cable, Jan 29, 1980, 1993년 비밀 해제.

41 윌리엄 글라이스틴(William Gleysteen), Embassy Cable, Dec 13, 1979 『Younger ROK Officers Grap Power Positions』, 1993년 비밀 해제.

42 돈 오버도퍼(Don Oberdorfer), 『The Two Koreas』, Basic Books, 2001, p.118.

43 1980년 5월 17일 이후 글라이스틴 대사 국무부 보고(Flash 긴급 전신).

44 United States Government Statement on the Events in Kwangju, Republic of Korea in May 1980, June 19, 1989.

45 윌리엄 글라이스틴(William Gleysteen) 인터뷰; 돈 오버도퍼(Don Oberdorfer), 『The Two Koreas』, p.133에서 재인용.

46 윌리엄 글라이스틴(William Gleysteen), Embassy Cable, 『Agenda Suggestions for Reagan–Chun meeting』, Jan 22, 1981, 1996년 비밀 해제.

47 헤이그 국무장관이 1981년 2월 5일 주미 한국 대사관으로 보낸 비밀전문: 노신영 장관 방미 면담 결과, 전두환 방미 이후 공동성명 문안 관련, "전두환이 한국의 정국을 안정시켰다고 인정하는 듯한 '정치적' 표현은 사용해서는 안 된다."(Cable, SecState to Amembassy

Seoul, February 5, 1981, Subject: Korea President Chun's Visit—
The Secretary's Meeting at Blair House.)

48　도널드 그레그(Donald Gregg) 인터뷰, 돈 오버도퍼(Don Oberdorfer), Mar 12, 1993, 『The Two Koreas』, p.134.

49　「김대중은 82년 12월 석방, 미국 망명 허용」, 리처드 앨런(Richard Allen) 인터뷰; 돈 오버도퍼(Don Oberdorfer), 『The Two Koreas』, p.136에서 재인용.

50　돈 오버도퍼(Don Oberdorfer), 『The Two Koreas』, Basic Books, 2001, p.163.

51　돈 오버도퍼(Don Oberdorfer), 『The Two Koreas』, Basic Books, 2001, p.169.

52　돈 오버도퍼(Don Oberdorfer), 『The Two Koreas』, Basic Books, 2001, p.171.

53　제임스 릴리(James Roderick Lilley), 『아시아 비망록』, p.389.

3장 민족인가 동맹인가: 북미관계와 남북관계의 진실

1　랄프 클러프(Ralph Clough), 『Embatteled Korea』, Westview, 1987, p.269.

2　제임스 릴리(James Roderick Lilley), 『아시아 비망록』, p.120.

3　제임스 릴리(James Roderick Lilley), 『아시아 비망록』, p.383.

4　개스턴 시거(Gaston Sigur) 인터뷰, 1993년 9월 16일; 돈 오버도퍼(Don Oberdorfer), 『The Two Koreas』, p.166.

5　Korea Economic Institute(한미경제연구소), 최경은 역, 『대사관 순간의 기록(Ambassador's Memoirs)』, 매일경제신문사, 2010, p.81.

6　Korea Economic Institute(한미경제연구소), 최경은 역, 『대사관 순간

의 기록(Ambassador's Memoirs)」, 매일경제신문사, 2010, p.89.

7   National Security Decision Memorandom 251, Mar 29, 1974/Top
    Secret, 1996년 비밀 해제.

8   「도널드 그레그, 박정희 정권을 말하다」, 5·16 쿠데타 50주년 인터뷰,
    《한겨레신문》, 2011년 5월 12일.

9   윤덕민, 〈주요국제문제분석〉 「북한의 우라늄농축 프로그램과 대응방
    향」, 외교안보연구원, 2011년 1월 12일.

10 「North Korea says it has a program on nuclear arms」, 《뉴욕타임스
    (The New York Times)》, 2002년 10월 17일

11 양성철 전 주미 한국 대사, 「북한 핵 문제: 쟁점과 해법」, 2008년 9월
    17일.

12 ABC Exclusive: Pakistani Bomb Scientist Breaks Silence, May 30,
    2008(abcnews.go.com/Blotter).

13 윌리엄 페리(William Perry), 「Washington was on brink of war
    with North Korea 5 years ago」, CNN, October 4, 1999.

14 윌리엄 페리(William Perry), 「Washington was on brink of war
    with North Korea 5 years ago」, CNN, October 4, 1999.

15 빌 클린턴(Bill Clinton), 「My Life」, Knopf Publisher, 2004, p.474.

16 최형두, 〈지구촌 전망대〉, 「'페리 보고서'를 다시 읽는다」, 《문화일보》,
    2006년 6월 23일.

17 콘돌리자 라이스(Condoleezza Rice), 「A Memoir of My years in
    Washington」, 「No Higher Honor」, Crown Publishers, 2011, p.529.

18 콘돌리자 라이스(Condoleezza Rice), 「A Memoir of My years in
    Washington」, 「No Higher Honor」, Crown Publishers, 2011, p.36.

19 조지 W. 부시(George Walker Bush), 「Decision Points」, p.528.

20 위키리크스(Wikileaks) 공개, 2006년 8월 19일 주한 미국 대사관
    전문.

21 위키리크스(Wikileaks) 공개, 2008년 9월 16일 버시바우 대사 국무부

보고 전문.

22 「힐, 북 핵실험 때 금강산 관광 중단 주문… 이종석은 대북 압박 거부」, 《중앙선데이》, 2011년 9월 4일.

23 최형두, 김대중 정부 당시 고위 당국자, 2009년 10월.

24 최형두, 〈지구촌 전망대〉, 《문화일보》, 2006년 7월 14일.

25 럼스펠드(Rumsfeld) 메모, 2002년 12월 23일, 오후 4:02 작성, 2009년 1월 9일 비밀 해제.

26 최형두, 《시민과 변호사》, 2003년 2월.

27 테드 게일런 카펜터(Ted Galen Carpenter)·더그 밴도(Doug Bandow), 유종근 역, 『한국과 이혼하라: 미국 보수주의 눈으로 본 한반도와 한미동맹(The Korean Conundrum)』, 창해, 2007.

28 「노무현 생애 최후의 인터뷰」, 《시사IN》 100호, 2009년 8월 10일.

29 폴 크루그먼(Paul Robin Krugman), 『팝 인터내셔널리즘』, p.208.

30 조세프 스티글리츠(Joseph E. Stiglitz), 「The Broken Promise of NAFTA」, 《뉴욕타임스(The New York Times)》, 2004년 10월 6일.

31 폴 크루그먼(Paul Robin Krugman), 『팝 인터내셔널리즘』, p.210.

4장 숙명적 선린과 전략적 동맹, 글로벌 코리아와 한미관계의 미래

1 매들린 올브라이트(Madeline Albright), 『Madam Secretary: A Memoir』, Miramax Books, 2005, p.460.

2 빌 클린턴(Bill Clinton), 『My Life』, Alfred A. Knopf, 2004, pp.749, 929, 938, 944.

3 매들린 올브라이트(Madeline Albright), 『Madam Secretary: A Memoir』, p.460.

4 콘돌리자 라이스(Condoleezza Rice), 「No Higher Honor」, Crown Publishers, 2011, p.34.

5 서재진·이수훈·신상진·조한범·양문수, 「세계체제이론으로 본 북한의 미래」, 황금알출판사, 2004.

6 새뮤얼 헌팅턴(Samuel Phillips Huntington), 「문명의 충돌」, pp.182–183.

7 즈비그뉴 브레진스키(Zbignew Brezezinski), 브렌트 스코크로프트(Brent Scowcroft), 「Ameriac and the World」, Basic Books, 2008, pp.131–132.

8 장성민, 「전쟁과 평화」, p.247.

9 장성민, 「전쟁과 평화」, p.247.

10 조지 프리드먼(Geogre Friedman), 「100년 후(The Next 100 Years)」, 김영사, 2010, pp.216–217.

11 배기찬, 「코리아 다시 생존의 기로에 서다」, 위즈덤하우스, 2005, p.428.

12 존 미어샤이머(John J. Mearsheimer), 「The Tragedy of Great Power Politics」, Norton & Company, 2001, p.264.

13 이삼성, 「21세기 미국과 한반도: 세력균형론의 새로운 방향」, 오기평 편저, 「21세기 미국패권과 세계질서」; 이삼성, 「한미동맹의 유연화를 위한 제언」, 《국가전략》 제9권 3호, 2003.

14 즈비그뉴 브레진스키(Zbigniew Brzezinski), 「The Grand Chessboard」, 1997, p.54.

15 즈비그뉴 브레진스키(Zbigniew Brzezinski), 「America and the World」, 2009, p.128.

16 로버트 카플란(Robert D. Kaplan), 「The Geography of Chinese Power: How Far Can Beijing Reach on Land and at Sea?」, Foreign Affairs, 2010.

17 니얼 퍼거슨(Niall Ferguson), 「In China's Orbit: After 500 years

of Western predominance」, 《월스트리트저널(The Wall Street Journal)》, 2010년 11월 18일.

18 「이어도 제2의 독도 되나」, 《한겨레신문》, 2008년 8월 8일.

19 이종석 전 통일부 장관, 「연평도 포격은 북한의 의도적인 정전협정 위반」, 《한겨레신문》, 2010년 12월 3일.

20 커트 캠벨(Kurt M. Campbell), 「글로벌 지향: 한미동맹의 미래(Going Global: The Future of the U.S.-South Korea alliance)」, 2009, p.79.

21 차현진, 「포 유어 아이즈 온리 IMF 설립을 둘러싼 스파이 논쟁」, 『숫자 없는 경제학』, 인물과사상사, 2011.

22 상원 청문회 속기록 S. HRG. 112-103: EVALUATING GOALS AND PROGRESS IN AFGHANISTAN AND PAKISTAN ,HEARING BEFORE THE COMMITTEE ON FOREIGN RELATIONS, UNITED STATES SENATE, ONE HUNDRED TWELFTH CONGRESS, FIRST SESSION, JUNE 23, 2011, Printed for the use of the Committee on Foreign Relations.

23 H. Res. 121, July 30, 2007, In the House of Representatives, U.S., 110th Congress.

에필로그

1 Korea Economic Institute(한미경제연구소), 최경은 역, 『대사관 순간의 기록(Ambassador's Memoirs)』, 매일경제신문사, 2010, p.249.

2 노무현, 『노무현의 리더십 이야기』, 행복한 책읽기, 2002, pp.245-246에서 재인용.

3 우정은, 「한국의 미래를 비추는 세 개의 거울」, 《창작과 비평》, 2003년

여름호.

4   최형두, 《문화일보》, 2008년 1월 2일.

5   토니 블레어(Tony Blair) 전 영국 총리, 부산총회 기념 《워싱턴포스트》 기고문, 2011년 11월 27일.

6   최형두, 《문화일보》, 2008년 10월 6일.

7   최형두, 《문화일보》, 2009년 3월 13일.

8   최형두, 《문화일보》, 2008년 4월 8일.

개정증보판 후기

1   매튜 리지웨이, 김재관 역, 『한국전쟁』, 정우사, p.270. 리지웨이 (Matthew B. Ridgway) 장군은 한국전쟁에서 월튼 워커 장군 후임으로 미8군 사령관, 맥아더 장군 후임으로 유엔군사령관으로 복무했다.

2   첸젠, 오일환 외 역, 「중소동맹과 중국의 한국전쟁 개입」, 『한국전쟁의 거짓말』, 채륜, 2018, p.45.

3   정일권, 『전쟁과 휴전』, 동아일보사, 1985, p194

4   김정기, 『그레고리 헨더슨 평전』, 한울, 2023, p178

5   션즈화, 오일환 외 번역, 「한국전쟁기 중국과 북한의 갈등과 해소」, 『한국전쟁의 거짓말』, 채륜, 2018, p.123.

6   션즈화, 오일환 외 번역, 「한국전쟁기 중국과 북한의 갈등과 해소」, 『한국전쟁의 거짓말』, 채륜, 2018, pp.107-108.

7   매튜 리지웨이, 김재관 역, 『한국전쟁』, 정우사, p271

8   홍석호, 「국민 65%, "한미동맹이 경제발전 토대"」, 동아일보, 2023년 4월 17일.

KI신서 10986

불가능했던 동맹 성공한 동행

한미동맹 70년을 돌아보다

1판 1쇄 인쇄 2023년 6월 2일
1판 1쇄 발행 2023년 6월 14일

지은이 최형두
펴낸이 김영곤
펴낸곳 (주)북이십일 21세기북스

콘텐츠개발본부 이사 정지은
인문기획팀장 양으녕 **책임편집** 서진교
디자인 푸른나무디자인
출판마케팅영업본부장 민안기
마케팅1팀 배상현 한경화 김신우 강효원
영업팀 최명열 김다운 김도연
e-커머스팀 장철용 권채영
제작팀 이영민 권경민

출판등록 2000년 5월 6일 제406-2003-061호
주소 (10881) 경기도 파주시 회동길 201(문발동)
대표전화 031-955-2100 **팩스** 031-955-2151 **이메일** book21@book21.co.kr

ⓒ 최형두, 2023

ISBN 978-89-509-8513-4 03340